语言学与诗学译丛
赵奎英 主编

MingDong Gu
CHINESE THEORIES OF READING AND WRITING
A ROUTE OF HERMENEUTICS AND OPEN POETICS

诠释学与开放诗学

中国阅读与书写理论

〔美〕顾明栋 著
陈永国 顾明栋 译

商务印书馆
The Commercial Press

Ming Dong Gu

CHINESE THEORIES OF READING AND WRITING

A Route to Hermeneutics and Open Poetics

Copyright© Ming Dong Gu 2005. Chinese (Simplified Characters) Trade paperback copyright © 2020 by The Commercial Press.

All Rights Reserved

本书根据纽约州立大学出版社 2005 年英文版译出

《语言学与诗学译丛》编者前言

自从20世纪初西方出现"语言学转向"以来,语言已成为哲学、诗学、美学以至整个人文社会科学关注的前沿问题,从语言角度研究文学,从语言学、语言哲学角度研究文学理论的"语言学诗学"亦成为20世纪以来西方文学理论中的重要领域。尽管在"语言学转向"之后又出现了这样那样的转向,但并没有使"语言学转向"成为历史的遗音,相反,这各种各样的转向都可以从语言学转向找到根据,并使语言学转向在更为深广、更为基础的层面上继续发挥作用。人们对语言问题之所以会有如此持久的热情和兴趣,不仅在于20世纪初西方哲学领域出现的"语言学转向"这一重要的思想事件,而且亦由语言本身的性质和地位所致。我们知道,语言既是我们生存的空气又是我们存在的方式,既是最基本的文化现象,又是最基本的文化载体,既是构成文学的最基本元素,又是文学最直接的存在方式,语言无论什么时候都理应是文学、文化研究的基本问题。雅各布森在《语言学与诗学》中曾经说:"一个对语言的诗性功能充耳不闻的语言学家,和一个对语言学问题漠不关心、对语言学方法所知甚少的文学研究者都同样是不能容忍的不合时宜之人。"雅各布森的这一陈述虽然是在 50 年前做出的,但时至今日,仍对我们有振聋发聩的作用。

我们知道,西方文学理论学界,自从 20 世纪初俄国形式主义把语言学与诗学研究相结合以来,历经捷克布拉格学派,英美新批评,法国结构和后结构主义,以至今天盛行于英美和欧陆各国的文体学、叙事学研究,把语言与文学,语言学与文学理论、文学批评结合起来的努力一直处于持续发展的状态。1980 年,"国际诗学与语言学协会"(简称 PALA)在英国成立,其宗旨就是要推动语言学与诗学的交叉研究。这个学会在世界范围内开展学术活动,每年举办一次年会,并拥有一份国际性的专业刊物《语言与文学》(Language and Literature)。除《语言与文学》这一会刊外,1972 年,由伊顿·特雷弗(Eaton Trevor)创办的《文学语义学》(Journal of Literary Semantics),也旨在推进语言学与文学之间的交叉研究和探索。而近些年来在西方欧美学界兴起的语言与文学、文化之间"界面"研究(Interface Studies),也是运行在这一理路上的。

与国际上语言学与诗学研究的繁荣局面相比,国内在这一领域的研究和译介则显得冷清得多。虽然我们的古人早就说过:"在心为志,发言为诗"(《毛诗序》),"心生而言立,言立而文明"(刘勰《文心雕龙》),"文之作也,必得之于心而成之于言"(孙复《答张洞书》),都认为"语言"是诗文得以"成""立"的根据,都认识到语言与文学、文化甚至文明的关系;虽然中国学界也有不少学者从事文学语言学或语言学诗学方面的研究，并产生了一些有分量的重要成果，但相对于中国这个庞大的学术队伍来说，相比于国际学术界的相关研究和语言问题本身的重要性来说，我们在这一领域投入的力量还显然不足。20 世纪 80 年代出版了一些俄国形式主义和英美"新批评"方面的文论选，并且陆续有一些结构主义和叙事学方面的译作问世，对推动当时的中国文学理论界对语言学诗学的关注，以及文学观念和文学研究方法的革新无疑都起到了巨大的作用，但对于这个在西方文论史上具有划时代意义并且今天仍在持续发挥重要作用的文学研究领域来说，还是远远不够的。正是鉴于国内学术界在语言学与诗学研究和译介方面的这一状况，我们主持编选"语言学与诗学译丛"，以使这一未竟的事业得以持续、深化和发展。

本译丛从翻译 20 世纪以来的语言学与诗学研究方面的经典理论家的经典作品开始，再逐步向涵盖更广的、当今时代的语言学与诗学研究领域的优秀作品延伸。所遴选的篇目涵盖俄国形式主义、捷克布拉格学派、法国结构主义、言语行为理论以及文学阐释学这几个与语言学和诗学研究关系最为密切的领域中的经典或优秀之作。通过这套译丛，希望能对国内学界"尚未完成"的语言学转向，尚未充分展开的语言学与诗学研究有所推进或助益，并能对更深入地理解当今的一些文学、文化研究现象提供可能的语言学路径。

我们知道，在语言学转向之后在西方学界又出现了"文化转向"、"空间转向"等等多种转向，但这些转向并非意味着"语言学转向"以及与之相关的语言学与诗学研究已经失去当下意义。

文化转向、空间转向都是与语言观念的诗化、审美化转向相联系的，它实际上也可看作语言学转向的深化、扩展和延续。西方传统的哲学语言观强调语言的逻辑和语法本质，如果从逻辑的角度看语言，文学与非文学，文学语言与非文学语言就势必成为不同的东西。但随着语言观的诗化、审美化的转向，人们逐渐抛却了往日的对于语法和逻辑的虚妄信念，不再从逻辑和语法，而是从诗、文学、艺术或修辞解释语言的本质。如果一切语言都具有修辞本性，都是诗，是文学，文学将不再是一种特殊的文体，它将与所有用语言写成的文化文本交织汇融在一起。文学既然失去了明确的边界，文学研究自然也疆界难守，并从而拓展成了一种宽泛的文化研究。这便是"文化转向"得以发生的内在语言逻辑。同时，在西方哲学文化传统中，对于语言的逻辑和语法本质的强调又是与一种线性时间观相联系的，反对语言的逻辑和语法本质，势必又导致对于线性时间观的批判和质疑，从时间化向空间化的转向也就顺理成章了。从这一意义上说，文化研究、空间研究等都不是对语言研究的摒弃，而是一种"内化"或"转化"而已。这也使得，当人们从语言学角度切入这些研究领域时，便会更有效地切中问题的内在机理。

另外，需要指出的是，我们这套"语言学与诗学译丛"中的"语言学"不是在严格的学科意义上使用的，它既包括"语言学"，也包括"语言哲学"。"语言学与诗学"研究也因此是"语言学、语言哲学与文学理论"的交叉研究领域，而这一领域显然不是一个封闭的王国，也不是形式主义研究的代名词，相反，它是一种开放的、具有极强辐射力和增生力的研究领域，语言与哪些现象有关系,"语言学与诗学"研究就与哪些现象有关系。如语言与心理、语言与存在、语言与符号、语言与修辞、语言与文化的关系,也决定了语言学与诗学研究关涉这些领域。同时,对于语言学与诗学研究来说,西方学者一方面从语言角度研究文学或对文学语言进行专门研究,从而生成一种"原生性"的"语言学诗学"理论,如俄国形式主义、英美"新批评"等;另一方面也对这些"原生性"的语言学诗学进行"继发性"研究,从而形成一种"继发性"的"语言学诗学",如乔纳森·卡勒的《结构主义诗学》等。无论是"原生性"还是"继发性"的语言学与诗学研究,都可能由于它们所依据的语言学、语言哲学基础或选取的研究对象的不同而形成不同的研究谱系,如语言形式诗学、语言文化诗学、语言存在论诗学、言语行为诗学研究等等。由此我们可以清楚地看出语言学与诗学研究的增生性、开放性。这种开放性也决定了我们这一"语言学与诗学译丛"不是完成式的,而是开放性的。

最后需要特别说明的是,译丛的筹划离不开南京大学周宪教授的关心、鼓励和支持。从译丛的最初提议,到篇目的最后选定,再到出版社的联系,周老师都给予了大量的无私帮助,译丛出版之际,特别向周老师致以最诚挚的谢意!译丛的编选还得到编者在英国伯明翰大学访学时的合作导师迈克·图兰(Michael Toolan)教授的帮助和指导,在这里也向图兰教授表示衷心感谢!与编者一起访学的学友,中央民族大学外国语学院教师赵明珠博士,也为译丛做了许多细致的工作,也一并表示感谢!同时衷心感谢商务印书馆的大力支持!也感谢各位译者积极参与译丛的翻译工作,没有他们辛苦的劳动,该译丛的面世也是不可想象的。

赵奎英

2015 年 4 月 17 日于南京

仅以此书纪念我的

父亲顾石荣（1929—2000）
母亲徐洪座（1931—2000）

目 录

序 ··· 1
导论　开放性诠释——一个跨文化现象 ························· 6

第一篇　阅读和开放性的概念探究 ······························· 25
　第一章　知性思想中的阅读理论 ································· 26
　第二章　美学思想中的诠释开放观念 ··························· 63

第二篇　周易诠释学 ·· 105
　第三章　《周易》与开放式再现 ································· 106
　第四章　《周易》"明象"：现代读写理论的古代洞见 ····· 149

第三篇　《诗经》诠释学 ·· 197
　第五章　《诗经》与开放诗学 ···································· 198
　第六章　《诗经》诠释：盲点与洞见 ·························· 235

第四篇　文学诠释学 ... 269
第七章　中国诗的开放诗学 ... 270
第八章　语言的开放性与诗的无意识 ... 306

结论　走向自觉的读写开放诗学 ... 343
征引书目 ... 357
索引 ... 371

后记 ... 401

序

中国传统上并不缺少关于读写的概念性探究，但其卓见则散见于不同话语，迄今未能融入一个清晰界定的体系之中。无论是在汉语还是其他语言中，在知性思想和批评实践中进行关于中国读写理论的系统研究已为时甚晚，本研究试图填补这一空白。本研究认为中国传统已经构成了一套隐性的读写理论，其卓见不仅早于西方同类思想几百年，而且预示了当代诠释开放性和开放诗学的思想。此外，本研究试图建构一个中国诠释理论体系，从比较的视角进行反思，撷取理论洞见以便为文本批评和创意写作建构一种跨文化诗学。

但是，笔者的最初动机仅仅是想要摈弃诠释学的惰性，找到新的阅读策略。随着研究的深入和扩展，笔者越来越清楚地了解到开放性诠释是批评、诠释学和文学理论等诸多问题在当代话语中交叉的结点。在过去的 50 多年中，现代批评和文学理论界发生了根本而深远的变化。这些变化类似于自然科学中的范式转换，似乎聚焦于一个核心问题：即文本的状况。尽管其变化多端，令人眼花缭乱，现代诠释学思想的核心关注点之一就是开放性诠释的问题：一个文本是否是一个统一、和谐的封闭空间，至多只是允许精细入微和条理分明的各种阐释力量达成的一种平衡？还是由不同观点、声音、价值、态度和意识形态充斥其中、并容许相异和矛盾性阐释的一个开放性空间？作为这一认识的结果，诸如"作者"、"读者"、"文本"、"语境"、"意义"、"意图"、"意指"、"符号"等理论问题便自然而然地成为我所思考的范畴。

由于在阅读下列关于中国和亚洲知性思想的书籍过程中获得了真知灼见，本研究也经历了另一次调整。在论中国思想的系列书籍中，郝大伟（David Hall）、安乐哲（Roger Ames）和其他研究亚洲知性思想的学者已经开辟了一条比较和对话的蹊径，成功地在中国/亚洲与西方思想之间进行了有意义的对话。他们令人鼓舞的成功坚定了我长期以来抱有的信念，即，尽管中国诠释思想有自己的特征，但其对文本无尽意义的关注却与西方诠释思想中的类似关注相融合，具有跨文化意义。由于这一信念，本研究再次转向，即把中国读写理论与西方诠释学理论相关联，在更大的后现代理论的语境中进行一种比较研究。笔者确信，如果想要在中西诠释思想之间搭起一座桥梁，开放性诠释肯定是可行之途。中西思想可以跨越这座桥梁进行双向流通，开始真正有意义的对话。作为这一认识的结果，我对中国读写传统的研究便成为一项跨文化探究了。

尽管有这些调整，本研究依然聚焦于两个相关的批评问题：阐释的开放性和诠释空间的建构。在此，笔者想就何以聚焦于这两个问题赘言几句。首先，我基本上不是寻找已被说成是开放的文本。我试图解释一个文本何以是开放的，探讨我们怎样才能打开一个文本。在这个过程中，我关注的是书写和阅读的诗学。其次，我相信探讨诠释空间的建构将促进两大阅读思潮之间的平衡：强调当代理论之优势的后现代思潮和肯定感性和知性细读之价值的传统思潮。在《理论之后的阅读》(2002)一书中，瓦伦汀·坎宁安（Valentine Cunningham）追溯了20世纪60年代至今的阅读理论的传播。一方面，他批评保守派天真地梦想着自然独立的阅读，不为偏见和先见所污染、摆脱一切理论尤其是后现代理论的阅读，另一方面，像翁贝托·艾柯（Umberto Eco）一样，他也谴责后现代理论纵容文本滥用，减少了人们阅读体验的丰富性。我认为只有采用一种平衡的方法，阅读和阐释才能发挥多元功能，包括启发批评实践，发现文本话语的结构和方法，以及丰富人的读写经验。

　　本书的主要部分来自笔者在芝加哥大学撰写的博士论文。在此感谢我的导师们给予的指导、建议和鼓励。他们是：余国藩（Anthony C. Yu）、芮效卫（David T. Roy）、夏含夷（Edward L. Shaughnessy）和米切尔（W. J. T. Mitchell）。我感到有这些学者作为导师是本人的幸运，他们都是名副其实的良师益友。在芝加哥大学那座思想活跃的学府里，我有幸结识了一些老师和学者，他们也给了我教诲、帮助和鼓励，他们是：弗朗索瓦·梅尔策（Françoise Meltzer）、威廉·希伯利（William Sibley）、詹姆斯·卡特拉（James Ketelaar）、蔡九迪（Judith Zeitlin）、巫鸿（Wu Hung）、唐小兵、杜赞奇（Prasenjita Duara）、艾恺（Guy Allito）、赵启钊（George C. C. Chao）和璐玛·菲尔德（Norma

Field)。我的同学和朋友们也在生活和学业上给了我极大的鼓励和帮助，他们是：李义文、张洪宾、大卫·塞纳（David Sena）、吴义庆、彭克、鲍卫红、林兰洪和李峰。尤其感谢李义文，他使我能十分方便地接触到芝加哥大学图书馆的东亚资料。

书中有些思想也得益于来自其他大学的学者们。第一、二章的内容是我在亚洲研究协会年会上组织的两次研讨会上的发言（2000年和2002年）。小组成员的评论使我获益匪浅，他们是哈佛大学的宇文所安（Stephen Owen）、耶鲁大学的孙康宜（Kang-I Sun Chang）、斯坦福大学的苏源熙（Haun Saussy）、加利福尼亚大学洛杉矶分校的余宝琳（Pauline Yu）、芝加哥大学的余国藩（Anthony C. Yu）、密歇根大学的林顺夫（Shuen-fu Lin）、布朗大学的李德瑞（Dore Levy）和香港城市大学的张隆溪。特别感谢耶鲁大学的孙康宜教授和夏威夷大学的成中英教授。孙教授尽管自己很忙，却拨冗阅读了第七、八章的初稿，给我提供了一些有用的资料，并提出了详尽的修改意见。我是在一次学术会议上有幸见到成教授的。他听了我的发言之后，亲切地找到了我，和我进行了一次长谈，就我对中国知性思想的概念探讨给予了宝贵的指导和建议。除了认识的学者之外，我也深深得益于从未曾谋面但在研究上给予我极大影响的一些学者。在手稿中，我曾列出详尽的注释和长长的参考书目，但由于篇幅有限，只好删去了那些注释，而只保留了引文和引用著作。

本书中有些章节曾发表于一些学术杂志。导论、第二章和结论部分曾融入一篇文章，发表于《比较文学》（*Comparative Literature*），55.2（2003），pp.112–129。第二章的几个部分经修改后发表于《东西方哲学》(*Philosophy East and West*)，53.4（2003），pp.490–513。第四章的节写版发表于《中国哲学》(*Journal of Chinese Philosophy*)，31.4（2004），pp.469–488。十分感谢这些杂志的主编允许我使用这些已发表的资料，也感谢纽约州立大学出版社的两位匿名评审为我的手稿提出了颇有见地的意见并推荐出版。我也要感谢出版社编辑 Nancy Ellegate 女士的卓识和鼓励。最后，我感谢现在所在学校罗慈学院为我提供了三个暑期的教师发展基金。另外感谢我的妻子不懈的情感支持，帮助我克服了一个又一个困难。

顾明栋于晚成斋

导论　开放性诠释
——一个跨文化现象

开放性诠释的兴起

诠释学"既是一种肇始于阐释问题的哲学，也是阐释的艺术或理论。"[①] 即使这一术语在其历史发展中取得了广泛的意义以后，其主要关注仍然是文本阐释，一如其曾经关注经典阐释那样。以文本为中心的特点在文学诠释学中尤为鲜明，而文学诠释学可以松散地定义为文学作品的阐释理论。无论是哲学诠释学还是文学诠释学，诠释的经历含有解释的开放性，这是因为正如伽达默尔所指出的那样，诠释"的自我实现不在于确切地知识，而在于经验本身所鼓励的对经验的开放。"[②] 伽达默尔将充足的阐释

[①] *The Cambridge Dictionary of Philosophy*, edited by Robert Audi (Cambridge: Cambridge University Press, 1995), 323.

[②] Hans-Georg Gadamer, *Truth and Method* (New York: Seabury Press, 1975), 319.

视为读者与文本之间进行的对话性互动而产生的"视域融合"的结果。由于文本和读者具有各自的历史性和意向性,诠释的空间在理论上是开放的,意义的地平线因而是广阔无垠的。因此,我们不妨声言,诠释的经历必定是开放的。

诠释的开放性在文学研究中称为"文学开放性。"这在东方或西方的文学传统中都是一个主要的审美问题。在理论上,这一问题意味着文学文本并非话语的围栏,只包含特定有限的信息;而是一个阐释空间,由文字符号构建而成,能够产生无限制的诠释。从常识上讲,它指的是文学文本没有"正确"的诠释,或者说它具有多重诠释。文学"开放性"作为一个理论概念,最初是由翁贝托·艾柯(Umberto Eco)在他写于 1962 年的《开放的作品》(*Opera aperta*)中提出的,[1] 但是在中国传统中,该思想可以追溯至上古时期。开放性在中国传统中主要来自两大源头:对宇宙形而上学的探究和对经典文本的阐释实践。在文学开放性的哲学探究方面,中国传统远远走在西方之前。早在公元前 4 世纪,[2]《易经》(也称《周易》)的注释中就出现了这样一句有名的格言,它从此成为赋予相同文本、现象的不同诠释以合理性的家喻户晓的说法:"[在阐释'道'时],仁者见仁,智者见智。"[3] 在公元前二世纪,中国儒家思想的继承者董仲舒(前 179—前 104)

---

[1] Umberto Eco, *The Open Work* (Cambridge: Harvard University Press, 1989).
[2] 关于《周易》的溯源,参见刘大钧著《周易概论》,济南:齐鲁书社,1986 年,第 14 页。
[3] 《周易正义》,卷七,66a-b,选自《十三经注疏》,北京:中华书局,1980,第 78 页。

详细阐述了一条与文学直接相关的格言:"《诗》无达诂。"① 尽管这句格言本来特指《诗经》(普遍受欢迎的英文版本为韦利译 Book of Songs)的阐释,但此后实际上引申至所有诗歌。比如,清代著名学者沈德潜(1673—1769),将董仲舒的格言广泛地联系到所有诗歌,实际上将诗歌视为一个开放的阐释学空间,因而与当代的读者反应批评理论不谋而合:

> 况古人之言,包含无尽;后人读之,随其性情浅深高下,各有会心。……
> 董子云:"《诗》无达诂。"此物此志也,评点笺释,皆后人方隅之见。②

3 开放性诠释的中国之源

在批评实践中,中国传统文化的开放性发轫于批评的盲点,而非有意识的洞见。在《盲点与洞见》一书中,保罗·德曼研究了一些富有影响力的理论家和评论家以后,发现在他们的著作中,有关文学特性的论述与他们实践评论的结果存在着分裂。德

---

① 董仲舒,《春秋繁露》,卷三,9a,四部备要本。此格言本身极具开放性。刘若愚英译为"[The Book of] Poetry has no general explication."参见 Language-Paradox-Poetics (Princeton: Princeton University Press, 1988), 97. 张隆溪英译为"[The Book of] Poetry has no direct interpretation."参见 The Tao and The Logos: Literary Hermeneutics, East and West (Durham, N. C.: Duke University Press, 1992), 196. 芝加哥大学余国藩教授建议英译为:"Poetry has no thorough-going interpretation"。

② 沈德潜,《唐诗别裁集》,上海:上海古籍出版社,1979 年版,"凡例",1。

曼指出，令人觉得不可思议的是，他们对这种分裂持有的批评盲点却在文学、艺术、文化和阐释学中不断产生出令人着迷的洞见。[1] 在由中国传统思想家和学者写就的批评话语中，文学的开放性有着相似的产生过程。在对一些经典文本的论述中，他们将文本视为话语的围栏，包含着作家最初的创作意图，并且声称评论家的任务就是搜索出这些构成意义的意图。但是在实际的评论中，他们对所给文本的多层面诠释不仅分裂了文本，而且暗示了这是一个开放的阐释学空间。有关《诗经》的阐释学传统就是一个很好的例证。自古以来，学者们就孜孜不倦地寻找《诗经》中无名诗人最初的创作意图。虽然搜寻的目标在于发现特定诗歌中的原始意图，但是这最终导致了阐释的多样性，有效地使诗歌展现了不同甚至是相互矛盾的解释。以《诗经》的开篇之作"关雎"为例。笔者将在以后的章节中说明，根据本人不完全的统计，主流阐释竟有八种之多，尚不包括更多的非主流解读。在主流诠释中，该诗被解释为涉及天与地、个人与社会、政府与政治、风气与道德、家庭关系与人际关系、风俗与习惯、肉体的激情与精神的升华、赞颂与讽刺，等等。这些诠释并非总是互相谐调的。实际上，有些是完全矛盾和相互对立的。根据这些多层面的阐释，我们可以这么说，这首诗实际上是开放的。《诗经》中其他诗歌亦如此。

所以，中国传统的开放性诠释兴起于批评的盲点，而不是自

---

[1] 见 Paul de Man, *Blindness and Insight: Essays in the Rhetoric of Contemporary Criticism* (Minneapolis: University of Minnesota Press, 1983)。

觉的洞见。在很大程度上，中国有关开放性的思想产生于经典教义与批评实践之间的冲突。孔子开创了《诗经》的阐释学传统，提出了一个坚如磐石的理论准则："《诗》三百，一言以蔽之，曰：'思无邪。'"① 因为孔子被喻为圣人，儒家学者自然将他的话语奉为圭臬而照字面意义理解。但是令人懊恼的是，他们发现诗集中不仅有大量诗歌偏离这条主题准则，而且以儒家的道德标准来看，一些诗歌带有淫秽色彩。为了处理这种令人不安的发现，他们不得不诉诸众多的诠释方法，最终导致了多样性的解读。结果，尽管他们将文本视为一个封闭的整体，但他们实际上却开放了文本。

因为除《诗经》以外，儒家经典还包括其他许多经典著作，所以哲学的开放性和批评的开放性会合于中国诗学。董仲舒的格言"《诗》无达诂，"集中表明了这种融合。这一格言当然是产生于怎样处理偏离单一的诠释准则的尝试，同时也代表了对一种理论基础的探求，这种基础为根据不同的情况来对《诗经》作不同的解读的实践进行了辩护。他提出该格言时的历史情况表明，哲学和评论的开放性慢慢融合进文本的开放性概念，与当代的开放性观念几乎没有什么差别。在《春秋繁露》中，有人问他为何《春秋》没有遵守用恰当的头衔来称呼统治者的既定做法，董仲舒作如是回答："所闻《诗》无达诂，《易》无达占，《春秋》无达辞。从变从义，而一以奉人。"② 值得引起我们注意的不仅仅是

---

① 孔子，《论语注疏》，卷二，5c，选自《十三经注疏》，2461。
② 董仲舒，《春秋繁露》，"精华"篇，引自《二十二子》，上海：上海古籍出版社，1985年，第775页。

董仲舒根据不断变化的诠释情况，鼓吹重新语境化的需求；他的论证还简要地涉及了阐释学的不同层面。"《诗》无达诂"涉及了文学的开放性；"《易》无达占"指出了开放性的产生，或开放性诗学的发展；"《春秋》无达辞"承认了语言在表征时的变化。《诗经》是诗歌形式上的创作，《周易》是文字符号和图形符号的组合，《春秋》则是一种散文体作品。董仲舒的论述可以被视为中国传统文化中文学开放性概念精练而又全面的表达。

至公元六世纪，中国传统文化已经形成了相当成熟的文学开放性理论，这主要集中在这些对以后发展有重大影响的观点和观念上，如"遗音"、"遗味"、"重旨"、"复义"等。[①]

开放性诠释的西方之源

在西方传统中，文学开放性观点在"多义性"和"一词多义"的含义上的产生非常之晚。早期对诗人和诗歌的偏见实际上将开放性的观点扼杀在萌芽状态。在柏拉图的《普罗泰戈拉篇》中，描述了苏格拉底被描述为对不同的诠释所做的毁损性的评价："无人可质问诗人所写的东西，而且大多数情况下他们被引介进入讨论时，一些人认为诗歌表达了这个意义，而另一些人则持不同观点，因为无人能就此主题产生一个总结性的论点。最明智的人则会避免这样的讨论。"[②] 柏拉图甚至公开谴责诗人为说谎

[①] 以上观点皆产生于公元6世纪前或6世纪左右。
[②] *The Collected Dialogues of Plato*, edited by Edith Hamilton and Huntington Cairns (Princeton: Princeton University Press, 1963), 340.

者，这使开放性观点更难在早期西方文学思想中立足。至公元1世纪，朗吉努斯（Cassius Longinus, 213–273）在他的《论崇高》中只能小心谨慎地暗示，如果有些东西"无法在[精通文学之人的]头脑中留下比言语所能传达的更多可反映的养料，……那它就无法被列为真正的崇高，因为它没有从最初的倾听中生存下来。经受一再的考验是一种真正的伟大。"[①] 直到16世纪，文学开放性的观点才重新露面，它不得不以非字面意义的形式或形而上的虚空而出现，这堪与中国传统中道家的哲学观念相媲美。菲利浦·锡德尼（Phillip Sidney, 1554–1586）为诗歌辩护，反对柏拉图关于诗歌是说谎的指控，他宣称，"诗人不会断言什么，因此也不可能撒谎。"在他的论述中，已经隐约表达了开放性阐释学空间的观点："诗人从不会跟着你的想象绕圈子，来恳请你相信他所写的是真实的。他从不引用其他历史的权威，甚至召唤美妙的缪斯女神赋予他创作的灵感；实际上，他从不费神地告诉你什么是，什么不是，而是告诉你应该是什么或不应该是什么。"[②]

如果说在中国文学开放性的观点产生于希望消除在诠释经典作品时所遭遇的矛盾、差异和观点冲突的阐释渴求，有趣的是，西方早期文学开放性的实践起源于相似的情况，而且建立在相似的概念性基本原理之上。对《圣经》中《雅歌》（*The Song of Songs*）的基督教的讽喻性诠释，引起了一种批评实践的发生，它

[①] Longinus, *On the Sublime*, Ⅷ, 3, in *Critical Theory Since Plato*, ed. Hazard Adams (San Diego and New York: HBJ, 1971), 80.

[②] Philip Sidney, "An Apology for Poetry," in *Critical Theory Since Plato*, 166.

认可对"情人"这一形象作出多重性诠释：她代表上帝、以色列、救世主、教堂，或仅仅是性爱对象，等等。[1] 如同中国儒家学者采取一些十分巧妙但显得牵强附会的做法，将有关性爱主题的诗歌诠释为具有道德美德或哲学观点的经典文本，基督教解经者采取相似的步骤，用具有道德和神学意义的范畴来取代性爱对象。在对《诗经》和《雅歌》的比较研究中，张隆溪令人信服地指出："基督教解经者采用讽喻手法将《雅歌》解读为具有神学意义和道德意味的统一体来证明它的正典性，这种方式和许多中国传统学者解读部分儒家经典，如《诗经》的方式有着惊人的相似之处。"[2] 旨在消除差异和矛盾的多重诠释产生了一个解读策略，有意思的是，这种策略在中西方传统中都被称作"讽喻式解读"。尽管基督教的讽喻手法并不像儒家讽喻解释那样丰富多彩，但毋庸置疑的是，它无意中发扬了多重含义的观点，预示了现代的开放性观点。

在西方，对文学开放性的探究直到现代才真正开始出现，但是这姗姗来迟的成就却是严谨而又系统的，而且意义深远。威廉·燕卜逊在他的《含混七型》中详细阐述的文学含混性理论开辟了对文学开放性的永恒兴趣。[3] 随后，对多重性诠释的探索一路上从文学含混性演变为一个相当激进的主张，声称文本就如

---

[1] 欲知细节，参见 Longxi Zhang, "The Letter or Spirit: The *Song of Songs,* Allegoresis, and the *Book of Poetry,*" *Comparative Literature* 39, No. 3 (1987): 1930217。
[2] Longxi Zhang, "The Letter or Spirit," 200.
[3] William Empson, *Seven Types of Ambiguity* (Edinburgh: New Directions Book, 1947).

同一次野餐，作者带去词语，而由读者带去意义。[1] 但是，直到 1962 年艾柯的《开放的作品》一书问世，开放性的实际概念才第一次被清晰明确地阐释为美学范畴，预示了当代文学、艺术和文化的辩论与讨论所产生的主要问题。1970 年，法国学者茨威坦·托多洛夫、埃莱娜·西苏和杰拉德·热奈特联合创办了一份富有影响力的文学批评和文学理论的杂志《诗学》(*Poétique*)。在杂志第一期的导言中，编者认为开放性诗学包含了开放的评论实践和开放的诠释实践，声称："所有语言和写作的游戏，所有行动上的花言巧语，每一次语言透明性的消失，无论是在民间传说、'大众传媒'，在梦境或疯癫的话语中，还是在最为精心创作的文本或极为偶然的文字相遇中——所有这些都享有现代诗学范围内的一切权力，而首要的是，诗学必须是开放的。"[2] 自此以后，文学开放性就成为文学批评和文学鉴赏中司空见惯的一个词语，而且还保持了它持久的力量，正如一位学者指出的，它是当代文学理论的两个中心主题："对艺术中多重性、复义性或一词多义这些因素的坚持，对读者角色和文学诠释的关注，并且强调

---

[1] Northrop Fry 说道："据说伯麦的书就像野餐，作者带来的是词语，读者带来的是意义。这种说法可能是嘲笑伯麦的，但却是对所有文学艺术品的准确描述，无一例外。"引自 E. D. Hirsch, *Validity In Interpretation* (New Haven: Yale University Press, 1967), 1.Tzvetan Todorov 也提出过这一观点。见他的 "Viaggio nella critica americana," *Lettera* 4 (1987), 12。

[2] "Introduction" to *Poétique* 1, 1970, pp. 1–2. 英译文引自 Robert Schoes's "Forward" to Todorov's *The Fantastic: A Structural Approach to a Literary Genre* (Cornell: Cornell University Press, 1975), vii。

反应读者和文本之间的互动过程。"①

文学开放性的种种悖论

关于文学开放性的观念,中西传统都存在着一个自相矛盾的情形。在西方,自从艾柯首次提出开放性作品的概念并且探讨了开放性诗学以后,已经有许多其他理论家的作品直接或间接地丰富了这个概念。随着新理论探索将诠释学的边界线越推越远,这个概念已经引起了一种反弹。具有讽刺意味的是,最初论述开放的作品和开放性诗学的艾柯,却向后倒退了几步,他对一些推进无限诠释的后现代理论提出质疑。他的两部作品《诠释的限度》(Limits of Interpretation)与《阐释与过度阐释》(Interpretation and Overinterpretation),单从题目上看,就似乎标志着他从之前的文学开放性立场后退了不少。在这两部作品中,他不仅暗示了诠释确实存在局限,而且明确地给一些阐释贴上了"过度诠释"的标签。②艾柯的过度阐释论导致一些最主要的理论家(如乔纳森·卡勒)公开为过度阐释辩护。③论战至今也没有得到令人满意的解决,一些基本问题,比如:何谓开放性?文本为何开放?开放性如何获得?文本的诠释空间可以开放到何种程度?读者如

---

① David Robey, "Introduction" to Umberto Eco's *Open Work*, translated by Anna Cancogni (Cambridge, M. A.: Harvard University Press, 1989), viii.

② 见 Umberto Eco, *Interpretation and Overinterpretation* (Cambridge: Cambridge University Press, 1992), 45–66。

③ 见 *Interpretation and Overinterpretation*, 109–123。

何使文本开放以产生新的解读？都没有得到回答。

中国的情况更加饶有趣味。一方面一些思想家和学者提倡"诗无达诂"，认为评论一首好诗的标准之一是看它是否包含"不尽之意"，另一方面，整个诠释学传统都受到对作者最初意图的无尽追寻的支配，探索作者究竟是圣人、诗人，还是散文家。这在对儒家经典的注释中尤为突出。在历代帝王的支持赞助下，中国传统学者对儒家经典进行阐释，写出了许多所谓的"正义"。《五经正义》可能是其中最雄心勃勃的、力求确立正确诠释的项目。它确实代表了中国传统寻找文本最初意图的阐释学动力。由于这一意图在中国阐释学传统中处于主导地位，关于开放性的中国文学思想至今仍未被探究，尽管与文学开放性相似或相配的思想一直被视为一流语言艺术令人神往的典型特征。

尽管起步之早令人难以置信，中国诠释传统的文学开放性从未被系统深究。零散随意的研究极少超过那些原创思想最初形成时达到的理论高度，有关开放性的直觉洞见极少面对相反的思想，仿佛这是两股本不应相互照面的潮流。结果，古代中国文学思想中占主导地位的一直是接近"意图理论"的思想。总而言之，文本被视为带有作者意图的语言围栏，读者的任务就是要找回那一意图。孟子（前372—前289）相信，通过充足的阅读，可以找回诗人的原初意图，他声言："故说诗者，不以文害辞，不以辞害志。以意逆志，是为得之。"① 孟子的这段话是驳斥一个诘问者断章取义地阅读《诗经》中的一首诗的做法，他反对以一

---

① 《孟子注疏》卷9上，71页，《十三经注疏》，第2735页。

种不同的语境去给一首诗语境化，赞成恢复诗歌原来的语境以获得作者的原初意图。从比较的角度而言，孟子的思想使人想起 E. D. 赫希建立在胡塞尔认为意思是"意图之物"的观点之上的意图主义理论。① 两者的相似之处在于，他们都把意义构思为作者有意而为，并以一系列符号固定的意图行为，通过同样的符号系统把意义找回。② 孟子的思想是古代诠释学设定的基础，而这些假定构成了中国传统的诠释主流。但是，正如刘若愚正确地指出的，尽管孔子的道德主义和孟子的意图主义占据了统治地位，中国古代的文学思想家在没有公开挑战主流诠释思想的情况下，"悄悄地发展了其他形式的解释法，这些阐释既不关心道德教化，也不关注作者意图，而是注意诸如诗歌格律和语言风格之类的语言学问题，或者诸如'兴趣'、'神韵'和境界之类的超语言学概念"。③ 颇有讽刺意味的是，虽然"不尽之意"一直是被珍视为好诗的标志，中国现代学者有时却要由同类的西方思想提醒才注意到这一事实，即多元解释的思想存在于中国传统之中。④

随着结构主义的出现，文学文本作为封闭实体的观念在西方被彻底粉碎了。不过，有关文学开放性的争议远远没有定论，许多相关问题仍然没有得到解答。无论是西方传统还是中国传统，

---

① See Edmund Husserl, *The Idea of Phenomenology* (The Hague: Martinus Nijhoff, 1970), 33–51.
② See E. D. Hirsch, *Validity in Interpretation* (New Haven: Yale University Press, 1967), 31.
③ James J. Y. Liu, *Language—Paradox—Poetics: A Chinese Perspective*, 97. 我提供了中文原文的拼音。
④ 比如，朱自清在"诗多义"一文中就承认，是燕卜逊的《含混七型》一书启发了他去仔细研究中国古代诗歌中的多义性，见《朱自清古典文学论文集》，上海：上海古籍出版社，1982年版，第61页。

9 探索文学开放性和开放诗学对跨文化的文艺研究、诠释学的理论考量、以及文学批评和创作都具有多元的重要意义。

中国的两大诠释传统

在一部发人深省、涉及跨文化研究的论著中,罗兰·巴特视日本文化为"符号帝国"。他的标签同样适用于中国文化。[①] 诚如一些学者所言,古代中国是一个"文本帝国"或"书写帝国",[②] 不仅因其有无数的文本而自豪,而且以其悠久的诠释传统而自豪,而那一传统的中心是对各种各样经典的解释和对诗歌、小说和戏剧进行研究的阐释理论。正如西方的诠释学起源于解释基督教经典的宗教需要,中国的诠释学则兴起于解释国家首肯的经典的教义需要。由于大部分经典都是显而易见的儒家经典,中国的诠释传统是儒家主流,极其重视政治灌输和道德教化。但是也存在着另一个十分有趣的传统。如果我们把占据统治地位的传统称为"政治伦理传统",另一个传统可以称为"玄学美学传统",这是因为后者发端于对文本情况的玄学关注和艺术关注。在不公开挑战主流传统的情况下,那另一个传统与其展开了互动,这不仅丰富了总体的中国诠释学,而且改变了中国阐释实践的方向。在主流传统和次要传统的互动中,存在着一个清晰可见但很少被研

[①] Roland Barthes, *Empire of Signs* (New York: Hill and Wang, 1982).

[②] Christopher L. Connery, *The Empire of the Text: Writing and Authority in Early Imperial China* (New York: Rowman and Littlefield, 1998), 1–18; Mark E. Lewis, *Writing and Authority in Early China* (Albany: SUNY Press, 1999), 337.

究的思潮，其特征是从孟子的意图理论所要求的封闭解释走向由审美暗示理论引导的开放性诠释。虽然孟子的理论决定了中国诠释学的主要方向，审美暗示的理论却发展成了一个引人入胜的诠释学体系，其核心原则预示了当代的阅读理论和解释理论，特别是文学开放性的思想和开放诗学。

本书目标和范围

本书研究中国阅读理论和诠释理论，但是由于阅读和书写紧密相关，充分的阐释取决于语言再现的丰富知识，因此本书也是对写作的研究。除了介绍中国的阅读和书写理论，本书关注的是中国人数千年来一直在从事却基本上予以忽略的一个文化实践。以西方"现代主义"和"后现代"的解释实践视之，这也许可以称为"开放性诠释"。当然，中国人并没有给这种文化实践赋予概念性范畴，也没有对此现象予以系统的反思。笔者在本研究中要做的就是赋予其"开放性诠释"这一概念范畴，对此进行系统的反思，并梳理出概念性见解，为阅读和解释的跨文化开放诗学的建立作出贡献。

本书研究的中国诠释学资料大部分取自古代，分析材料的选取不仅视其对中国古代和现代文学和文化形成的影响，而且取决于这样一个事实，即在历史上，对这些材料的研究已经构成了中国传统诠释的主流。全书共分导论、四大部分的八个章节和结论。导论为全书开辟园地，描述其性质，找出其目标，划定其范围，建立研究方法和路数，并提出一些理论问题供整体研究予以回答。

第一部分由两章构成，探讨中国哲学思想和美学思想中的阅读和创作问题。第一章从跨文化角度对中国传统有关阅读和创作的基础问题进行概念性探索，并提出重新思考这些奠基性概念的重要性。通过将孔子、孟子、老子、庄子、扬雄、陆机、刘勰和其他一些思想家的阅读、创作思想与现代诠释学理论家如狄尔泰、海德格尔、伽达默尔、雅各布逊、赫希等人的相似思想进行有意义的对话，本章试图在零散的概念中开辟出一条发展道路，并在其基础上提出一个阅读创作模式。

第二章主要探讨中国美学思想中有关开放性的概念性洞见，目的是要建立一个探索中国文本解释的概念框架。本章将来自不同历史时期的开放思想综合成一个带有哲学基础的体系，并试图以概念范畴重新定义直觉见解。在结合西方文学理论考察一系列关键词语、概念和话语的同时，本章认为，虽然开放性是个现代概念，其内涵对中国文学思想家来说并不陌生。中国大量的有关暗示的思想不仅超出审美暗示，而且实际上已形成了中国体系的开放诗学。

第三章和第四章组成第二部分，其探究的焦点是以《周易》阐释为中心的诠释传统。第三章对《周易》文本采用符号学的研究路径，考察其与阅读、评论和阐释方法的关系，提出了这样一个观点：《周易》是一个开放性的再现系统。在考察其开放性机制以后，笔者认为，《周易》虽然一般不被看成文学文本，但《周易》诠释学为中国传统开创了阅读写作的开放诗学，并形成了一些基本的阐释原则，有助于打开任何文本，无论是文字文本还是图像文本。本章也将根据梳理出的见解构建一个阅读和再现的模式。第四章集中探讨《周易》诠释学中的象数派和义理派之间的争论，重点考察王弼富有开创性的"明象"篇。笔者将象数派和义理派的争论置于中国传统有关阅读和解释的大语境下，探讨此争论超出《周易》诠释学这一局部语境下的语言学、哲学和文学的意义。通过再现古代思想家如何关注封闭性诠释和开放性诠释之间的冲突，笔者提议：该争论预示了现代有关阅读和诠释学的大辩论，其结果标志着阅读实践从作者为中心的阐释走向读者为导向的阐释范式的转换。

第三部分以另一个诠释传统为中心，即《诗经》诠释学。在第五章中，在详细分析一些诗歌的解释史料之后，笔者认为，与《周易》一样，《诗经》也是一个开放的经典，其文本内的和文本外的因素造成了多元阐释。通过考察诗歌不同的开放来源，笔者提出开放场的概念，这一概念指的是一首诗歌具有的复杂的意指系统。第六章考察《诗经》研究的主要方法，并指出，从古至今的《诗经》评点者和批评家都陷入了寻找某一首诗歌的作者意图或原意的泥沼，但他们这一盲目的寻找却导致了多元的阅读和多种阐释方法的扩散，并产生了很多的见解，足以形成一个阅读和创作的模式。笔者还将从《诗经》诠释学的奠基性文本《诗大序》中衍生出一个文本间性的散播写作模式。

第四部分转向文学诠释学中的文本开放性。第七章集中讨论中国古代诗歌中选出的一些杰作，试图回答几个基本问题：同一首诗为何会引起不同解释？是什么使一首诗对不同的阅读开放？一首诗对阐释的开放程度有多大？因此，本章的主要目的不是要提出引人入胜的新解读，而是要寻找导致一首诗的开放性的因素。第八章探索诗歌创作中的语言开放性。因为阐释就是理解，而一切理解都是语言的，本章尤其注意诗歌语言通过意指和再现在形成开放性空间时有意识和无意识的结构作用。在考察开放性文本因素、句法含糊性以及汉语诗歌语言内在的开放性质的过程中，将中国诗歌的开放性与梦幻语言和无意识的语言学模式相联系，提出汉语古诗的一个主要开放之源来自可称之为"语言缝合"的一个复杂过程，通过该程序，一首诗的诠释空间就被打开了。语言缝合处于笔者称之为"诗性无意识"和有意识开放诗学的核心。

结论部分对阅读和写作中的开放诗学的正面和负面因素进行一般的探究，首先结合开放诠释引起的争议对中国历史上一些文字狱进行考察，以便澄清迄今为止在后现代探索开放诠释的性质、功能、价值等方面一些模糊不清而又富有争议的问题。其次，分析中国历史上数例著名的诗歌创作，并说明开放性诠释对于阅读和写作都具有的正面意义。最后提醒人们注意因为自觉反思开放性诠释和开放诗学而可能获得的裨益。

研究的假设前提和方向

在当代思想中，诠释学由三个相互关联的部分组成：(1) 诠释理论；(2) 诠释哲学；(3) 诠释批判。[①] 笔者的研究关注的并不

---

① 参见 Josef Bleicher, *Contemporary Hermeneutics: Hermeneutics as Method, Philosophy, and Critique* (London and New York: Routledge, 1980), 1。

是作为一般阐释理论的诠释学，也不是作为生活哲学的诠释学，更不是作为批判工具的诠释学，而是中国传统中一些主要的阐释实践，本书试图探索政治－道德的诠释主流和玄学－美学暗流之间的互动及其对人们感知文本、作者、阐释的性质之影响，重点审视阅读和阐释过程中的开放思潮。在处理文学诠释学时，将刘若愚提出的"有关文学的理论"和"文学理论"模糊化，刘先生如此解释二者的差异："前者关注的是文学的基本性质和功能，而后者关注的则是文学的形式、体裁、风格和技巧等方面。"① 在本研究中，"开放诗学"当然涉及"文学理论"，但"文学的开放性"无可避免地涉及"关于文学的理论"。开放性被定义为阐释无限的可能性，而开放性诗学则指涉开放性如何构思和在写作中如何形成。

　　笔者假设的第一个前提是，诠释的开放性是一个跨文化现象，文学中寻求艺术开放性的冲动在中西传统中都是根深蒂固的。随着历史的发展，这一追求最终在东西方文学思想中演化成一个主要关注的问题。颇有嘲讽意味的是，关于开放性的见解总的来说以保罗·德曼所构想的盲点形式而呈现出来，在中国传统中尤其如此。两个多世纪以来，中国产生了丰富的充满开放见解的阐释，但是，这些见解带有似是而非的性质。许多理论家、评点家和阐释家宣称文本的不尽之意是文学作品的最高目标，但更多的人坚持认为阐释的目的就是寻找作者的原初意图，极少有人愿意承认文本是开放的，更少有人认识到他们的思想、评点和阐

---

① James J. Y. Liu, *Chinese Theories of Literature*, 1.

释对开放性和开放诗学所具有的深刻意义。通过审视选取的中国诠释传统的核心部分,如《周易》诠释学、《诗经》诠释学、古代诗学和文学思想,古典诗歌的评点,本研究希望借助当代的语言学理论、符号学理论、精神分析学和再现理论梳理出足够的洞见建立中国的开放诗学。

  笔者预设的第二个前提是,中国诠释传统经历了与西方传统相似的从封闭阐释走向开放阐释的发展之路,但是又认为,中国传统到达那一目的地走过的是一条不同的路径。本书不是批评实践,而是诗学研究,因为即使在讨论单个作品时,首先关注的是文本如何产生意义,批评性分析的最终目的与其说是丰富某个文本的理解,毋宁说是梳理出开放性洞见以便提出阅读和写作的开放策略。从纯理论性角度而言,本书不仅将探讨阅读和写作的基本要素,如作者、读者、文本、语境和意义等,而且要审视诸如此类的问题:什么构成了阅读和阐释的开放性?一部作品如何显示其开放性?自觉使用语言和写作策略能产生何种程度的开放性?开放诗学对创造语言艺术有什么重要意义?虽然本书的直接目标似乎是在选取的研究材料中寻找开放性因素和机制,并形成中国传统的开放性诠释学,但更大的目的是寻找概念性构思阅读和写作的新途径,并走向跨文化的开放诗学。

第一篇
阅读和开放性的概念探究

第一章　知性思想中的阅读理论

比较语境下的阅读

在当代人文社科领域，阅读理论早已成为一个国际化的研究课题，该课题在20世纪最后25年达到了鼎盛。世界上很多理论家在文学、史学、哲学、法学和传播学等领域都或早或晚、或多或少地参与其中。该课题如此引人注目的一个直接原因就是文本研究的所谓"理论转向"，该转向受到多门学科发展的驱动，如阐释学、精神分析、语言学、符号学、表征（representation）、大众传播等等。然而，阅读理论受到热情关注的根本原因，似乎在于若干时代以来不同文化和传统的人们都在探寻一个基本问题：如何才能充分地阅读一篇文章？阅读理论探讨的所有要素，如作者、读者、文本、背景及意义等，都围绕着这个核心问题。阅读理论的国际化背景对中国学界来说自然会引起一个问题：中国传统有没有阅读理论？肯定和否定的回答似乎都能成立。我们说中国传统没有阅读理论是指中国的确没有当代西方那种体系完备、概念清晰、研究精深的阅读理论。但我们又可以说中国传统有阅读理论，因为现代阅读理论所探讨的对象、概念、原理、方法都可在中国传统中找到，甚至还可以说有不言而喻的隐性体系。

而且在时间上，中国传统对阅读理论的探究并不比西方传统晚。无论在东方还是西方，对阅读概念的探究都可溯源于阐释经典文本的实际需求。在西方，阅读理论作为一个研究范畴，可说是与18世纪的经典阐释学同时产生的，尽管很久之前就已出现对该课题的零星研究。在中国，对阅读概念的探究可追溯到公元前5世纪。在中华文化形成的早期，阅读已成为文化生活的一个有机组成部分和研究学问不可或缺的步骤。阅读概念在远古时期即开始出现，当时中国思想家从事于经典著作的阐释，包括历史、诗歌、艺术和哲学。他们意识到语言和思想之间的隔阂（"言"和"志"的区别），开始考虑如何才能充分地阅读一篇文章。从那时起，阅读理论已经成为传统中国阐释思想的一个重要部分。无数学者开始思索阅读的真相，但是他们的深刻见解只是散布于各种哲学论述、经典评注、书籍题跋、私人信札、以及随意写在文章页边空白、甚至文章字里行间的阅读笔记。在本书中，笔者将从比较的视角把中国古代思想中的阅读理念与西方现代阅读理论进行有意义的对话，藉此重新审视中华传统关于阅读和阐释的基本观点，将散落的概念性观点整合成中国阅读理论，并构建一种具有现代特征的阅读理论模式。

在中国早期思想家中，孔子和老子可以说是最早涉及阅读理念的思想家，但较为自觉地探讨阅读理念的先驱是孟子和庄子。

尽管孟子和庄子在生活年代、地点和思想传统方面与当代西方理论家相去甚远，但他们对阅读的见解与当代理论却有着惊人的相似之处。在构建中国阅读理论和模式的同时，笔者希望探索这样几个问题：人们有关阅读的本质、原理和认识论的观念是否具有超越不同的历史时期和文化背景的相似性？中国古代思想对阅读理论和实践能够提供何种洞见？我们在什么程度上能够使中国传统思想与现代西方理论进行有意义的对话？

孟子关于阅读的正论

在中国传统文艺理论中，孟子和庄子几乎在同一历史时期开始探究阅读问题。孟子与庄子同时代，稍早于庄子，他的著名观念"以意逆志，是为得之"[1]（以读者的理解来追溯作者的思想——这就可以掌握文章的意义）开启了对阅读的探索。此观点表现了孟子对于阅读能够知悉文章含义的乐观态度，因此可以称作正面肯定的陈述。孟子对阅读的正面看法来自他对如何理解《诗经》中诗句的回答。孟子的一位名叫咸丘蒙的弟子，认可孟子所主张的圣君尧年老后将王位禅让给舜、而舜并不把尧视为臣子的观点，但他又引用《诗经》中的"普天之下，莫非王土；率土之滨，莫非王臣"[2]的诗句来质疑舜继位后不把自己的盲父当作

---

[1] 《孟子注疏》，卷九上，71页，见《十三经注疏》，北京：中华书局，1980年版，第2735页。

[2] 选自Arthur Waley译《诗经》(*Book of Songs*) (New York: Houghton Mifflin, 1937)。

臣民来对待是否合适。① 就此问题孟子做了如下有关诗歌阅读的陈述：

> 是诗也，非是之谓也，劳于王事而不得养父母也。曰："此莫非王事，我独贤劳也。"故说诗者，不以文害辞，不以辞害志；以意逆志，是为得之。如以辞而已矣，《云汉》之诗曰："周余黎民，靡有孑遗。"信斯言也，是周无遗民也。②

孟子的观点驳斥了一种曲解文意的阅读方式，即断章取义。他认为应将诗句置于原始情境中理解以获得其本义。他的回答不仅提出了一种实用的阅读方法，而且隐含了一种处于萌芽状态的阅读理论。作为实用的方法，他反对由于分割文本、不顾语境、拘泥形式而产生的牵强附会的阅读。作为阅读理论，孟子可能是中国思想家中首位视阅读为部分地基于语境的沟通过程和解读行为的理论家。

孟子的陈述包括若干关于阅读的核心议题：即文本意义、作者意图、语境、情境化、以及读者的阅读方法。他还涉及一些阅读概念方面的问题。第一，他提出文本意义应在于其本身的语境，而非少数被割裂的元素。咸丘蒙阅读时出现的问题恰恰是因为他犯了一个常见的错误：从语境中分割出语块而片面地理解语义。第二，孟子强调文本阅读中恰当把握语境的重要性。他反对

---

① 《孟子注疏》，卷九上，71页，见《十三经注疏》，第2735页。
② 同上。

以偷换语境的方式来理解诗歌,赞成回到诗歌本身的初始情境中以准确掌握其本意。第三,他反对仅从字面理解词句,因为文字的修饰会阻碍对作者意图的理解。第四,他认为可以通过充分而细致的阅读来发现诗人的本意。他提出的"以意逆志"学说构成了其对阅读的肯定态度的核心。

我们将孟子的观点系统化后可形成一个理论模式,与基于罗曼·雅各布逊的言语交际模式(model of verbal communication)的诠释论相比较可发现,两者在本质上相差无几:"发话人将信息发送给受话人。为了可操作,信息需要一个指向受话人(用一模糊的术语表示,即"指示对象")并能被其掌握的语境。该信息或者是语言的,或者是能够用语言表述的。这是一个能够全部或部分被发话人和受话人(或换句话说,被编码者和解码者)共同理解的代码。最后,不可或缺的一点是接触,即发话人和受话人之间的物理或心理联系的渠道,这使得两者都能够发起并维持交际行为。"[①] 尽管孟子没有使用诸如发话人、受话人、语境、信息、接触和代码等概念,但雅各布逊的术语都隐含在孟子的陈述中了。诗人即是发话人,孟子及其弟子都是受话人,诗的文本形式是接触点,文辞是代码。诗人的意图"志"是经过编码的信息,对诗歌源起的解释形成语境,孟子和咸丘蒙的阅读行为构成了解码。

阅读与言语交际的区别在于前者的发话人仅仅是隐含的。但

[①] Roman Jakobson, "Closing Statement: Linguistics and Poetics," in T. A. Seboek, ed. *Style in Language* (Cambridge, MA: MIT Press, 1960), 353.

是孟子认为，尽管发话人缺席，交际过程并未受影响，交际渠道也畅通无阻，因为"文"和"辞"可作为可靠的工具来理解作者的"意"，即诗人创作时原初的心理状态。孟子的观点是，只要读者将自己解码的行为置于作者创作时的语境，其编码的信息就能够被准确解读。解码的信息至少在原则上能够匹配编码的信息。在此意义上，孟子对于言语交际和解码的乐观态度可被视为中国传统中肯定阅读的正面观点。

孟子的正面观点表明，他相信语言是能够充分表达作者意图的一种方式。他对语言交际适当性的确信反映于其著名的"知言"论。孟子的另一位弟子公孙丑问老师擅长哪一方面，孟子答道："我知言。"[①] 公孙丑又问："何谓知言？"[②] 孟子解释道："诐辞知其所蔽，淫辞知其所陷，邪辞知其所离，遁辞知其所穷。"[③]（偏颇的言辞，我知道它欺瞒的地方；浮夸的言辞，我知道它失陷的地方；邪异的言辞，我知道它偏离正道的地方；搪塞的言辞，我知道它理屈词穷的地方。）美国汉学家宇文所安正确地指出："孟子的所谓'知言'不在于理解词义，也不限于仅仅反映或复制说话者话语中的想法。孟子的语言知识是凭借语言了解说话者相关信息的学问，这些信息能够通过语句彰显。"[④]

孟子的"知言"论似乎是由《左传》中记载的孔子的一句名

---

① 《孟子注疏》，卷三上，21页，见《十三经注疏》，第2685页。
② 同上，卷三下，22页，见《十三经注疏》，第2686页。
③ 同上。
④ Stephen Owen, *Readings in Chinese Literary Thought* (Cambridge: Harvard University Press, 1992), 22.

言演变而来。孔子的这句话是"《志》有之：'言以足志，文以足言。'不言，谁知其志？言之无文，行而不远。"[1] 因此可以恰当地说，孟子的"以意逆志"代表了儒家思想的一个观点。

孟子将写作和阅读看作联系作者和读者的交际过程。作者的"意"或思想是文章的来源，它通过文字传达给读者，后者通过其自身的"意"或思想接收信息。从这个角度来看，文本就像一条输送带，将内容从作者传递到读者。在阅读中，只要读者受过足够的训练，并且能明智地把握语境，他将能够通过文本找到作者的意图。很明显，孟子把意义看成作者意志力驱动的思想（志），通过一系列词语（辞）永久记录下来，再由读者的理解（意）来获得意义。在这个意义上，他的观点与 E. D. 赫希的意向性理论（intentionalist theory）颇为接近。和孟子相似，赫希关注阐释能否表达文本正确的意义。他试图确定一个准则，以此来证实对文本的阐释不需要完全依赖读者的主观阅读。他所确定的准则就是生产文本的作者意图（authorial intentions）。阐释的目的至少在原则上是重现作者意图。赫希的理论是建立在埃德蒙德·胡塞尔将意义视为意向性对象（intentional object）的基础之上的。[2] 胡塞尔把意义设想为由作者意图决定的无言的行为，永久固定于一系列的代码中，亦可由同样的代码系统解释。我们可以看出孟子和赫希阅读理论的基本相似性。两者都认为写作是由作者意志决定的、固定于语辞的意向性的行为，其初衷可由对

---

[1] 《春秋左传正义》，见《十三经注疏》，第 1985 页。
[2] Edmund Husserl, *The Idea of Phenomenology* (The Hague: Martinus Nijhoff, 1970), 33–51.

语句进行解码而重新得到。^① 有鉴于此，笔者有意把孟子称为前现代的胡塞尔，因为正如刘若愚所言，他的阅读理论也是一种意向性理论。^②

庄子关于阅读的反论

庄子出生稍晚于孟子，在不经意间卷入了孟子的论题，尽管他们可能从未听说过对方。庄子和孟子的不同之处在于，他敏锐地意识到作者和其作品之间的关系存在问题，于是对阅读并不持正面的看法。他拒斥阅读是可靠的交流过程的观点，否认语言是发现作者意图的工具。宇文所安恰当地指出，与孟子所持的正面的阅读观点相比，庄子的见解可谓是反论。^③ 他的负面观点表现在其著名的"轮扁斫轮"的故事中：

> 桓公读书于堂上，轮扁斫轮于堂下，释椎凿而上，问桓公曰："敢问：公之所读为何言邪？"公曰："圣人之言也。"曰："圣人在乎？"公曰："已死矣。"曰："然则君之所读者，古人之糟魄已夫！"桓公曰："寡人读书，轮人安得议乎！有说则可，无说则死！"轮扁曰："臣也以臣之事观之。斫轮，徐则甘而不固，疾则苦而不入，不徐不疾，得之于手

---

① E. D. Hirsch, *Validity in Interpretation* (New Haven: Yale University Press, 1967), 31.
② James J. Y. Liu, *Language Paradox Poetics: A Chinese View*, edited by Richard John Lynn (Princeton: Princeton University Press, 1988), 97.
③ Stephen Owen, *Readings in Chinese Literary Thought*, 35.

而应于心，口不能言，有数存焉于其间。臣不能以喻臣之子，臣之子亦不能受之于臣，是以行年七十而老斫轮。古之人与其不可传也死矣，然则君之所读者，古人之糟魄已夫！"①

就阅读而言，庄子的寓言包含了如下一些概念上的洞见。首先，早在后现代两千多年之前，庄子已宣告了后现代关于阅读和写作的一个信条：作者已死的后果。我们可通过一个随意的比较发现，庄子在此寓言中所表达的基本精神恰恰是巴特的名言"作者已死"所包含的思想。其次，与孟子的肯定意见相反，庄子否认任何文本能够向读者传达作者的观点和思想。这种完全的怀疑论在其"轮扁斫轮"寓言之前的一段论述中得到证实：

世之所贵道者，书也。书不过语，语有贵也。语之所贵者，意也，意有所随。意之所随者，不可以言传也。而世因贵言传书。世虽贵之哉，犹不足贵也，为其贵非其贵也。②

庄子所表达的关于语言和写作的观点，类似于《周易·系辞上》中所认为的孔子的名言："书不尽言，言不尽意。"③很明显，庄子不同意孟子的观点，即语言能够传递思想和感受。在现代阐释学

---

① 庄子，《庄子》，郭象注，上海：上海古籍出版社，1995年版，第160页。
② 同上。
③ 《周易正义》，卷7，18a，见《十三经注疏》，第70页。

的语境中,他的观点可能是拒斥胡塞尔意向性理论的最早表述。后者将意义看作作者语言之外的意向性的行为,固定在一系列代码中,并可以传递给后代。庄子进而告诉我们意向性理论之不能成立的原因:

> 故视而可见者,形与色也;听而可闻者,名与声也。悲夫!世人以形色、名声为足以得彼之情!夫形色名声果不足以得彼之情,则知者不言,言者不知,而世岂识之哉?①

庄子一步一步地拆除了孟子的读写交际模式,激进地认为写作不能传道,词语不能传达观点,语言不能传递微妙的思想。因为话语和语言作为交流的手段存在不足,庄子不是十分看重写作的作用。此观点可能启发了后世禅宗佛教的不立文字、教外别传的传道方法。在某种程度上,庄子的传道观与赫尔墨斯思想中对世界真理的看法较为接近。根据翁贝托·艾柯的研究,赫尔墨斯神智学(Hermeticism)认为:"真理是秘密的,对象征和不解之谜的任何追寻都不会揭露终极真理,而是以一个秘密取代另一个秘密。"②赫尔墨斯神智学的认识论基础是"诺斯替教派的(gnostic)信念,即人类的救赎取决于上帝对人类及自然

---

① 庄子:《庄子》,第 160 页。
② Umberto Eco, *Interpretation and Overinterpretation* (Cambridge: Cambridge University Press, 1992), 35.

界中启示的知识。"① 赫尔墨斯思想将整个世界转变为一个语言现象，然而如同庄子那样，赫尔墨斯的信徒相当地不信任语言的交际能力。语言不能传达真理；真理只能借助上帝启示的时机由个人亲身体验。有趣的是，庄子也持有类似观点，尤其是关于道和语言：

> 夫言，非吹也，言者有言，其所言者特未定也。……道恶乎隐而有真伪？言恶乎隐而有是非？道恶乎往而不存？言恶乎存而不可？道隐于小成，言隐于荣华。故有儒、墨之是非，以是其所非而非其所是。②

以庄子的观点，有限的知识只会阻碍人们接近道；过多的语言反而破坏语言作为交际工具的功能。儒家和墨家的争论只会更加混淆是非。庄子不仅将难以得道归因于有限的知识和过多的语言，他还把语言的漂移性看作造成理解困难的原因之一："言者有言。其所言者特未定也。"庄子仿佛一位现代语言学家，进一步将理解困难的原因归于语言表征中的意义漂移性："物无非彼，物无非是。自彼则不见，自知则知之。故曰：彼出于是，是亦因彼。……是亦彼也，彼亦是也。"③

庄子注意到意义的漂移源自语言表征和理解的主观性立

---

① 引自 *Cambridge Dictionary of Philosophy*, edited by Robert Audi (Cambridge: Cambridge University Press, 1995), 324。
② 庄子，《庄子》，第 23 页。
③ 同上书，第 23—24 页。

场（subjective positions）。在《普通语言学问题》一书中，埃米尔·本维尼斯特也提出类似的看法："没有一个'我'的概念能够包含所有说话者口中每一时刻说出的全部的'我'，正如也没有一个'树'的概念包含所有个体使用的'树'。……那么，'我'指的是什么？指的是某个专属语言的独特的概念：'我'是个人话语行为中表达出的、特指说话者的概念。"①

尽管庄子出于主体性立场认为"这"和"那"是可互转的，但是本维尼斯特把语言中的"我"和"你"描述为能指，只能在具体的话语中指示它们各自的意义。除了代词的用法不同以外，庄子和本维尼斯特一致之处在于：这些代词总是暗指对话中的说话者和听话者。说话者和听话者的角色可随着他们所依靠的介词不断互转。某一时刻的说话者在另一时刻会成为听话者。这些介词只具有周期性的意义，并不具备永久确定的含义。毫无疑问，庄子的观点先于本维尼斯特的更为抽象的观点。因为语言的不确定性，庄子将意义视为不稳定的、滑动的，作者的意图不可传达，也无法由读者获得。在某种意义上，他的观点也先于建立在海德格尔语言哲学基础上的解构主义的语言和意义的观点。海德格尔理论认为，包括作者意图在内的意义都不像胡塞尔所言是稳固确定的。究其原因，意义是符号的产物，具有一定的漂移性。要了解某个意图或意义是什么，即使不是不可能，也非常困难。此外，作者的意图本身就错综复杂，可以像其他文本一样予以多

---

① Emile Benveniste, *Problems in General Linguistics* (Coral Gables: University of Miami Press, 1971), 226.

样化的解读。① 由此，我们可以称庄子为前现代的海德格尔，他的阅读观是一个前现代的解构主义的阅读理论。

在阐释的理论研究中，艾柯把一些当代文本阐释理论与西方传统中赫尔墨斯的理论遗产联系起来，发现赫尔墨斯神智学和诺斯替教派与许多当代文本研究方法（尤其是解构主义批评理论）颇为相似。因为那些当代阐释理论与赫尔墨斯神智学类似，都否认语言的交际能力并拒绝给予文本最终的可获得的意义，艾柯不无讽刺地给它们贴上了"赫尔墨斯式文本研究方法"的标签。② 笔者没有艾柯那种讽刺的意味，但之所以将庄子的阅读观点称为赫尔墨斯理论，是因为他的观点与赫尔墨斯神智学中诺斯替教派的原则有共同之处。庄子否认语言传道或交流意义的能力，认为书不能传达作者的本意而拒绝读书，倡导一种直觉的交流方式，因而他的阅读理论当然可被称为赫尔墨斯理论。

孟子的阐释循环

孟子和庄子关于阅读的基本思想的正论和反论，只是他们思想中一般性的倾向。然而，如果我们将他们的阅读观区分为完全互相对立的两端，我们可能犯了过于简单化的错误，无论是就其具体的理论而言，还是就一般性的阅读理论而言。他们都意识

---

① 伊格尔顿简单探讨了海德格尔和胡塞尔之间关于意义本质的不同看法，参见 *Literary Theory: An Introduction* (Oxford: Balckwell, 1983) 54–78。

② Umberto Eco, *Interpretation and Overinterpretation*, 38.

到，因为语言及其表征的复杂性，阅读也是复杂的；他们都试图通过修正和进一步详细阐述来补充主要观点。他们有关阅读的进一步阐述似乎是在参与一场对话，与对方进行讨论。

　　孟子似乎已意识到他的主要论点有不足之处，这可归结为一个问题：如果你相信一个人能够理解文本意义，并将其与作者的意义相匹配，那么现在作者早已仙逝，你如何能证实你的理解就是他的本意呢？仿佛是为了回答庄子提出的作者已死的宣言，孟子以另一论点来补充自己的主要观点，即知人论世：

> 一乡之善士，斯友一乡之善士；一国之善士，斯友一国之善士；天下之善士，斯友天下之善士。以友天下之善士为未足，又尚论古之人。颂其诗，读其书，不知其人，可乎？是以论其世也。是尚友也。①

孟子的意思是说：一个优秀的人物应该不仅和一乡、一国、天下的优秀人物交朋友，还应和古代的优秀人物交朋友。当然他们不能直接交流，只能间接地通过古人留下的著作交流。但是为了正确理解古人的作品，我们必须掌握作者及其生活时代的知识。通过了解此人和讨论其时代（知人论世），我们就可知晓其写作背景并完全理解他们。孟子的陈述最初并非关于阅读本身，而是关于如何和古人交友。然而，鉴于与古人交友就必须阅读古人的著作，他的讨论也就直接与阅读有关。同样，尽管"知人论世"的

---

① 《孟子注疏》，卷10b，见《十三经注疏》，第2746页。

中心思想并不直接与其阅读理论"以意逆志"相关,但是就其思想的一个大的背景而言,考虑到两个陈述都与阅读有关,这两个观点也就存在着内在联系。

后世学者注意到了两者的相关性,因而将它们联系起来。清代学者顾镇在其诗学批评中,对孟子不同观点的内在联系做出了恰当的评论:"夫不论其世,欲知其人,不得也;不知其人,欲逆其志,亦不得也。……故必论世知人,而后逆志之说可用之。"① 顾镇将孟子原话中隐含的意义明确地表示出来:不"知人论世","以意逆志"就很难实现,因为无法证实读者的"意"(理解)能否匹配作者的"志"(意图)。有了足够关于作者及其生活年代的知识,读者的主观性才能被最小化。这两个观点相互融合,互为补充,使读者的阅读行为充分地客观化。

王国维(1877—1927)是中国最后的传统文学理论家,他也意识到《孟子》中散落于两处的阅读观应该结合起来看。在其对孟子阅读思想的评论中,王国维说道:

> 善哉,孟子之言诗也,曰:"说诗者不以文害辞,不以辞害志;以意逆志,是为得之。"顾意逆在我,志在古人。果何修而能使我之所意,不失古人之志乎?此其术,孟子亦言之曰:"颂其诗,读其书,不知其人可乎?是以论其世也。"是故由其世以知其人,由其人以逆其志,则古诗虽有

---

① 顾镇:《虞东学诗》,转引自蔡锺翔《中国文学理论史》,北京:北京出版社,1987年版,第36页。

不能解者寡矣。[1]

两个不同表达中的观点结合起来就能弥合"作者之死"观点所指出的不足，并能使"以意逆志"的交际模式在理论上更加合理。孟子的主要论点中涉及的理论模式有如下一些要素：读者（说诗者或诗歌评论者）、代码（文和辞）、文本（其诗）、局部语境（其书）和阐释策略（以意逆志）。现在又增加了其他核心要素：作者（古人）和历史语境（其世）。添加了这些要素，孟子的阅读模式就完备了。

但是，如果我们审视这个完整的模式，会发现孟子所主张的理论有反复或自我循环之嫌。将孟子的几个观点综合起来，这个循环的阅读模式愈发清晰。"以意逆志（以读者的理解追溯作者的思想）"是阅读行为，阅读通过语言实现，通过语言读者可以获知作者的意图。但是仅有语言不足以帮助后人了解作者意图，读者需要回到过去来了解作者。但是怎么了解作者？要了解作者，就得了解他的生活年代。如何了解作者生活的年代？答案又回到了起点：阅读作者的诗歌和书。简言之，一个人需要读作者的著作来了解作者及其生活年代，而了解作者及其生活年代才能理解他的著作。

孟子的循环模式不仅没有问题，而且富有洞察力。在某种程度上，孟子的阅读模式让我们想到了施莱尔马赫发现的阐释规律（作者的每个观点都一定与一个有机结构主体的整合相关）和他

---

[1] 《中国历代文论选》，上海：中华书局，1962年版，第1卷，第38页。

著名的"阐释循环"论（阐释本质上是循环的）。阐释的循环性涉及部分和整体的关系。每一部分的解释取决于对整体的解释，而整体的解释取决于对每个部分的解释。正是在整体和部分之间不断的互动过程中实现了充分的解释。[①] 当然在孟子的模式中，整体不仅包括作者的全部作品，还包括其所处的历史时期。通过详述理解作者和其生活时代的重要性，孟子似乎已形成了一个与当代阐释学核心思想非常接近的阐释理论。阐释学的一个核心问题是如何克服年代久远而造成的间离性：随着作者的去世和时光的流逝，一部切断了原初历史环境的作品如何被不同文化和时代的读者理解？阐释学的理解来自过去和现在之间真实的对话。在汉斯－格奥尔格·伽达默尔的阐释学概念中，是这种对话发生于文本和读者之间的"视域融合"（fusion of horizons）。[②]

伽达默尔"视域融合"的观点较为复杂，简略地说，它提出读者和作者之间存在对话关系。一方面，文本是作者在特定历史时期使用特定编码系统制造的历史产品，因此历史性是理解其意义的核心。另一方面，读者基于自身的历史阶段来解释文本，读者的历史对于解释过程也极其重要。在阐释的开端，因为两种史实存在区别和差距，读者很难通过努力使文本意义服从自己的观点。但是，随着两种不同的观点相融合，两种历史也开始合并，阐释出现了突破。文本作为有意义的人类产品有其意向性，读者

---

① Kurt Mueller-Vollmer, ed. *The Hermeneutics Reader* (New York: Continuum, 1985), 83–86.

② Gadamer, *Truth and Method* (New York: Seabury, 1975), 307.

阅读时也有其自身的意向性。当这两种意向性在阅读过程中相遇时，当这两种历史性都得到充分关注时，作者和读者的视域开始融合，意义随之产生。①

孟子的阅读观提出了类似的看法。面临过去创作的文本，他建议读者首先形成自己的理解（意），此为读者的意向性。然后读者应用自己的理解沿着历史追溯到作者的意向性（志）。当读者的意向性（意）与作者的意向性（志）相匹配，就能正确把握文本意义。孟子敏锐地意识到两者相匹配的难度，而使理解难上加难的是过去与现在的区别，作者和读者历史性的差距，以及读者的主观判断。但是他没有放弃建立一个阅读模式的希望，该模式将阅读视为一个主观体验的、可证实的情景重现。笔者已提及孟子的追溯作者最初意图的观点类似于赫希的意向性理论，而他的补充观点如历史情境、自身理解、作者和读者之间想象中的对话等，则可从海德格尔的存在主义诠释学中找到相似之处。

在《存在与时间》一书中，海德格尔提出了一门强调人类在历史和语言中所处位置的存在主义的诠释学。在处理理解的问题时，海德格尔的诠释学拒斥以一种事不关己的方式探究他人思想。就此而言，它强调一个人根植于现时世界中，其意义先于他的存在，但和他之间有一种默契。我们理解性地存在，阐释的目的是使我们已经"在世存在"的前理解（pre-understanding）更

---

① 该段对伽达默尔理论的简介基于其著作 *Truth and Method* (New York: Seabury, 1975), 300–307, 和文章 "Text and Interpretation," in *Hermeneutics and Modern Philosophy*, ed. Brice R. Wachterhauser (Albany: SUNY Press, 1986), 377–396.

为明晰。① 在孟子的核心论点中，读者的理解（意）恰是其心理活动产生的、由现时情况决定的前理解。海德格尔的存在主义模式也指出，文学与其说是个体思想或意图的表达，不如说是将历史感和个人的世界提升到意识层面。通过阅读，我们体验到文学中作者描绘的世界，而非特定或另类的思想状态或意图。下文将证明孟子阅读的"以意逆志"和"知人论世"观具有类似的洞察力。

海德格尔认为所有人类的探究都是循环的。事实上，"探究"这个概念本身就预设了循环性和前知识，因为没有对研究对象的先前知识就不会产生问题。海德格尔在《存在与时间》的开篇将此观点表达为"已知的探究"（a knowing search）。② 他进一步宣称："探究，作为一种探索，必须由已探索到的知识引导。因此，存在的意义一定已由某种方式为我们所知。"③ 海德格尔的存在主义本体诠释学（existential-ontological hermeneutics）或明或暗地表示，对存在的探索和对文本的阐释在本质上可合而为一，因为正如存在或多或少已为探索者预先知晓，能被反复阅读的文本的存在（或形式）也必须已被读者有所了解。有趣的是，孟子对阅读的理解也显示了类似的洞见。孟子的观点，"以意逆志"，暗示了阅读总是一种已知的探究，因为正如"意"（读者的观点或

---

① Martin Heidegger, *Being and Time*, tr. John Macquarrie and Edward Robinson (New York: Harper & Row, 1962), 21–28.
② Martin Heidegger, "Being and Time: Introduction," in *Basic Writings*, ed. David Farrell Krell (New York: Harper Collins: 1993), 45.
③ Martin Heidegger, *Being and Time*, 25.

理解）所表明的，读者阅读之前已形成了一种理解，阅读需要做的就是证实它和作者意图之间的相关性。海德格尔的主张，"任何打算促进理解的解释都必须首先了解将要解释的对象，"[①] 正可作为孟子核心阅读观的恰当的注脚。对一些人来说，孟子的核心思想有点主观臆测的意味。海德格尔的存在主义诠释学再次帮它辩解："（尽管有些学者致力于客观性，包括胡塞尔，但）对于我们面前呈现的对象的解释从不是对先行给定的东西所做的无前提的把握。"[②]

依据海德格尔的存在主义诠释学，孟子的阐释循环就没有错误，因为它强调作者和读者的历史定位，在阅读开始就构建的前知识或前概念在循环阅读中被不断地充实。孟子的"知人论世"观是克服疏远间离的有效方法，使读者能够进入作者写作中创造的世界。总而言之，孟子的阅读理论，尤其是他结合了理论陈述和阅读实践的核心观点的完整模式，触及了胡塞尔和海德格尔阐释学中强调的充分阅读。

尽管孟子对作者较感兴趣，但他是一位以文本为根据的阅读理论家。他认为文本是铭记了作者总体性的媒介，包括其个人特质和社会背景。该思想预见了爱德华·萨义德对福柯关于作者话语功能的观念的替代，前者"将作者的工作视为完全面向并等同于文本生产"。萨义德建议我们应该将作者的创作看作一个过程，"由作品记录，并以充分表现自己所付出的努力的完整文本为目

---

① Martin Heidegger, *Being and Time*, 194.
② 同上书，第192页。

标"。这一点非常恰当地阐明了孟子"知人论世"的思想以及他的反问:"颂其诗,读其书,不知其人,可乎?"孟子所强调的文本和作者之间的关系也预先体现了萨义德的看法:"……文本是贯穿作者创作始终的多维结构,一篇文本是一个人意图成为作者的来源和目标,是其努力的形式,包含了他保持连贯性的元素,以系列复杂和不同的方式整体体现作者的心理、时代、社会给他带来的压力。"[1]

通过强调"志"(意图),孟子把写作看成意向性的行为。因为"意图谬误"(intentional fallacy)的出现,当下在文学研究中谈论意图会让人生疑。与"意图谬误"不同,孟子的"以意逆志"和"知人论世"可在文学研究领域部分地恢复作者意图,使其享有应有的地位。他的思想意味着在作者和读者之间建立一种具有包容性的整体联系,预示了萨义德的"起始意图"(beginning intention)。与大多数现代理论家相似,萨义德摒弃了简单化的、仅把意义当作作者试图在文本中表达的思想的观点,而是倡导一种由文本和作者之间整体关系创造的包容性的观念。[2]

纵观孟子完整的阅读理论,可以发现他坚定地相信语言能有效地传递一个人的内心思想,甚至还能不自觉地透露其个性、偏

---

[1] Edward Said, *Beginnings: Intention and Method* (New York: Basic Books, 1975), 196.
[2] 萨义德陈述:"我所说的'意图'是指从一开始就以某种特有的方式知性地做某件事的嗜好,不管是有意识或无意识。但无论如何,在语言中总是(或几乎总是)表现出某种形式的起始意图,而且总是有目的地参与意义的生成。至于某一特定的作品,起始意图仅仅意味着创造的包容性,作品的意义从其中得以发展。"见 *Beginnings: Intention and Method*, 12。

好、行为等。孟子的阅读理论还显示他认为写作能构建外部和内部空间。内部空间包含作者有意识的思想（意），有意志的目的（志），以及个性结构（气）。外部空间覆盖了措辞（言）、文学修饰（文）和文本（文章）。语言是连接内部和外部空间的最终中介形式。它非常完美地表现内部和外部空间的一致性，但也存在一些问题。语言能够帮助一个人在总体上理解作者，从文和言到意、志和气。孟子的阅读理论是积极乐观的，即阅读能够客观地反映作者原初思想和其时代条件。但它没有直接论及庄子和《系辞传》中主张的对语言的怀疑主义。孟子的理论没有直接涉及许多思想家和作家所反映的、长期困扰他们的焦虑。陆机（261—303）将这种焦虑简要地总结为："恒患意不称物，文不逮意。"①

庄子的非语言交流

和孟子的正面肯定的阅读理论相比，庄子的负面的反论可谓近乎虚无主义的不可知论。笔者已提及庄子的负面的阅读观源自将语言看作不充分的交际手段的语言哲学。他并非唯一持此观点的学者。《系辞传》中也有类似思想，其中引用了孔子的名言："书不尽言，言不尽意。"②但是，在提出语言和写作不能充分地作为思想交流工具的观点之后，孔子急忙增加了一段话来补充自己

---

① 陆机，《文赋》，见《文选》，台北：启明书局，1960年版，卷十七，第224页。
② 《周易正义》，卷七，见《十三经注疏》，第82页。

否定语言和表征的观点:"圣人立象以尽意,设卦以尽情伪,系辞焉以尽其言。"① 因此,《系辞传》就语言和思想的关系采取了辩证的观点。如果我们继续想象孟子和庄子进行对话,前者问后者:你如何解决孔子面临的同样的问题:"书不尽言,言不尽意,然则圣人之意,其不可见乎?"② 仿佛是对这个问题的回答,庄子用区别对待补充了他的主要论点:"可以言论者,物之粗也;可以意致者,物之精也;言之所不能论,意之所不能察致者,不期精粗焉。"③ 庄子实际上在说:"我的意思并非语言完全没用或语言表征完全不可能。"这个话题有其微妙的区别。语言能够描述事物的一般情况,但是不能描绘事物细微的方面,这只能由思想直觉地领悟;世上万物都是可触知的对象(形而下),但是像道这样形而上的对象既不能由语言描述,也不能由思想理解。

因此,意识到了语言的漂移性的庄子将表征对象分成三个范畴:(1)能用语言表征的;(2)能用非语言方式理解的;(3)用任何方法都无法掌握的。只能通过冥想和直觉的方式理解的范畴包括难以名状和无法形容的感受和超验的原则。诸如"道"之类的形而上的范畴不能通过语言或理解察觉。但是其他范畴能够通过语言或思考来理解。刘勰清楚地指出这个观点:

夫形而上者谓之道,形而下者谓之器。神道难摹,精言不能

---

① 《周易正义》,卷七,见《十三经注疏》,第82页。
② 同上。
③ 《庄子》"秋水篇",第184页。

追其极；形器易写，壮辞可得喻其真。①

庄子是不是说像道这一类形而上的原则完全超出了人类语言和理解？那也未必。在其著作后面的一章中，庄子重申了道的无穷无尽和难以形容的本质，但同时又改变了一下他的观点："道之为名，所假而行。"又进一步指出："言而足，则终日言而尽道；言而不足，则终日言而尽物。道、物之极，言默不足以载。非言非默，议其有极。"② 因此庄子没有完全拒绝语言或表征。他以一种微妙的方式承认语言作为口头交流必不可少的工具的功能：

荃者，所以在鱼，得鱼而忘荃；蹄者，所以在兔，得兔而忘蹄；言者所以在意，得意而忘言。吾安得夫忘言之人而与之言哉？③

这里的"荃"和"蹄"很明显都是隐喻"言"，即语言。同样，"鱼"和"兔"指的是"意"，即思想。通过声称渔网和兽套能够捕到鱼和兔子，庄子用比喻的语言强调了语言能够行使传递观点或思想的功能。但是上段话的最后一句又微妙地转变了他的观点。这句话暗示尽管庄子认识到语言的交流能力，但他仍然认

---

① 刘勰，《文心雕龙》，见陆侃如、牟世金《文心雕龙译注》，济南：齐鲁书社，1995年版，第452页。
② 《庄子》，"则阳篇"，第294页。
③ 《庄子》，"外物篇"，第303页。

为语言只是居于第二位的工具,因为它无法沟通微妙和精致的内容。这是一个反问句,暗示了庄子渴望能找到一个人,不需要语言的帮助即能与之直接交流。由此可见,他仍然更愿意非语言的交流,并认为这是最理想的交流模式。此外,庄子通过使用隐喻意识到语言的隐喻性(语言和思想之间的差距),因而怀疑语言的沟通能力。所以他主张放弃语言这个交流工具,而设想了一种不需要语言的交流模式。对于庄子来说,一个人可以不用语言与他人交流的状态代表了交流的最高方式。这在另一方面表达了他的思想,即像道这类微妙的事物不能通过语言来与他人交流。

庄子表述中的悖论立场暗示了他意识到语言作为交流工具的矛盾的本质。一方面,他似乎提到语言是交流的工具,并且表达了不用语言(兽套和渔网)就想获知思想(鱼和兔子)只是一种幻觉。但另一方面,他的反问暗示了应该有人可以不用语言交流。尽管庄子没有直接说语言和思想不可分割,他的问题暗示了这一点:人们通常将语言设想为和渔具、兽套等一样的工具,这其实是似是而非的错觉。没有言(语辞)就没有意(思想),一旦把握了意,言就依附于意了,无论我们喜欢不喜欢,或更适当地说,无论我们有没有意识到。海德格尔在其对语言本质的元思考中,触及了与庄子论据类似的语言交流的一种现象。他指出人类"与语言的关系是模糊的、晦涩的、几乎无法表达的"。我们在日常生活中和语言的关系很矛盾。尽管我们和语言关系密切,每天都使用,但我们很少注意到它的存在。只有当我们"找不到恰当的词来表达我们的担心、激动、压抑或鼓励"时,才意识到语言的存在。[①]庄子提出了类似的观点。人们通常意识不到语言的使用。一旦表达出自己的思想或理解了别人传递的思想，他们就很少考虑传递思想的语言。这就像在使用过工具后就将其丢弃。但这是一种错觉，源于传统的将语言看作保存意义的容器的观点。根据这种容器理论，意指过程是这样的：发话人有一想法，即信息。他将其编码并置于语言之中，语言成了一个载体。受话人出现，得到这个容器（语言），将容器中的信息解码。一旦他获知信息，容器（语言）就被丢弃。庄子最后所用的反问句则可理解为他对这种错觉或传统观点的反对，因为传统观点似乎暗示了不可能与一个忘记语言的人交流。

由此庄子揭示了语言和思想之间矛盾关系。它们既兼容又冲突。前者能代表后者，但只在某种程度上能做到。这是因为尽管语言能直接反映思想，但却不等同于思想。语言只能表达一般性的思想，但是作者或说话者的思想是独特的。所以语言不能表达个别读者的个别思想。从作者的观点来看，庄子指出因为"言不尽意"，作者应该超越语言的限制，充分利用其暗示性来抓住思想。但是既然语言只是第二有效的工具，读者应怎么做呢？庄子的建议是：完全放弃阅读。不读书而只依赖直接经验来获得道的真理。但是既然无语言的交流很罕见，而通过口头和书面的文字交流的方式是每天常见的，人们又怎么能充分处理好语言交际的矛盾呢？庄子没有详述这一点，而是将这个巨大的谜团留给了后

---

① Martin Heidegger, "The Nature of Language," in *Critical Theory Since Plato*, 2nd Edition (New York: HBJ, 1996), 1091.

世的中西思想家来解开。

孟庄之后的阅读观

孟子和庄子以后的学者们既感受到了他们论点的说服力,同时又被其互相冲突的含义所困扰。随便看一看战国时期之后的阅读观似乎显示,众多思想家分成两个相互对立的阵营。一个阵营赞成孟子正面肯定的语言和阅读观点,另一个阵营赞成庄子负面否定的观点。尽管学者们的观点存在分化,因为他们所有人都致力于探究语言表征的终极因素,所以也有一种趋势企图调和互相冲突的语言和阅读观。扬雄(公元前53—公元前18)可能是第一个注意到孟子和庄子相矛盾的立场、并试图调和他们对立观点的学者:

> 言不能达其心,书不能达其言,难矣哉。惟圣人得言之解,得书之体。……捈中心之所欲,通诸人之嚍嚍者,莫如言。弥纶天下之事,记久明远,著古昔之昏昏,传千里之忞忞者,莫如书。故言,心声也。书,心画也。声画形,君子小人见矣!声画者,君子小人之所以动情乎![1]

这段话提出了一个矛盾及其解决方法。这似乎是语言和思想不一致的矛盾,但是如果我们把扬雄的陈述置于中国读写理论的更大

---

[1] 扬雄:《法言》,见《二十二子》,上海:上海古籍出版社,1992年版,第816页。

的背景下,就会发现这个矛盾实际上是孟子和庄子关于语言表征的立场的冲突。扬雄开始追溯其思想至《系辞》和庄子:语言不能表达心理和思想。他似乎站在庄子一边。但是他的讨论却以一个矛盾的观点结束:语言能充分表达人的内心想法;写作能充分表达心愿。他改变了立场转而支持孟子。他自己一定已经意识到自己陈述中的矛盾立场,因此,他通过依靠圣人的睿智来进行调和。对于普通人,语言不能表达心声,写作也不能充分传达内心想法。但是圣人具有不同的才能,对于他们来说,言语和写作是充分的交际方式。

扬雄的解决方案在某种程度上要归功于《系辞》中引用的孔子的一段话:"书不尽言,言不尽意。"一位对话者提出疑问:"然则圣人之意,其不可见乎?"孔子回答:"圣人立象以尽意,设卦以尽情伪,系辞焉以尽其言。"[①]《系辞》的作者以独创的手法将"言不尽意"和"言以足志"合而为一,消除了它们的矛盾。因此,早在扬雄之前很久,孔子就被认为已经试图依靠圣人来弥补思想和语言之间的差距,并调和关于语言表征的对立观点。区别在于,孔子在《系辞》中使用卦象符号表征的方式,通过意(思想)、象(形象)、言(语言)的三重结构来解决矛盾,而扬雄只关注语言表征的问题。他调和矛盾的方法是试图将焦点从符号表征转为语言表征,直接与文本写作和阅读相联系。

扬雄的解决方案没有消弭源于孟子和庄子对立观点的语言和表征的差别。这种争端在魏晋时期的一次著名的辩论中达到

---

① 《周易正义》,卷七,见《十三经注疏》,第82页。

高潮。辩论围绕正面肯定的论点和反论点而进行。正面论点是："言可尽意。"反论是："言不尽意。"在魏晋时期意识自觉和富于探索精神的激励下，这场辩论从一些反方向挑战了所谓的儒家学说。方向之一是一些学者质疑圣人的权威。《系辞》借用圣人的权威来消除语言表征的对立观点的区别。但是到了魏晋时期，学者们不再愿意把圣人权威当成理所当然。荀粲（209—238）追随庄子在轮匠的寓言中的思想："常以为子贡称夫子之言性与天道，不可得闻，然则六籍虽存，固圣人之糠秕。"他的哥哥荀俣引用儒家的言论问道："《易》亦云'圣人立象以尽意，系辞焉以尽其言'，则微言胡为不可得而闻见哉？"荀粲就此回答：

> 盖理之微者，非物象之所举也。今称立象以尽意，此非通于意外者也。系辞焉以尽言，此非言乎系表者也；斯则象外之意，系表之言，固蕴而不出矣。①

按照他的观点，形而上的微妙不能用形象或语辞传达。这个观点进一步提炼了庄子的语言怀疑论，并为后来的"不尽之意"和"含蓄"等概念铺平了道路。在语辞和思想关系的辩论中，王弼首先对语言表征进行了系统的探究，在时代精神鼓舞下，反论似乎占了上风。这种态势激起了反对者的挑战。欧阳建（？—

---

① 《魏书·荀彧荀攸贾诩传》，见卢弼《三国志集解》，卷十，北京：中华书局，1982年，第313页。

300)质疑《系辞》中的语言怀疑论,为正面论点辩护。他的文章《言尽意论》反击了负面否定的观点:

> 原其所以,本其所由,非物有自然之名,理有必定之称也。欲辩其实,则殊其名;欲宣其志,则立其称。名逐物而迁,言因理而变,此犹声发响应,形存影附,不得相与为二矣,苟其不二,则无不尽,吾故以为尽矣。①

这段话的非凡之处在于,欧阳建预先表述了现代语言学的基本原则:语言符号的任意性和其特定性。他也触及了语言的表述行为的功能。但他未能考虑到在某些情况下几乎不可能充分行使语言的功能。有时候语言确实无法完全表达心中的思想,因此就有了诸如"无法形容"、"难以名状"、"无言以对"等说法。欧阳建的辩护存在着漏洞。

语言和思想之间关系的争论提高了后世学者对语言漂移本质和语言表征不可完全依赖的认识。但是后来孟子的语言表征理论似乎又占据了支配地位。例如,宋朝欧阳修(1007—1072)重新审视了《系辞》中的那句名言,批评对语言表征怀疑论思想的盲目宣传:

> "书不尽言,言不尽意。"然自古圣贤之意万古得以推而求之者,岂非言之传欤?圣人之意所以存者,得非书乎!然

---

① 转引自胡奇光《中国小学史》,上海:上海人民出版社,1987年版,第118页。

则书不尽言之烦而尽其要；言不尽意之委曲而尽其理。谓"书不尽言，言不尽意"者，非深明之论也。①

南宋杨万里（1127—1206）对《系辞传》中的名言提出了新的看法：

> 圣人之言，非不能尽意也，能尽意而不尽也。圣人之书非不能尽言也，能尽言而不尽也。曷为不尽也？不敢尽也。《中庸》曰："有余不敢尽。"此《易》与《中庸》之妙也。然则曷为不敢尽也？忧其言之尽，而人之愚也。②

依其观点，圣人采用了启发式来教导他们的思想。他们在教书育人时故意留出一些空白来让人们产生疑惑，填补空缺，并且从已有思想中创造新的思想。他进一步引用《易经》的模糊性来解释他的理解："故《易》之远者，所以投天下以疑而致天下之思也。"很明显，他意识到作者的写作是暗示性的，对读者的理解是开放的。当代中国思想史学家葛兆光认为，这种有意或无意的留白给后世思想家提供了肥沃的知识土壤，让他们不断地锻炼自己的想象力，为才思的发展开辟新的途径。③

关于语言表征的争论还使学者们更为敏锐地考虑文学的阅读

---

① 引自《中国美学史资料选编》，北京：中华书局，1981年版，第2卷，第9页。
② 杨万里，《诚斋集》，四部丛刊影印宋本，卷八十四，"易论"。
③ 葛兆光：《中国思想史》导论，上海：复旦大学出版社，1995年版，第61—62页。

和创作。魏晋时期的陆机（261—303）作《文赋》，将语言和意义的争论转到文学研究上，与读写相联系。在书的序言，他就文学进行了论述：

> 余每观才士之所作，窃有以得其用心。夫放言谴辞，良多变矣，妍蚩好恶，可得而言。每自属文，尤见其情。恒患意不称物，文不逮意。盖非知之难，能之难也。①

陆机从作者和读者两方面讨论语言表征的问题。从读者角度来看，他认为读者能够通过作品进入作者的思想，尽管语言表征有令人眼花缭乱的变化。但是从作者角度来看，要充分实现语言的表征功能意味着艰苦的努力，尽管实现这样的目标并非完全不可能。将表征的事物概念化是不难的，难处在于如何发现充分表征的方法。他持有的观点似乎是，只要作者在写作中找到适当的表征方式，读者就能完全掌握表征的内容。在他对文学创作的思考中，将读和写看作互相联系的语言交际的过程，扩大了语言表征的范围，超出了《系辞传》中思想、形象、语言的三重关系。换句话说，他将表征的对象考虑在内了。

在"书不尽言，言不尽意"中，这三重关系包含了思想、言辞和写作。该结构仿佛是西方语言表征的模式：思想居于大脑中；言辞是观点的转录，因而与思想接近；写作又是言辞的转录，因此离思想又远了一层。但是《系辞传》模式将表征的对象

---

① 萧统，《文选》，卷十七，224。

或世界遗漏了。陆机对语言表征的重新概念化产生了一种新模式，覆盖语言表征的三个核心要素：世界、思想和写作，它们分别是"物"、"意"和"文"。更重要的是，他似乎提供了一个关于语言如何充分表征思想的思路。首先，清晰的思维是表征的先决条件。换句话说，要判断写作能否充分表达思想，一个人必须明白他的思想是否适应观测对象。其次，语言表征是错综复杂的技术："盖非知之难，能之难也。"这里他填补了欧阳建留下的空缺。陆机的思考产生了一个阅读和写作中语言表征的雏形。它与皮尔斯的符号表征三重模式非常接近，该模式包括对象、思想和符号。

刘勰（465—520）在《文心雕龙》中广泛地讨论了语言表征，他的观点受益于孟子和庄子。他在《神思》篇中论述：

> 至于思表纤旨，文外曲致，言所不追，笔固知止。至精而后阐其妙，至变而后通其数，伊挚不能言鼎，轮扁不能语斤，其微矣乎！①

通过引用《庄子》中轮扁的寓言，刘勰很明显赞同庄子的语言怀疑论和非语言交际的观点。但是在上段陈述后不久，他在后一篇即改变了立场。在《体性》篇中，他非常具有技术性地论及孟子对语言传递思想的正面肯定："夫情动而言形，理发而文见，盖沿

---

① 《文心雕龙注》，第26篇，香港：商务印书馆，1960年版，第495页。

隐以至显，因内而符外者也。"[1]他的观点是胡塞尔"意向性对象"的另一种表达，[2] 这为《知音》篇中他正面肯定可以通过阅读追溯作者意图的可能性铺平了道路。该篇论述文学批评和评价的本质、原理、特征和方法论等。因为批评和评价都取决于阅读，它也涉及了阅读和写作中的本质和原理。刘勰追随着孟子的正面论点，认为正如写作能够表达作者心中的意图，读者也可以通过阅读发现作者的意图。通过引用一个著名传说，即一位能够感同身受的音乐鉴赏家正确地揭示一位古琴演奏者在曲调中表达的含义，他重申了孟子对写作能够表达作者内部感受的正面观点：

夫志在山水，琴表其情，况形之笔端，理将焉匿？故心之照理，譬目之照形，目瞭则形无不分，心敏则理无不达。[3]

当然，刘勰承认要充分阅读作者的文章是极难的，要做出恰当的评价则更难。但是基于正面观点，他吐露了类似于孟子的阅读方法：

夫缀文者情动而辞发，观文者披文以入情，沿波讨源，虽幽必显。世远莫见其面，觇文辄见其心。[4]

---

[1] 《文心雕龙注》，第 27 篇，第 505 页。
[2] 参见 Edmund Husserl, *The Idea of Phenomenology*, 33–51。
[3] 《文心雕龙注》，第 48 篇，第 715 页。
[4] 《文心雕龙注》，第 715 页。

在这段陈述中，刘勰像孟子一样，将阅读和写作看作通过语言代码交际的过程。他的观点比孟子的更加细致入微和精炼，而且进一步丰富了陆机的读和写是联系交流和表征的过程的观点。

通过对"言"（语辞）和"意"（思想）的争辩，学者们开始清晰地意识到语言的能力及其思考和交际职能的矛盾本性：语言既有长处也有缺陷。它的长处在于能够充分表征客体、传递思想。它的缺陷在于不能充分表征复杂的情感、丰富的想象、形而上原则中的微妙、精致的方面。有两个短语恰当地表现了这两方面的矛盾："言以足志"和"言不尽意"。如何冲破语言的藩篱，解决言和意在读写中的冲突？后世学者综合了孟子的正面语言观和庄子的语言怀疑论，提出了一个融合性的观点。例如，郭象在其对庄子的评论中主张："夫言意者有也，而所言所意者无也，故求之于言意之表，而入乎无言无意之域，而后至焉。"①

郭象的意见综合了孟子的诠释循环和庄子的无言交流。它将"言以足志"的力量发挥到极致，同时又将"言不尽意"缺陷降到最低。在写作中，因为"言不尽意"，作者应设法充分利用语言的基本职能表达出思想，同时利用隐喻、暗示、象征等暗示性的方法调动读者的想象力和联想，来传递语言表达之外的寓意。在阅读时，读者不应受限于书页上文字表达出的思想，而应尝试想象作者思路中播撒的隐喻和象征等暗示性的细节，从而寻求书页文字之外的含义。这样，"言不尽意"的反面论点就会被扭转，引出中国文学艺术中的最佳的境界："言外之意"和"不尽之

---

① 郭象的观点见于其注释的《庄子》第17篇，第184页。

意"。刘勰认为,在此情况下,作者和读者可以和谐地联系在一起,有益于产生完美的理解:"物色尽而情有余者,晓会通也。"①

中国读写理论模式

孟子和庄子是探索中国传统读写理论的先驱。后世思想家和学者基本上都追随着他们开创性的努力,沿着他们开辟的思路,进行读写理论的概念阐述。根据当代语言、交际和表征理论,可以系统地将中国学者思想中的基本阅读观点概括为一个读写理论的模式:

```
     ↓ ← — — — — — — 知人 ← — — — — — — ↑
作者:志 ⟶ 言 ⟶ 辞 ⟶ 文 ← 辞 ← 言 ← 意:读者
     ↑ ← — — — — — — 论世 ← — — — — — — ↓
```

从一个方向来看,作者把大脑中的思想概念化,使用语言系统把思想分配在语言代码中,进而创作出文本。从相反方向来看,读者构想对文本的初始理解,通过语言代码表达的意义追溯作者的思想,通过将阅读置于作者及其生活的时代背景中修正对其意义的理解。

在此构建的模式帮助下,孟子和庄子阅读观的区别更加清

---

① 刘勰,《文心雕龙》,《物色》篇。尽管"晓"和"会"都是"理解",但是"晓"也有"告知"的含义,因此笔者认为"晓"是作者意图,而"会"是读者理解。

晰。在孟子的概念中，文本作为核心，只要采用正确的阅读方法，作者和读者间的交流渠道就不会被阻断。读者能够通过敏锐而又明智的阅读掌握作者的意图。因此，我们可以将孟子称为前现代的胡塞尔式学者。但是孟子没有意识到交流中的问题，所以他用文本外的或超语言的方式补充其正面的观点，使得其观点接近由狄尔泰、海德格尔和伽达默尔等人提出的存在主义诠释理论。对于庄子而言，交流渠道并不总是通畅无阻的，因为语言不能详尽表达作者意图，也不能帮助读者详尽地发现作者意图。所以读者的理解并不总是作者想要表达的意义。在此意义上，庄子可谓是前现代的解构主义者。孟子和庄子的关注对象与当代阅读理论家专心研究的对象基本相同。因其生活在远古时期，他们宝贵的洞见可以被认为预先揭示了当代学者对语言、思想、表征和阐释之间复杂关系的探究。孟子和庄子能被引入与当代阐释理论家进行有意义的对话，表明了阅读确实是一个跨越时间、空间和文化的探究课题。孟子将阅读视为与作者交朋友的过程，不仅预先表达了伽达默尔的"视域融合"的观点，而且揭示了阅读是一种需要同情之理解的人类活动，它要求感同身受的理解，不断调整先入之见，以及不断克服偏见与偏好。相比之下，庄子基于语言怀疑论的阅读观具有解脱束缚的效果，它支持后世学者探究概念的开放性，鼓励人们探索传统评论家、批评家和作家阐释和创作观的新意义。

第二章　美学思想中的诠释开放观念

既然笔者在《导论》中指出，中国传统在探讨开放性诠释方面起步较早，那么读者自然会问："古代中国文学思想中有没有诸如'开放性'、'开放作品'和'开放诗学'之类的概念？"对此问题，我的回答是毫不含糊的"没有"。但是，如果读者换一种问法："古代中国是否有类似含义的概念呢？"本书的导论对此已经提供了初步的回答。本章的主旨就是要清楚明白地证明：虽然开放性诠释和开放诗学是现代的思想，但是，从上古时代起对文本开放性的关注就作为一个主要思想存在于中国传统中，并且充满了令人惊异的洞见。在许多方面，这些洞见预示了现代对开放性和开放诗学的研究。最早对开放性产生的兴趣可见于对《周易》的起源、性质和功能以及《诗经》的创作和诠释的探索。后起的探索充斥于中国诗歌批评和对经典的解释和欣赏。以后的章节将探讨周易诠释学和诗经诠释学，本章将集中研究这两大诠释传统以外的中国美学思想中的开放性问题。

中国美学思想的零碎、印象化以及无系统性几乎已成学术共识，这一点似乎也可说是中国有关开放性洞见的特征。不过，中国文学思想仅凭其大量的内容就隐含了内在体系和可定义的概念。D. H. 劳伦斯曾经就创作说过这样的话："雕像存在于大理石之中，关键是怎样把它雕琢出来。"中国传统思想存在文学开放性的体系，问题是如何使隐性体系变成显性体系以及如何披露其隐藏的洞见。因此，本章的主要目的是探索古代对文学文本的关注是否已构成一个体系，其洞见是否超出了暗示而拥抱了现代的开放思想，以及中国历史、文化、哲学思想对其关注的问题和洞见产生了什么影响。中国诗学研究另一个经常出现的批评是，中国古代文学思想是用朦胧、不固定和无法定义的概念来表述，中西一些学者在一定程度上已面对这个问题，宇文所安的巨大努力就取得了令人钦佩的成就[1]，笔者将做出相似的努力以重新定义含糊的概念，并从概念范畴对重新认识直觉观念。

作为审美范畴的暗示

中国古代最接近文学开放性的概念是文本暗示性，这是中国语言艺术、视觉艺术和听觉艺术中一个重要的理论范畴。哲学史家冯友兰说过："富于暗示而不是明晰得一览无遗，是所有中国艺术的理想，诗歌、绘画以及其他艺术莫不如此。"[2] 他还指

---

[1] Stephen Owen, *Readings in Chinese Literary Thought* (Cambridge: Harvard University Press, 1992).

[2] 引自 Fung Yu-lan, *A Short History of Chinese Philosophy* (New York: Macmillan, 1966), p. 12。

出:"中国艺术理想既然如此,这一理想反映在中国哲学家表达自己思想的方式上。"(同上)如果说审美暗示影响了哲学的表达形式,反方向的影响是更加清晰可见的。审美暗示是艺术讨论中一个确定的范畴,但在许多方面,我们几乎可以说它产生于哲学话语和论文,其哲学根基深深建立在中国思想之上。由于在中国文化肇始期哲学思想和文学思想并没有多少形式差别,谁影响谁的问题就像先有鸡还是先有蛋一样很难回答。一个言之成理的看法也许是,哲学思想和文学思想起初经历了一个共生的阶段,后来,在审美的发展过程中,文学思想从哲学思想那里借用了许多。在中国传统的大语境下,中国的暗示概念是哲学话语和艺术话语相互渗透、相互交流的结果,谱写了玄学和美学和谐共奏的一曲交响乐。

暗示性在中国文学思想中得到了广泛的探讨[①],但它只是在与其他美学思想的关系中受到随意的考察,极少有学者将其作为一个独立的美学范畴而进行探究,将其隐含的意义与当代西方理论结合起来进行考察。笔者打算将暗示作为中国传统的一个审美范畴予以重新审视,探索其与哲学思想的关系,并从当代理论的角度重新认识其含义。我也试图探讨能否以思辨性分析的方法理解这一经常被视为"东方神秘主义"的瑰宝,并使之与当代西方文学思想进行有意义的对话。

在日常话语中,"暗示"的字面意思是"以间接暗指的方法显示某事物"。在艺术话语中,该词经常与"审美"相连因而成

---

① 参见钱钟书《谈艺录》中有关章节,北京:中华书局,1984年版。

为一个审美原则。该原则一般指在不同艺术形式中,特别是诗歌中为人们所高度重视的艺术品格。清代诗人学者沈德潜(1673—1769)说:"诗贵寄意,有言在此而意在彼者。"① 冯友兰视之为一种诗歌技巧:"在诗歌中,诗人试图表述的意思常常不是诗歌中直接说出的话,而是没有说出的话。"他也视之为一种艺术效果:"根据中国文学传统,好诗'言有尽而意无穷'。因此,聪明的读者能读出诗的言外之意,能读出'字里行间的意思'。"② 冯友兰引用的是严羽(约1180—1235)那句著名的话③,而严羽的话又是从钟嵘(465—518)那相似的思想演化而来:"文已尽而意有余。"④ 在中国古代文学思想中,关于诗歌创作有许多类似的说法:"言外之意"、"弦外之音"、"象外之象"、"味外之旨"、"含蓄"等等。所有这些说法都宣示了无尽的暗示性,十分接近于无穷的符号意指和"开放性"的后现代思想。在当代文论中,开放性的意思是,一个文学文本并不是传达有限信息的词语的围栏,而是一个由能够产生无限解释的文字符号所建构的诠释空间。从常识而言,其意思是说,一个文学文本没有"正确"的解释,或者换句话说具有多重的解释。无论是理论上还是实践上,中国的审美暗示与符号的无穷意指以及文学开放性不谋而合。

作为一个创造艺术的艺术,审美暗示集中体现了刘勰发现的

---

① 沈德潜,《说诗晬语》,北京:人民文学出版社,1979年版,第251页。
② 引自 Fung Yu-lan, *A Short History of Chinese Philosophy*, p. 12。
③ 严羽:《沧浪诗话》,《历代诗话》下,北京:中华书局,1981年版,第688页。
④ 钟嵘,《诗品》,《历代诗话》上,北京:中华书局,1981年版,第3页。

诗歌技巧："以少总多，情貌无遗。"① 如是而已，则这一思想似乎产生于艺术家所面对的两难境地：生命纷繁无限而艺术创作手段有限；思想无限而文字有限。为了使艺术能足够反映客观现实和精神状态，艺术家们发现"暗示"是一种以有限的艺术手段表现无限的生命的有效方法。这一发现让中国思想家们踏上了探索暗示的原理和技巧之路，从上古时代一直到当代。早在春秋战国时期，孟子就把暗示看成优秀演说技巧的一个特征："言近而指远者善言也。"② 在同一时期，无名氏撰写的《系辞传》注意到《周易》卦辞对暗示性的利用，并探讨了其对形象再现和语言再现的重要意义。《系辞传》如是说：

> 夫易，彰往而察来，而微显阐幽。开而当名辨物，正言段词则备矣。其称名也小，其指类也大，其旨远，其辞文，其言曲而中，其事肆而隐。③

这一段话是对卦象和爻辞的评价。由于卦辞爻辞是名称和文字文本，因此这一段话不仅与意象表征相关，而且与文学表征相关，涉及了几个方面的文本暗示。首先，文学创作者应该充分利用有限文字表达无限思想。爻辞用词精妙，彰往而察来，展示万物来源，揭示其动因及运行机制。其次，凸显暗示技巧。开放式陈述

---

① 《文心雕龙译注》，济南：齐鲁书社，1995年版，第550页。
② 《孟子注疏》卷14b，114c页，《十三经注疏》，北京：中华书局，1980年版，第2778页。
③ 《周易正义》，四部备要单行本，上海：中华书局，未注日期，卷八，9b。

取决于选词精妙，精妙选词使之含义隽永。陈述看似微不足道，实则直指世上大事要事。"爻辞"一直被看作哲学文本，我认为其不仅仅是哲学文本，更是带有原始艺术表征理论，有着难以置信的开放潜力。亚里士多德曾如此区分历史和诗歌："历史记载已发生之事，诗歌预示可能发生之事，与历史相比，诗歌更具哲理，更为高雅。诗歌彰显普世真理，历史记载具体事件。"[1] 爻辞不仅记载过去，也预示未来，不仅彰显朴实真理，也刻画具体事实。

自《系辞传》开创了先例以后，古代一些学者在评价作家的文学成就以及文学作品的价值时表达了类似观点。譬如，司马迁评说屈原的文学创作时如是说："其文约，其辞微，其志洁，其行廉，其称文小而其指极大，其类迩而见义远。"[2] 这段话中关键的一点就是，文学再现必须具有引导读者的想象从小到大、由近及远、由简到繁、从有限的范畴导向无限的含义。

遗音与遗味

始于魏晋，中国的艺术创作进入了自觉的时期，文艺批评家们在更深、更广层面上探讨审美暗示。陆机的《文赋》开创了探讨文学暗示的哲学理据之路：

---

[1] Aristotle, *Poetics*, IX, in *Critical Theory Since Plato* (San Diego: HBJ, 1971), 53.
[2] 司马迁，《史记·屈原传》，转引自《中国历代文论选》，上海：上海古籍出版，1979年版，卷1，第85页。

或清虚以婉约，每除烦而去滥。
阙大羹之遗味，同朱弦之清汜。
虽一唱而三叹，固既雅而不艳。①

在此，陆机试图从饮食之味或音乐之声的角度思考文学的暗示性，其灵感来自《乐记》："《清庙》之瑟，朱弦而疏越，壹倡而三叹，有遗音者矣。大飨之礼，尚玄酒而俎腥鱼。大羹不和，有遗味者矣。"②诚然，我们不能单从字面上理解"遗音"与"遗味"，这两个词意味深远，属于形而上的哲思，看似彼在，实则潜在此在，此在而又超越此在。

根据孔颖达（574—648）的注解，在制作音乐的清庙里，瑟被设计成带有分开而列的共鸣孔，系有丝质的琴弦，以便使乐器产生娓娓不绝的余音。至于说祭祀用的食品，新鲜的鱼肉不加稍煮，大羹既不加调料，也不加蔬菜。③此外，所谓"玄酒"其实就是清水。称清水为"玄酒"富有玄学之思和反讽之智。祭品不加作料，保留它们的原味，无味而无不味。因此，"遗音"与"遗味"和老子的道家思想不谋而合。老子曾

---

① 我的研究参考了相关著作和译文，特别是比较了陈世骧的译文，载《中国文学选集》第 221 页；宇文所安的译文，载 Readings in Chinese Literary Thought (Cambridge: Harvard University Press, 1992), 164。
② 《礼记正义》，卷三十七，300c，《十三经注疏》，北京：中华书局，1980 年版，第 1528 页。
③ 《礼记正义》，卷三十七，300c。

说"大音希声"[1]（The great note is rarefied in sound）[2]，甚为费解，王弼如此注解："大音，不可得闻之音也。有声则有分，有分则不宫而商矣。分则不能统众，故有声者非大音也。"[3] 如是说，"大音希声"和瑞士的谚语"雄辩是银，沉默是金"有异曲同工之妙。反思沉默和雄辩时，卡莱尔改写此谚语为"雄辩有时，沉默无尽"[4]，这也许有助于我们更好理解老子思想。

一些诗人把老子的思想寓于诗歌创作的具体实践之中，由此而生的作品中，白居易的《琵琶行》最为出类拔萃，最为优美。《琵琶行》乃一叙事诗，叙述一弹奏琵琶的女子的悲惨生活及其精彩演奏，其时诗人遭受放逐，极易产生同情和共鸣。正当人们听得尽兴，该女子的演唱却戛然而止，骤然的无声让人顿生无限暗示，诗人捕捉刹那灵感，将其归纳为"此时无声胜有声"[5]。"此时无声"却是"雷鸣般的沉默"，何等壮观，诗人用文字巧妙地联系"无声"及其"无尽情感的暗示"。这也使人联想起济慈在《希腊古瓮颂》中的诗句："听见的乐声虽好，但若听不见／却更美；所以，吹吧，柔情的风笛；／不是奏给耳朵听，而是更甜，／它给灵魂奏出无声的乐曲。"[6]

---

[1] 老子，《道德经》，41章，第24页。
[2] D. C. Lau's translation, in *Tao Te Ching* (Harmonsworth: Penguin, 1963), 102.
[3] 王弼，《王弼集校释》，北京：中华书局，1980年版，第113页。
[4] Thomas Carlyle, *Sator Resartus* (Oxford and New York: Oxford University Press, 1987),165–166.
[5] 白居易，《琵琶行》，《白居易选集》，上海：上海古籍出版社，1980年版，第177页。
[6] 引自 Keats, *The Poems of John Keats*, edited by Jack Stillinger (Cambridge: Harvard University Press, 1978), 372. 中文译文为查良铮所译。

庄子的"无声观"进一步发展了老子的思想："视乎冥冥！听乎无声。冥冥之中，独见晓焉；无声之中，独闻和焉。"[1] 不仅"无声"，庄子又加上视觉维度，对接老子的"大象"。对庄子而言，单一意象也能视听兼具。此外，庄子揭示无限暗示之源，即开放与遮蔽、有声与无声、有限与无限以及显露与隐蔽共存。卡莱尔的象征观恰好可以用来解释庄子的见解："象征存在于开放与遮蔽之间，如是观，有声无声尽可同工，而其意倍增。有声已可高亢，无声亦可静雅，二者如若合一，其意何其大也。"继而他又说："所谓象征得当，必内蕴无限，显无限之道。无限有限合一，不可见之无限隐匿有限可见之中，有限乃达无限之道。"[2]

相类似的是，"遗味"看似矛盾，实则含义隽永，颇得老子道家思想"无味"、"味外味"之三昧[3]。在《道德经》第三十五章中，老子如此论道："道之出口，淡乎其无味，视之不足见，听之不足闻，用之不足既。"[4] 道非实物，乃普世之理，存万物之中，又神游于万物之外。道似无味，无味而无不味。与柏拉图本体论完全不同，这是充盈智慧的否定玄思。《乐记》处处散发老庄思想，《清庙》前一章，《乐记》如此记载："乐之隆，非极音也。食飨之礼，非致味也。"[5]

以前很多学者阅读陆机的《文赋》以后认为他指出了文学

---

[1] 《庄子译诂》，上海：上海古籍出版社，1991年版，第215页。
[2] Thomas Carlyle, *Sator Resartus*, 166.
[3] 老子，《道德经》，第35章。
[4] 此处英文译文引自 D. C. Lau's translation, *Tao Te Ching*, 94。
[5] 《礼记正义》，卷三十七，300c。

创作的五个弊病①，上文只指其一，其他四者为："譬偏弦之独张，含清唱而靡应"；"象下管之偏疾，故虽应而不和"；"犹弦么而徽急，故虽和而不悲"；"寤防露与桑间，又虽悲而不雅"。②五个弊病是五段话结尾，亦为总结和判断。细读《文赋》的有关段落，笔者有一个新的发现：陆机实则是借用音乐表演探讨五类创作风格。前四段中每一段都指出了文学创作中极易产生的弊病。不过，无论是语气还是主题，最后一段皆显含混。对文学作品而言，"清虚"、"婉约"都是优秀品质，"除烦而去滥"更是创作之正道。如若作家真正能够"除烦而去滥"，其作品必能得"大羹之遗味"。

那么，陆机为什么说此类作品"阙大羹之遗味"？依据《乐记》之理和老庄之思，"遗音"与"遗味"相融，如此视之，陆机此论未免让人费解，更为费解的是此类作品"虽一唱而三叹，固既雅而不艳"。或许可以如此解释：前四种创作方式都不够完美，在形式或者内容上都有所欠缺，要么"偏弦""靡应"；要么"偏疾""应而不和"；要么"徽急""和而不悲"；要么"悲而不雅"。第五种似乎也有自己的缺陷，"固既雅而不艳"，太多实质太少修饰。不过，其内蕴丰厚哲思，足以弥补缺陷。也许，

---

① 此观点始于李善（公元630—689）对《文赋》的注解，引自台北启明书局1960年版的《文选》第17卷第226页。众多现代学者进一步深化李善的观点，相关著作有顾少宇的《中国历代文论选》（第187页，上海古籍出版社1979年版）和张仁清的《魏晋南北朝文学思想史》（第475—476页，台北文史出版社，第1978年版）。陈世骧和宇文所安持有类似观点，详见《中国文学选集》第210—211页和《中国文学思想选读》第164—165页。

② 此段的英文译文引自 Shih-hsiang Chen's translation, 211。

第五种缺陷不是缺陷,而是一个新的创作思路。试看,如若作家尊崇"清虚"而"婉约",以至"除烦而去滥",其作虽不能达到老庄思想之巅峰"无为",亦可与清庙之瑟一比高低。

第五种弊病是否真为弊病有待进一步探讨。也许陆机的论断不够清晰,但他依然是用"遗味"、"遗音"的理念研究文本效用的第一人,后来才有类似的"味外味"和"弦外音"。本文主旨在于探讨其开放式暗示,陆机注重文学效用,"大羹之遗味","一唱而三叹"。前人阐释"一唱而三叹"时,认为是"一人唱而三人附和",这样理解也许不错,不过,不这么理解也是可行的,可能不是"一人唱",而是"一弦拨",出于共振原理,拨动一弦,瑟上其他三弦必然共振,或许此乃"遗音"之源。就文学创作而言,共振提供了绝佳听觉意象,形象阐明了文学效用和影响。"三叹"乃附和之音,若有若无,起于他音,止于无音,此与庄子之"无声"观何其近也。回响无尽,读一寓意深刻的文章莫非如此?文本内关系错综复杂,文本外反馈无穷无尽。文字有限,含义无尽。陆机之后亦有好几位学者论及"瑟之演奏"与"文学创作"的关系,下文将详细分析。在众多层面上,陆机对《乐记》创造性理解极大影响后人,钟嵘的"文已尽而意有余"便有陆机思想之痕迹。总而言之,《文赋》第五段显示陆机对开放式文本的重视,文有尽而意无穷。

老子的《道德经》中,除了"大音希声",还有"大象无形"。[①] 王弼如此解说:"有形则有分,有分者,不温则凉,不炎

---

① 老子,《道德经》,王弼注,上海:上海古籍出版社,1995年版,第24页。

则寒。故象而形者,非大象。"① 有形者暗示有限,无形者方能激发无限想象。不过,现实中,何谓无形之象?王弼没有给出实例。也许,我们可以从文学创作角度审视老子的"大象无形"之思。文学意象由系列文字建构,本无形,因此,在我看来,文学意象即为"大象"。《诗经》第57首刻画了一位美女,文字虽精细入微,意象却无形,固其仍能勾起读者无限想象。一切文学作品中的人物形象均如此。我们经常听到人们抱怨文学杰作改编成电影以后没有传达原文的艺术成就,其失败之处部分地由于没有玄学的暗示性。改编一部文学作品,使之成为戏剧、电影或者其他视觉艺术,作品的"大象无形"性就可能在无意间被剥夺了。改编后,具体的形象大大削弱了文本意象的无限性。就此而言,鲁迅的文学意象观也许可以用来解释老子的"大象"。他一开始不愿意把《阿Q正传》搬上舞台,"因为一上演台,将只剩了滑稽"。② 在反复请求下,鲁迅才松了口,不过要求"这个剧本最好是不要专化,却使大家可以活用"。③ 显然,鲁迅意识到视觉改编必然削弱作品的阐释张力。观赏戏剧《红楼梦》中林黛玉的精彩表演后,鲁迅如此评价:"譬如我们看《红楼梦》,从文字上推见了林黛玉这一个人,但须排除了梅博士的'黛玉葬花'照相的先入之见,另外想一个,那么,恐怕会想到剪头发,穿印度绸衫,清瘦,寂寞的摩登女郎;或者别的什么模样,我不能断定。但试去和

---

① 《王弼集校释》,北京:中华书局,1980年版,第113页。
② 鲁迅,《致王乔南信》,《鲁迅论文学与艺术》,北京:人民文学出版社,1980年版,卷1第410页。
③ 鲁迅,《鲁迅选集》,卷4,第143页。

三四十年前出版的《红楼梦图咏》之类里面的画像比一比罢，一定是截然两样的，那上面所画的，是那时读者心目中的林黛玉。"①

不尽之意：多义性与多意性

在当代理论话语中，多义性与多意性（multivalence and polysemy）可谓耳熟能详，它们和中国传统思潮某些术语之外延和内涵相契合，其契合度如此之高，以至于翻译时可以完全对等互换而不失任何原味和含义。刘勰的《文心雕龙》多处涉及类似文学术语。在《文心雕龙》中，刘勰还详细论述"隐秀"的本质、功用和运用技巧，"隐秀"更为接近现代开放性文学理念。刘勰在《文心雕龙·隐秀》篇中说：

> 夫心术之动远矣，文情之变深矣，源奥而派生，根盛而颖峻，是以文之英蕤，有秀有隐。隐也者，文外之重旨者也；秀也者，篇中之独拔者也。隐以复意为工，秀以卓绝为巧。斯乃旧章之懿绩，才情之嘉会也。夫隐之为体，义生文外，秘响旁通，伏采潜发，譬爻象之变互体，川渎之韫珠玉也。故互体变爻，而化成四象；珠玉潜水，而澜表方圆。始正而末奇，内明而外润，使玩之者无穷，味之者不厌矣。②

---

① 鲁迅，《看书琐记》，《鲁迅选集》，卷4，第81页。
② 刘勰，《文心雕龙》，第482页。

或许上文乃中国传统"隐意"论之大成，其中好几处和现代文学开放性不谋而合，譬如"重旨"和"复意"分别对应现代文学批评术语"多义"（multivalence）和"多意"（polysemy）。首先，刘勰的文之"隐"乃"文外之重旨"，也是"文外曲致"①（另一章提及）之回应。当代学者范文澜注解《文心雕龙》时，认为"重旨"即"辞约而意丰，含味无穷"②。其次，他认为"多元"乃"隐"之前提，"隐"之诀窍就在于其"多意"。其三，他强调隐含多意，认为"义生文外"具有本体论层面上的重要性。其四，在他看来，开放性文学文本如同《易经》之爻辞，乃自生性符号实体："譬爻象之变互体，川渎之韫珠玉也。"卦辞可变异为不同卦象，文本亦可衍生不同意义。其五，他预见"隐"文文效无限，必将深深影响读者。尽管刘勰从未直接提出"文学开放性理念"，上述五点可以证实他已尽得其中三昧。

皎然（730—799）在刘勰之后提出了与"重旨"和"复意"相类似的概念：二重意、三重意和四重意，同时以具体诗歌阐释其意。③ 刘若愚先生细致分析皎然提到的这些诗，挖掘出有些诗的复意机制，不过，他承认自己也难以弄清其他诗歌如何产生复意。④ 皎然的概念虽然显得具体，不过，似乎更接近现代创作

---

① 刘勰，《文心雕龙》，《神思》篇。
② 范文澜，《文心雕龙注》，香港：商务印书馆，1960年版。
③ 皎然，《诗式》，引自《隋唐五代文学批评资料汇编》，台北：成文出版社，1978年版，第89—90页。
④ James Liu, *Language Paradox Poetics: A Chinese Perspective*, edited by Richard John Lynn (Princeton, NJ: Princeton University Press, 1988), 62–66.

观——有意识开放性,在其"两重意之上,皆文外之旨"中尤为明显。刘勰"复意"中的"意"可以理解为"含义",而皎然的"意"则是诗人欲言之意。中国古代批评家重视含蓄——引而不发,皎然亦如斯,尽管他没有明确道出诗人如何言说"复意",但这似乎正符合现代"有意识开放性"的创作理念。就此,刘若愚先生说:"因此,可以说他不仅是后来中国批评家的典范,也影响一些注重文本'含混'和'多义性'的西方批评家。"[1]

诚然,皎然也是受前辈的启迪才提出"文外之旨"。刘勰在《文心雕龙·隐秀》篇结尾提出"变爻"观:"文隐深蔚,馀味曲包。辞生互体,有似变爻。"在《物色》篇中,刘勰提出了一个在后世文学思想家中产生巨大反响的相关理念,"物色尽而情有余"。[2] 晋朝的张华(232—300)如此称赞左思(c.253–c.307)的作品:"使读之者尽而有余,久而更新。"[3] 张华的文学观得到普遍接受,后来钟嵘将其思想推向新的高度:"文已尽而意有余。"[4]

钟嵘的思想有着不可估量的价值,事实上,为了表达言外之情,他的思想常常是后世作家的最后依赖。譬如说,为了表达无限哀伤,韩愈(768—824)在写给侄儿的挽歌中如是说:"呜呼!言有穷而情不可终。汝其知也邪?其不知也邪?"[5] 理论层面

---

[1] James Liu, *Language Paradox Poetics: A Chinese Perspective*, 66.
[2] 《文心雕龙译注》,陆侃如和牟世金译注,济南:齐鲁书社,1995年版,第490页,第552页。
[3] 房玄龄等,《晋书》,北京:中华书局,1974年版,第2377页。
[4] 钟嵘,《诗品》,《历代诗话》,卷1,第3页。
[5] 韩愈,《祭十二郎文》,《韩昌黎文集校注》,香港:中华书局,1972年版,第198页。

上，钟嵘思想成为传统中国文学思想之核心。一开始，在注解《诗经》时，钟嵘给"兴"下了如下定义："文已尽而意有余，兴也。"[1]"兴"始出于《周礼》，而后，它一直是中国文学思想中一个很难把握的概念。钟嵘的定义不仅赋予含混的概念一个清晰面目，而且扩大了"兴"的范围。之前，人们认为"兴"只是诗或者寓言的起式，刘勰认为"兴者，起也……起情者依微以拟议。起情故兴体以立……兴则环譬以托讽"。[2]钟嵘之后，"兴"不仅与文学表达有关，而且与读者反应紧密结合起来。更为难能可贵的是，"兴"直指含义无尽，阐释无限，钟嵘事实上在倡导开放性文学观。

在宋代，钟嵘思想广为流传，得到普遍接受。学者诗人诸如梅尧臣（1002—1060）、欧阳修、司马光（1019—1086）、苏轼、姜夔（c.1155—1221）、魏泰（c.1050—1110）、葛立方（d.1164）、杨万里（1127—1206）、严羽（13世纪）和杨载（1271—1323）等接过钟嵘的接力棒。在《六一诗话》中，欧阳修如此评价梅尧臣："圣俞尝语余曰：'诗家虽率意，而造语亦难……必能状难写之景，如在目前，含不尽之意，见于言外，然后为至矣。'"[3]

比欧阳修稍微年轻的司马光提出了"意在言外"的关键概念："古人为诗，贵于意在言外，使人思而得之。"[4]为了强调"含义无尽"的重要性，魏泰在《临汉隐居诗话》中引用正反例证："顷年

---

[1] 钟嵘，《诗品》，《历代诗话》，卷1，第3页。
[2] 刘勰，《文心雕龙》，第444页。
[3] 欧阳修，《六一诗话》，《历代诗话》，第267页。
[4] 司马光：《温公续诗话》，《历代诗话》上，第277页。

尝与王荆公评诗，予谓：凡为诗，当使挹之而源不穷，咀之而味愈长。至如永叔之诗，才力敏迈，句亦清健。但恨其少余味尔。"① 葛立方则在《韵语阳秋》中重述梅尧臣的思想："'作诗须状难写之景于目前，含不尽之意于言外。'真名言也。"② 在"白石道人诗说"中，姜夔表达自己和苏轼对钟嵘思想的认同：

> 语贵含蓄。东坡云：言有尽而意无穷者，天下之至言也。山谷尤谨于此。清庙之瑟，一唱三叹，远矣哉！后之学诗者，可不务乎？若句中无余字，篇中无长语，非善之善者也；句中有余味，篇中有余意，善之善者也。③

钟嵘的开放诗歌理念也是杨万里《诚斋诗话》要表达的重要思想之一。《诚斋诗话》充溢着对开放诗歌的批判性分析以及对文学开放性的反思。譬如，他说："金针法云：'八句律诗，落句要如高山转石，一去不回。'予以为不然。诗已尽而味方永，乃善之善也。"④

张戒在其诗评中把一些诗人的长短之处归结于他们的诗是否带有暗示性。他从《诗经》中引用一些诗句，并认为其为上乘，因为"其词婉，其意微，不迫不露，此其所以贵也"。他继而引用了一些其他诗人的诗句，认为其有所欠缺，因为"意非不佳，

---

① 魏泰，《临汉隐居诗话》，《历代诗话》，第 323 页。
② 葛立方，《韵语阳秋》，《历代诗话》，第 485 页。
③ 姜夔，《白石道人诗说》，《历代诗话》，第 681 页。
④ 杨万里，《诚斋诗话》，《历代诗话续编》，北京：中华书局，1983 年版，第 137 页。

然而词意浅漏，略无余蕴"。他认为唐代一些最好的诗人的短处在于缺少不尽之意："元、白、张籍，其病正在此，只知道得人心中事，而不知道尽则又浅露也。"①

在宋朝以及宋朝之后，钟嵘的"兴"观成为大家认同的文学理念和批评标准，把"兴"推向极致的是严羽："诗者，吟咏情性也。盛唐诸人唯在兴趣，羚羊挂角，无迹可求。故其妙处透彻玲珑，不可凑泊，如空中之音，相中之色，水中之月，镜中之象，言有尽而意无穷。"②说明一个文学文本的开放性，文学意义远远超越表面的文字。严羽赋予"兴"新的含义，自此以后，"兴"已经不再是有限的"含蓄"，而是无限的"开放"。在南北朝时期，钟嵘的新"兴"观成为最高艺术追求，不再局限于诗歌领域，逐渐向其他领域渗透。唐代历史学家刘知几（661—721）就把钟嵘思想贯彻于其历史叙述："言近而旨远，辞浅而意深；虽发语已殚，而舍意未尽。使夫读者望表而知里，扪毛而辨骨，睹一事于句中，反三意于字外。"③他毫不含糊地宣称："文约而旨丰，此述作之尤美者也。"④他提出叙事中的"显""晦"观则为刘勰"隐秀"之遗音："然章句之言，有显有晦。显也者，繁词缛说，理尽于篇中；晦也者，省字约文，事溢于句外。"⑤

---

① 张戒：《岁寒堂诗话》，引自《中国美学史资料选编》，北京：中华书局，1985 年版，第 56 页。
② 严羽，《沧浪诗话》，《历代诗话》，第 688 页。
③ 刘知几，《史通》，《内篇》册 2，第 6 卷，16b，四部备要单行本，上海：中华书局，未注日期。
④ 刘知几，《史通》12a-b。
⑤ 刘知几，《史通》15a-b。

宋代后，钟嵘的思想成为不言自明的公理，为众多学者诗人重述和改写。元代的杨载把"含蓄"视为优越的诗歌语言的标志："语贵含蓄。言有尽而意无穷者，天下之至言也。清庙之瑟，一唱而三叹，而有遗音者也。"[1] 他还说："诗有内外意，内意欲尽其理，外意欲尽其象，内外意含蓄，方妙。"

清代一些著名学者诗人复述并以各种形式发展了钟嵘的思想，对中国文学思想做出了重要贡献。刘熙载（1813—1881）利用钟嵘思想探索词的本质，追溯"词"的词源及其与音乐的关系，他得出如下结论，即词是超越文字和声音的文学形式："《说文解字》曰：意内而言外也。徐锴《通论》曰：音内而言外，在音之内，在言之外也。故知词也者，言已尽而音无穷。"[2] 沈德潜对律诗的写作发表了类似的看法："诗贵寄意，有言在此而意在彼者。"[3] 在评论绝句令人向往的品质时，他表述了一种看法，此看法一直处于首先由司空图提出的诗歌暗示性的中心："七言绝句，以语近情遥，含吐不露为主。只眼前景，口头语，而有弦外音、味外味、使人神远，太白有焉。"[4]

袁枚（1716—1798）觉得"言有尽而意无穷"应该是评判诗歌的准则："诗无言外之意，便同嚼蜡。"[5] 在《随园诗话》中，他解释为何苏轼的近体诗逊于他的词："东坡近体诗，少酝酿烹

---

[1] 杨载，《诗法家数》，《历代诗话》，第736页。
[2] 刘熙载，《艺概·词曲概》，卷4，1a，《古铜书屋》，册8。
[3] 沈德潜，《说时晬语》，北京：人民文学出版社，1979年版，第251页。
[4] 同上书，第219页。
[5] 袁枚，《笺注随园诗话》，台北：鼎文书局，1974年版，卷2，第11页。

炼之功。故言尽意亦止，绝无弦外之音，味外之味。阮婷以为非其所长，后人不可为此法，此言是也。"[①] 叶燮（1627—1703）在《原诗》中表达了对开放性的系统看法："诗之至处，妙在含蓄无垠，思致微渺，其寄托在可言不可言之间。其旨归在可解不可解之会，言在此而意在彼，泯端倪而离形象，绝议论而穷思维，引人于冥漠恍惚之境，所以为至也。"[②]

论及文学开放性，大多数传统学者喜欢用高度概括的语言，辅以具体诗句为例。一旦触及开放性的语言和形式层面，他们的探讨就会显得粗疏随意。譬如姜夔在《白石诗说》中如此评述："词尽意不尽者，非遗意也，辞中已仿佛可见矣。"[③] 叶燮是为数不多的深入研究诗歌开放性的心理机制、语言机制和符号机制的传统理论家。他挑选杜甫的一些诗句，逐字分析，试图揭示诗句的表征机制，弄清楚如何进行炼字选词，如何进行巧妙组合字词，而这些又如何让诗歌有了"无尽之意"。叶燮对杜诗《冬日洛城北谒玄元皇帝庙》的诗句"碧瓦初寒外"进行细读，他的细读十分现代，其理解又十分透彻，真令人惊讶不已。比如说，诗句中的"外"也可以说是"内"，因为"碧瓦"代指整个庙宇，同时却也是庙内和庙外的分界线。总的来说，简单的一个诗句含义深厚，让我们想起西方现代众多二元对立：内和外、在场和缺席、空洞和坚实、远和近、早和晚以及微观和宏观。

---

① 袁枚，《笺注随园诗话》，卷 3，第 7 页。
② 叶燮，《原诗·内篇》，《清诗话》，第 584 页。
③ 姜夔，《白石道人诗说》，《历代诗话》，第 683 页。

叶燮感慨地说道:

> 吾不知其写碧瓦乎？写初寒乎？写近乎？写远乎？使必以理而实事以解之。虽稷下探天之辨，恐至此亦穷矣。然设身而处当时之境会，觉此五字之情景，恍如天造地设，呈于象，感于目，会于心，而口不能言；口能言之，而意又不可解。划然示我以默会相象之，竟若有内、有外，有寒有初。特借碧瓦一实相发之，有中间，有边际，虚实相成，有无互立，取之当前而得，其理昭然，其事的然也。①

62

宋代之后，"兴"出现诸多变体，比如"神韵"、"文气"和"意境"等，其中"意境"在众多学者眼中乃是至高审美准则。明代的朱承爵（fl.16世纪早期）就这样说过："作诗之妙，全在意境融彻，出声音之外，乃得真味。"②王国维把"意境"推向极致，在其理论著作中，他反复强调"意境"之重，如果一个人不懂"意境"，他就没有文学批评的资格，如果一个作家不能尽其力创造意境，他就不能成为一流作家。《人间词话》的核心主题便是"意境"，他借用钟嵘的"兴"与严羽的"兴趣"解释"意境"："古今词人格调之高，无如白石，惜不于意境上用力，故觉无言外之味，弦外之音，终落第二手。其志清峻则有

---

① 叶燮，《原诗·内篇》，《清诗话》，第585页。
② 朱承爵，《存余堂诗话》，《历代诗话》，第792页。

之,其味遥深则未也。"①

笔者对有关开放性的传统文学理念研究远没有达到无所不包,不过,在诗歌批评方面,这些探讨足以展示主流传统文学思想的发展轨迹。我对一些学者思想的分析可以确证,"兴"的概念涉及的是作品含义无尽的可写性和暗示无限的可读性,这和现代文学观——开放式含义和开放式阐释如出一辙。不仅如此,我们发现中国传统文学理念很有"现代性",有些理念甚至显示出难以置信的后现代性。以刘勰的"隐秀"为例,有些古代学者进一步发展"隐秀"观,直指文学创作本身,既超越了新批评提出的"意图谬误",又呼应后现代的"互文性"。清朝的谭献(1830—1901)在《复堂词录叙》中如是说:"又其为体,固不必与状语(正论)也,而后侧出其言,旁通其情,触类以发,充类以书;甚且作者之心未必然,而读者之心何必不然。"②他公然宣称读者的理解没有必要与作者的意图一致,文中大胆的论断毫无疑问地具有现代性。为了充分理解谭献思想的影响,我们把它与 T. S. 艾略特类似的言论比较一下:"同一首诗,不同读者有不同理解,这些不同的理解和作者的创作意图可能相去甚远。比如说,作者本来可能只是叙述一个和外界没有任何联系的独特经历,读者却以为作者叙述的是普世情形,和他自身的经历产生共鸣。读者的理解和作者的意图可能不一样,但都是说得通的。读者的理解可能显得更有道理,因为诗歌可能蕴

---

① 《人间词话新注》,滕咸惠编,济南:齐鲁书社,1981年版,第26页。
② 谭献,《复堂词话》,1a-b,《心园丛刻一集》,卷一。

含连诗人自己都不清楚的意义。"[1] 谭献的创作观触及作者最深处的无意识，预示了艾略特所说的"诗人沉浸于意识的前沿，在那儿，意义依然存在，语言却已缺失"，以及克里斯蒂娃提出的"符号层面上的语言欲动"，即无言的统一体，以及前语言或者语言外的表征实践。[2] 谭献的观念和前文中提出的"无意识开放性"相一致，作者不知其作品有深意，读者通过细读让深意浮出纸面。

含蓄：无限的意指活动

在文学开放论的发展进程中，司空图（837—908）在很多方面作出了卓越贡献。他提出并发展了"含蓄"以及相关观念。"不著一字，尽得风流"，他如此对待表征实践，可以说，这是无限意指之萌芽。在《与李生论诗书》中，他延续味觉层面之隐喻，探讨老庄之"无味"与钟嵘之"遗味"（后来的袁枚、王国维等循着他的足迹），追寻无尽之意："文之难，而诗之难尤难。古今之喻多矣，而愚以为辨于味，而后可以言诗。"[3] 他把文学之味比作食物之味，认为一部文学作品的味道不能单一。在此，他提出诗歌创作的一个至理——诗歌必须承载味外之味："近而

---

[1] T. S. Eliot, "The Music of Poetry," in *On Poetry and Poets* (London: Faber and Faber, n.d.), 30–31.
[2] Julia Kristeva, *Revolution in Poetic Language* (New York: Columbia University Press, 1984), 25–30.
[3] 《隋唐五代文学批评资料汇编》，第 252 页。

不浮,远而不尽,然后可以言韵外之致耳……。倘复以全美为工,即知味外之旨矣。"在《与极甫书》中,他又提出"象外之象,景外之景"。[①]他的理念涉及视觉、听觉和味觉,似乎在他看来,诗歌应该是多媒体艺术,有着多层含义,迎合读者的五种感官。不仅如此,他觉得好诗还应超越我们的正常感官,有着超感之意。如此一来,他就给中国诗的最高审美原则——即"入神"的出现铺平了道路,严羽所倡导的原则如是说:"诗之极致有意,曰入神。诗而入神,至焉,尽焉,蔑以加也。"[②]"神"在中国诗论中是个模糊的概念,其典型特征之一就是一首诗是否有言外之意。清代诗评家李重华在以司空图的箴言"行神如空,行气如虹"考察一些一流的诗后确定了这一品质,他认为:"诗之犹贵神也,惟其意在言外也。"[③]

至于说诗如何才能达到最高的境界,司空图的《二十四诗品》中提出了"含蓄"这一关键概念。清代学者杨廷之(fl. 1821)对"含蓄"作出了十分有用的注解:"含,衔也。蓄,积也。含虚而蓄实。"[④]这个概念的译文有着不同的英文版本,也许,这些英文译法能让我们窥得其"开放性"一斑,H. A. 翟理

[①] 《隋唐五代文学批评资料汇编》,第 254 页。
[②] 严羽:《沧浪诗话》,《历代诗话》下,第 687 页。
[③] 李重华:《贞一斋诗话》,引自陈良运著《中国诗学体系论》,北京:中国社会科学出版社,1992 年版,第 414 页。
[④] 杨廷之,《二十四诗品浅解》,《司空图诗品解说二种》,济南:齐鲁书社,1980 年版,第 102 页。

斯把它译作 conservation[①]，杨宪益把它译作 pregnant mode[②]，叶维廉把它译作 reserve[③]，余宝琳把它译作 potentiality[④]，刘若愚认为叶维廉译得最好，因为 reserve "不仅意味着'含'（holding back）也意味着'蓄'（storing up）"，意为字"含"，而得"蓄"意。[⑤] 为了更好理解"含蓄"，我们有必要看看司空空的整个论述：

不著一字，尽得风流。
语不涉己，若不堪忧。
是有真宰，与之沉浮。
如渌满酒，花时反秋。
悠悠空尘，忽忽海沤。
浅深聚散，万取一收。[⑥]

这是《二十四诗品》中一篇。众人对《二十四诗品》的理解不一，不少单从"品"字出发，认为该书是对不同类型的诗的

---

① Herbert Giles, *A History of Chinese Literature* (New York: Appleton, 1923), 183.
② Yang Hsien-yi and Gladys Yang, trans., "The Twenty-Four Modes of Poetry," in *Chinese Literature* (July 1963): 65.
③ Wai-lim Yip, trans., "Selections from 'The Twenty-Four Orders of Poetry,'" *Stony Brook* 3/4 (1969), 280–281.
④ Pauline Yu, "Ssi-k'ung T'u's *Shih-p'in : Poetic Theory in Poetic Form*," in Ronald C. Miao, ed., *Chinese Poetry and Poetics*, vol. 1 (San Francisco: Chinese Materials Center, 1978), 99.
⑤ James Liu, *Language Paradox Poetics: A Chinese Perspective* (Princeton: Princeton University Press, 1988), 67.
⑥ 司空图：《二十四诗品》，《历代诗话》上，北京：中华书局，1981年版，第40—41页。

批评，因此书名的英译为"twenty four modes of poetry"，"twenty four categories of poetry"，以及"twenty four orders of poetry"。不过，这样的理解有其致命的缺陷，阻碍我们全方位理解诗，特别是理解诗的"含蓄"。我们不该把它当作诗的类型学研究，而应把它看作诗的元批评或者诗的哲理。早在20世纪30年代，朱东润先生在其《中国文学批评史大纲》中如此评价《二十四诗品》："《诗品》乃诗的哲学论，详尽探讨了诗人之生活、诗作法以及诗作类型。"[①] 朱先生重新给二十四类分类，分为五大类，"含蓄"归属于"诗作法"。他的观点颇为有理，可以帮助我们更好理解"含蓄"之理。

"含蓄"论应该是《二十四诗品》中的重中之重，有学者认为"含蓄"是整本书的核心。[②] 不过，我们不得不承认，"含蓄"也是最难理解的概念。首先，"含蓄"篇充盈着含混字眼。其次，不同版本的《二十四诗品》中，该篇的用词出现不同的变体，比如通用版中的"语不涉己，若不堪忧"，在别的版本中则是"语不涉己，已不堪忧"，或者"语不涉难，已不堪忧"。同样，通用版本中是"如渌满酒"，而别的版本中也有"如满渌酒。"再次，"含蓄"篇的主导思想乃有着道家气息的玄思。最重要的是，"含蓄"篇语言优美，如诗如画，逻辑思维和形象思维互相贯通。想要完全理解该篇含义，还有一道障碍，也是最后一个难点，即如何理解司空图的文字编排形式。不过，这个难点也是全面理解该

---

① 朱东润，《中国文学批评史大纲》，上海：古典文学出版社，1957年版，第99页。
② 乔力，《二十四诗品探微》，济南：齐鲁书社，1983年版，第58页。

篇的关键所在。学界前辈们注意到所有上述困难,有些人认为司空图撰写该篇时意在传达他的思想,即"味外之旨"、"韵外之致"以及"象外之象,景外之景"。还有一些人认为理解的困难在于该篇使用的是形象性语言,而非说明性语言。不过,似乎没有人注意到司空图的文字形式对辅佐主旨的作用。

有趣的是,司空图将形式用作内容的做法与拉康对弗洛伊德有关梦和无意识理论的阐释有着惊人的相似。在《梦的解析》中,弗洛伊德觉得人的梦境是个画谜,充满玄奥,令人费解。在分析弗洛伊德对梦的洞察时,拉康自己的用语亦如此晦涩难懂,在外行人看来,拉康的阐释自身就是一个难解之谜。[①]难解之因在于拉康在模仿梦,毫不奇怪,拉康的无意识论句式复杂而思维隐晦,大家都公认其出了名的令人费解。有人曾就此询问拉康,答案是唯有如此才能完全捕捉梦与无意识的运行机制。拉康试图重现无意识运行机制,可以说,司空图亦是如此。司空图的最高目标在于阐释诗的"言外之意"。既然旨在阐释诗的"无尽之意",他觉得最合适的言语也应该自身就有"无尽之意"。苏轼在多次研究司空图的诗歌语言之后得出相似的理解:"盖自列其诗之有得于文字之表者二十四韵,恨当时不识其妙,予三复其言而悲之。"[②]

如此以诗的语言阐释理论也并非前无古人后无来者的做法,

[①] John P. Muller and William J. Richardson, *Lacan and Language: A Reader's Guide to Écrit* (Madison, CT: International Universities Press, 1982), 2.
[②] 苏轼:《苏东坡集》,引自《中国美学史资料选编》下,第34页。

毕竟陆机和刘勰都以诗的语言撰写《文赋》与《文心雕龙》。不过，司空图的诗歌语言和前辈们的诗歌语言之间有着本质差异，至少"含蓄"如此。前辈们的诗的语言重于形式，主旨在于让自己的阐释清晰易懂，诗歌语言是方式，不是目的。而司空图的诗歌语言既是方式也是目的，换言之，为了复制用词与表征的开放性，司徒空有意借用高度诗意的语言进行创作，从而既阐释了"含蓄"，又展示如何书写"含蓄"。他的"含蓄"不仅是元语言，也是有关诗歌创作的元理论，阅读"含蓄"，读者得仔细思量诗性语言，更要咀嚼言外之意。此举似乎显示他在有意无意反思雅各布逊的"诗性功能"。在其研究中，雅各布逊提出言语交流六要素，言说者、倾听者、语境、信息、交流和编码。根据他的理论，如果所有要素都聚焦于某个信息本身，自我聚焦就是语言的诗性功能。[1] 司空图提出诗的"含义无尽"论，只有通过诗意开放性，自我聚焦的信息才能证实诗意开放理论。

以此看来，能够正确理解"含蓄"和全面把握《二十四诗品》也许是一个无法达到的幻境。与前文提及的已为大家接受的理解不同的是，我以为司空图的"含蓄"已经超越传统的玄思，指向充满无限意指的现代开放观。总而言之，"含蓄"本身就是一篇迷你论文，篇名即文章主题，也是统摄全文的核心所在，通篇字字珠玑、环环相扣。开篇点题，第一联即文章主题"不落一字，尽得风流"。短短八字却有多重含义，首先，它表达的是一

---

[1] Roman Jacobson, "Closing Statement: Linguistics and Poetics," in T. A. Sebeok, ed., *Style in Language* (Cambridge, MA: MIT Press, 1960), 356.

种哲思——"无言而无所不言",翁方纲将其理解为"不著一字,正所谓涵盖万有"。① 其次,它表达一种创作方式,即无须开篇点题或直奔主题,相反,主题隐含于对仗、反差和"遗昧"的创设。再次,它本身就只一种表达方式,即通过有限、具体而又发人深省的意象和场景传达深意,激发读者无尽想象。

第二联进一步展开主题:"语不涉己,若不堪忧。"该句存在其他版本,在此我分析的是通用版本。诗句中的"己"是个含混字眼,它可以指诗人,可以指诗歌主题,甚至也可以指那个创造自我(隐含作者?)。同样,"若"可以是连词"仿佛",亦可以是一个不定代词,指涉任何一个人。如果"若"表示"仿佛",该对诗句则意为:一首诗文不及题,本不该激发读者强力回应,不过,它却能以整体效果取胜,仍有强烈感染力。② 如果"若"是一个代词,它可以代指读者,可以指读者的回应,亦可以指任意一个"他者"。如此,这对诗句则可以有三重意思:其一,诗中言语不直接点题,但深意却于不点题的言语中浮现;其二,诗歌中的言语如同空穴来风,丝毫不像发自诗人或者是创造自我,对读者而言仍有强烈感染力;其三,文不及题,却也能"随风潜入夜,润物细无声。"

第三联是主题之理据:"是有真宰,与之沉浮。"众多学者认为"真宰"者乃"世界之主",也是老庄所说的"道"。老子曰:

---

① 翁方纲,《神韵论》,《中国历代文论选》,卷3,第376页。
② 杨廷之,《二十四诗品浅解》,第103页。

"有真宰以制万物。"庄子亦曰:"若有真宰,而特不得其眹。"[1]刘若愚的理解稍有不同:"在此,司空图指的通过本能即可得自然之大能。"[2]也有学者认为"真宰"乃主旨,文章之灵魂。[3]不过,鉴于司空图主要探讨诗歌创作,我也可以说"真宰"乃统摄整个诗歌创作的诗人创造力。诗句中的"是"不同的人也有不同理解,有人认为"是"即真正世界,有人认为"是"乃诗歌世界,有人认为"是"即"蓄",也有人认为"是"即诗歌创作方式。上述理解无可厚非,无不可以,不过,在意指层面上,我觉得"是"即"蓄",乃含而不发的情景创设。

第四联是一对类比:"如渌满酒,花时反秋。"学者们公认诗句中含有一对类比,即"酒不遽出"与"花不遽放",视为"含蓄"。不过,究竟酒与"含蓄"之间有何关联?这个问题成为学者们争论的中心。郭绍虞认为"含蓄"如同"滤酒",即使酒杯已满,过滤器中仍然有酒存留。[4]乔力的理解与其不同,他觉得"含蓄"不是"滤酒",而是"酿酒",酿酒时,随着酵母发酵,酒不断从容器中渗出,"含蓄"的诗如同"酿酒",因为有"蓄",深意可以不断涌出。[5]第二句把诗暗示比作"寒复至,花不遽放"。最后四句诗进一步阐释主题,巧妙结题:"悠悠空尘,忽忽海沤。浅深聚散,万取一收。"

---

[1] 庄子,《庄子译诂》,上海:上海古籍出版社,1991年版,第29页。
[2] James Liu, *Language Paradox Poetics: A Chinese Perspective*, 69.
[3] 詹幼馨,《司空图诗品衍绎》,香港:华风书局,1983年版,第120页。
[4] 郭绍虞,《诗品集解》,香港:商务印书馆,1965年版。
[5] 乔力,《二十四诗品探微》,济南:齐鲁书社,1983年版,第61页。

学者们对最后四句诗的理解亦各不相同，不过，大家普遍认为诗句中的"空尘"和"海沤"是两种"含蓄"，亦或表示获得"含蓄"的方式。飞尘自由，漫游无尽天空，浪花自如，若隐若现无休无止，"含蓄"如"空尘"亦如"海沤"，不可言说，不拘一格，却含义无穷。尽管诗歌创作不拘一格，其意亦如深远天空、广袤大海，有一点确实肯定的，即诗歌创作时，诗人须尽其力以得"含蓄"。欲得"含蓄"，最实用的方法是"万取一收"。从诗人角度看，创作实需如此。诗人可观万象却不可将万象诉诸笔端，因此，诗人眼中的万象必然"蓄"为笔下的诗句几行。从读者角度看，诗的"含义"如神游天空的飞尘，亦如神鬼莫测、若隐若现、无休无止的浪花，尽得多层次多维度的"风流"。同一首诗，一千个读者有一千种理解，不过，所有理解皆发于诗的撩人"含蓄"。

　　前文已指出，司空图的"含蓄"可能已经超越传统的玄思，指向充满无限意指的现代开放观。也许，我们可以借用心理语言学解读上述诗句："含蓄"的"飞尘"和"浪花"可以看作是符号的任意意指，不断创生新意以及新的内涵。从心理学看，"飞尘"、"海浪"类似心理机制层面上的记忆痕迹，尤其与无意识紧密联系，我们无法精确捕捉它的存在，却能感受它时时刻刻对我们的影响。弗洛伊德曾用"记忆痕迹"解释人类如何保存和唤醒过去记忆，"记忆踪迹"指的是心灵上的痕迹，过去发生的一切会在心灵上留下踪迹，永远存留于我们的心灵深处。就文学创作而言，"飞尘"、"海浪"如同德里达所说的"踪迹"，只能直观把握。"痕迹"与"原初书写"、"间距化"相联系，与"延异"联系尤为紧密。索绪尔认为语言是建立在"差异"基础上的系统，德里达认同索绪尔这一观点，但是他没有停留于"差异"层面。词语自身没有任何意义，比如说，只有和"蝙蝠"、"帽子"和"大桶"等等相比较"猫"才有了其意义。因此，此词的意义总是取决于彼词。换言之，意义一直"延迟"，又在与它词汇的关系中不断变异，此潜在变异的可能就是德里达所说的"延异"。"延异"的基本含义来自于动词"différer"，"différer"既可指空间维度上的"差异"，也可指时间维度上的"延迟"，如此，"延异"不仅仅是"差异"，也不仅仅是"延迟"，而是二者的有机统一。[①]"延异"观可以让我们重新理解司空图的"含蓄"及其理论深度，"含"和"蓄"不仅仅是表征手段，更是心理语言层面上的意指过程，"含蓄"和"延异"实在有着异曲同工之妙。德里达如此解释"延异"："延"和"异"看似不同，在弗洛伊德精神分析理论中却得到统一：差异可以是分辨能力、区别、分离、小间断和间距化等；延迟可以是迂回、中继、保留和延宕化等。[②]我们有必要关注德里达使用的关键词语，尤其是"区别、分离、小间断、迂回、中继和保留"。

德里达的"踪迹"乃语言中意义的暂时生成，天空中的灰尘和大海中的浪花又何尝不是？"踪迹"不断延异，意义也不断生成。"含蓄"篇的前四句中提及"字"和"语"，分别表示口

---

① 欲全面理解这个词，请参看 Derrida's "La Différance" in *Marges De La Philosophie*, (Paris: Editions de Minuit, 1972), 1–29. English translation: *Margins of Philosophy*, translated by Alan Bass (Chicago: The University of Chicago Press, 1982), 1–27。

② Derrida, *Margins of Philosophy*, 18.

头和书面形式的词语。其余诗句刻画众多具体形象，这些形象多喻指诗的内涵——诗的意义和诗性效应。如斯，"飞尘"和"浪花"意象不仅仅代指宇宙万物，也代指象征意义上的"踪迹"或者语言意指层面上的"自由嬉戏"。"忽忽海沤"乃空间化意指，"浅深"、"忽忽"乃空间中的差异；"悠悠空尘"乃时间化意指，空间中的"聚散"与时间中的"悠悠"交错。诗呈现时空运动的交汇，上述两诗句巧妙捕捉了这一交汇，这与雅各布逊的诗语言论不谋而合，即选择与组合双轴共存。①"浅深"为选择轴的运行，而"聚散"则为组合轴的运行。其实，古代曾经也有学者如此近似解读"含蓄"，孙联奎在《诗品臆说》中写道："浅深，竖说；聚散，横说。"②只是他没有明确点出诗句的时空意味。"浅深"可以描绘海中升腾的浪花，"聚散"又未尝不可？如若"浅深"可为"高低"，又何尝不可描绘"飞尘"？换言之，"飞尘"、"浪花"之卑微倒成就交融，也成就雅各布逊的诗意意象："诗歌等效原则即诗歌中选择融入组合。"③

孙联奎还写道："浅深，聚散，皆题外事也。四字概括万象，即下文'万'字。"④"万象"俱在"题外"，诗如何内蕴"万象"？对此传统学者没有细说，他们认为直觉本身即可得无限意指，无限符号互动。杨廷之的言论发人深省，他如此解释"含蓄"："是有真宰，主乎其内，与之沉浮，出浅入深，波澜层叠，

---

① Roman Jacobson, "Closing Statement: Linguistics and Poetics," 358.
② 孙联奎,《诗品臆说》,《司空图诗品解说二种》, 第 27 页。
③ Roman Jacobson, "Closing Statement: Linguistics and Poetics," 358, italics original.
④ 孙联奎,《诗品臆说》,《司空图诗品解说二种》, 第 27 页。

包孕何限。是不但于真宰见其含，于沉浮见其蓄，曰是有，亦即言其含非无实；曰与之，亦即言其蓄有于内。"①

在主流概念性话语中，人们认为无限意指是决定心灵建构的心理过程。意指主要包括三要素：符号（一个单词或者意象）、指涉的对象（具体或者抽象事物）以及符号和对象融合而生成的意义。怎样解读三要素的关系？C. S. 皮尔士对此有着独到见解，②他提出阐释符号概念，阐释符号是符号和对象的融合对解读者产生的效应，在理解和阐释过程中，新的阐释符号不断生成，皮尔士称阐释符号的连续不断生成为"无限意指"。我觉得这才是司空图"含蓄"观的核心所在。

根据心理语言学，司空图的"含蓄"及其诗品可被看作意指机制的直觉感悟，其意直指诗意语言以及文学开放性。如是观，"真宰"可为执行"万取一收"而得"含蓄"的诗意直觉。同样，"风流"本为"风"与"流"，可理解为动态而无尽的意指。刘若愚觉得前人对"风流"的阐释不够贴切，比较认同《辞海》中的注解："风流乃本质精神，内在格调，而非外表或者态势。"基于此，他觉得"风流"应该是"动力"，"自然中的生命旋律"③。《辞海》的注解也能很好支撑我对"风流"意指的解读。"含蓄"的主题句"不著一字，尽得风流"点明意指的本质：无尽含义非存于纸上的字词，而是生成于能指之间的差异。"风流"是符号网

---

① 杨廷之，《二十四诗品浅解》，第 103 页。
② 参见 Charles Sanders Peirce, Collected Papers (Cambridge, M. A.: Harvard University Press, 1931–58), Vol. 2, 228。
③ James Liu, *Language Paradox Poetics: A Chinese Perspective*, 67.

络中意指的无限延迟和差异，意义并非生成于既存文字的简单组合，而生成于字里行间。正因如此，我们才能说不用过多着墨，诗却已得全面展现，成为一个开放性空间。最后要点出的是：就心理语言而言，司空图的"含蓄"是基于本能对文学开放概念和诗歌开放的把握。言外之无尽意非"含"或"蓄"于文本之中，而生成于能指与所指的间隙，存在于字里行间。对"含蓄"的意指分析可以为"言外之意"提供新的阐释可能，即"言外之意"乃心理语言概念，奠基于意指的自由嬉戏亦即无尽哲思。

本体的虚无：自我生成的审美暗示

在现代文学思想中，文学开放性奠基于如下有关文学文本的本体论概念：文本乃是由文字建构的开放结构，而文字本身是开放的能指。以隐喻的方法，一些当代理论家用"空篮子"、"空架子"喻指文本的开放性特征。这些是西方有关文学开放性的本体观，而在中国传统思想中，文本的开放性乃是哲学层面上存在的虚空，相当于虚空的"道"亦或"太极"。这一本体虚空的本质是"无"。以无为中心存在着一系列与审美暗示相关的概念："无声"、"无形"、"无味"、"无状"、"无名"、"无物"等。这些概念缘起是"无"，在老子的《道德经》中对此有一段集中的表述：

视之不见名曰夷，听之不闻名曰希，搏之不得名曰微。[73]此三者不可致诘，故混而为一。其上不皎，其下不昧，绳绳兮不可名，复归于无物，是谓无状之状，无物之象。是谓惚恍。[1]

在这一段话中,老子试图对其所构想的"道"作出言语的再现,道无名无状,超越人类感觉和经验。但是,它又不是空空如也,而是一个存在于世的自然法则。一个敏锐的人通过其内在之眼和内在之耳能够感觉到其存在。道作为宇宙的自然法则和审美暗示分属于不同的探索领域,但是在中国传统中,后者牢牢地扎根于前者的认识论感知。在一些情况下,一个文学作品被构想为与道差不多的文字实体。

这一关于文学是犹如"道"一样的实体的理念并未彰显于主流文学思想之中,在主流文学思想中,"文学文本"的本体被构想为"道之文",它既来源于"道",又是道的材质。在《文心雕龙》的《原道》篇,刘勰提出"道之文"概念,其含义有二:其一乃自然之规律:天象、地形、动植之文;其二专指"人文"与"文辞"。与所有"文"一样,"文辞"亦为道之象:"辞所以能鼓天下者,乃道之文也。"[2] "文辞"即文学创作,如是观之,文学文本本质虚无,其意源于无所不在之"道"。不过,亦可认为文学文本不仅仅是虚无,如同"道"亦或"太极",更是一个不断自我生成的实体。以前学者也在诗论中表达类似的理解,晚清时代的黄子云(1691—1754)在《野鸿诗的》中写道:

---

[1] 引自 *Tao Te Ching*, translated by D. C. Lau, Chapter XIV, p. 70。
[2] 刘勰,《文心雕龙》,第 101 页。

> 诗犹一太极也，阴阳万物于此而生生，变化无穷焉。故一题有一意，一章有意格，一句有一法；虽一而十，十而至千百，毋沿袭，毋雷同，如天之生人，亿万耳鼻口舌，方寸间无有毫发之相似者，究其故，一本之太极也。[①]

这一段话代表了根据中国传统广为尊崇的范畴而对文学创作进行的大胆的新的概念。这一概念的创新之处可以在与刘勰的经典概念比较之后看出："人文之元，肇自太极……爰自风姓，暨于孔氏，玄圣创典，素王述训，莫不原道心以敷章，研神理而设教……道沿圣以垂文，圣因文以明道。"[②] 和多数学者一样，刘勰认为文学创作就是赋"道"以"形"，黄子云则不然，他认为文学作品本身就是一个小型太极，与道一样具有不断自我生成意义的机制。

宋朝早期的周敦颐（1017—1073）在"太极图说"开篇写道"无极而太极"。[③] 朱熹（1130—1200）在"太极图说解"中如此解说周敦颐的这一句话："上天之载，无声无臭，而实造化之枢纽，品汇之根柢也。固曰无极而太极。"[④] 无疑，朱熹的解说来自道家思想。在道家思想中，太极与道融合为一。把太极与道相融合的哲学讨论始于《系辞传》，到了宋代，太极即已完全与道融合。北宋哲学家邵雍（1011—1077）就视太极完全等同于道。他毫不含糊

[①] 黄子云，《野鸿诗的》，《清诗话》，上海：上海古籍出版社，1978 年版，第 857 页。
[②] 刘勰，《文心雕龙》，第 99—101 页。
[③] 周敦颐，《周濂溪集》，上海：商务印书馆，1937 年版，卷 1，第 2 页。
[④] 朱熹，《太极图说解》，《周濂溪集》，卷 1，第 4 页。

地声言:"道为太极",① 并进一步阐明两者之间的关系:"太极,道之太极也。"② 陆九渊(1139—1193)也表达了同样的看法。自宋以降,道与太极的融合为后世广为接受。研究《周易》的现代学者朱伯昆把有关道德概念与《道藏》中由太极图所传达的概念相比较以后得出这样的结论:太极就是老子《道德经》中的道。③ 冯友兰得出相同的结论,尽管他认为太极和无极结合构成了道。④

在其论及"道"的性质的论述中,王弼(226—249)和所有道家学者一样,认为"无"乃宇宙万物之源:"万物万形,其归一也。何由致一?由于无也。"⑤ 无论是"无极"、"太极",还是"道",宇宙万物之的本源和基础都是"无",该理念包括一系列概念,如"缺场"、"虚空"、"空无"、"不可感知的在场"或"不在"等等。⑥ 在《道德经》中,无以命名、无以言说的"道"被比作"空碗"。在老子看来,"无"乃道之本质,"有"乃"无"之具象。⑦ "无"和"有"是道家思想中的二元对立,不过,"无"先于"有",《道德经》四十章记载"天下万物生于有,有生于无"。⑧ 庄子也相信"无"中生"有":"太初有道,道生一。"

---

① 邵雍:《皇极经世书》,《观物外篇》, Han 4, Ce 16, p. 29a。
② 同上, p.1a。
③ 朱伯昆:《易学哲学史》,北京:北京大学出版社,1988年版,第2册,第98页。
④ 英文引自 Wing-tsit Chan, ed., *A Source Book in Chinese Philosophy*, pp.758-759; 中文出处见冯友兰著《新理学》,长沙:商务印书馆,1939年版,第97—100页。
⑤ 《王弼集校释》,北京:中华书局,1980年版,第117页。
⑥ 同上。
⑦ 见 D. C. Lau's translation of Lao Tzu's *Tao Te Ching* (Harmondsworth: Penguin, 1963), p. 57。
⑧ D. C. Lau's translation of Lao Tzu's *Tao Te Ching*, 101.

在《道德经》四十二章，老子如此解说道的自我生成："道生一，一生二，二生三，三生万物。"①

在更为广阔的中国哲学语境下考察黄子云的言论，我们发现他的诗歌本体论不仅仅基于诗与"太极"这一巧妙类比，更是对前人一些类似观点的合理总结。比如，孔子就表达了相似但表面看来并不明显的观点。在《韩诗外传》中，孔子的弟子子夏问夫子"关雎"为何成为《国风》的开篇。孔子答道：

> 《关雎》至矣乎！夫《关雎》之人，仰则天，俯则地，幽幽冥冥，德之所藏。纷纷沸沸，道之所行。如神龙变化，斐斐文章。大哉！《关雎》之道也。万物之所系，群生之所悬命也。②

熟悉伏羲创造八卦传说的读者不难看出孔子描绘"关雎"用的是相似词汇和语调。孔子引述伏羲创造八卦的典故，并明确指出该诗的多元意义与道的自我生成原则对等，似乎是要说明，"关雎"是一个自我生成的实体，就像建立在玄学的或本体的虚空之上的道或太极一样。孔子和黄子云观点的不同之处是表面的。前者涉及的对象是一首具体的诗，而后者涉及的则是广义的诗。如果我们考虑到孔子解释"关雎"的修辞方式，即使这一表面的差别也可忽略不计。在孔子的理念中，"关雎"作为《诗经》开篇第一首以借喻的

---

① D. C. Lau's translation of Lao Tzu's *Tao Te Ching*, 103.
② 《韩诗外传》，台北：商务印书馆，1972 版，第 5 卷，第 191 页。

方式代表了整个《诗经》，也许可能代表了广义的诗。

　　随着探讨的展开，我们可以看出黄子云对孔子思想的重新诠释点出了中国传统思想中文学暗示性和开放性的哲学基础。文学在某一文化中的本体身份与该文化传统的哲学渊源密不可分。黄子云的言论扎根于道家思想中的"无"以及《易经》中"太极"的自我生成性。在探讨文学开放性时，我们可以进一步拓展黄子云的言论，使之成为中国传统文学开放性的哲学基础，也可成为连接中国审美暗示和西方开放观和开放诗学的桥梁。太极或无极不仅仅是审美暗示的哲学基础。在黄子云的理念中有一个隐含的观点，即自我生成的阴阳涉及阅读和书写中意指和表达的语言学概念。黄子云指出，"一题有一意，一章有一格，一句有一法"；但他认为，"一意"、"一格"、"一法"有着"虽一而十，十而至千百"的潜能，既不"沿袭"，也不"雷同"，"如天之生人，亿万耳鼻口舌，方寸间无有毫发之相似者"。虽然他没有说明诗歌如何不断产生不尽之意，但是我们可以把他有关阴阳为创作的自我生成原则的观点与心理语言学理论联系起来，诗歌创作中的话语遵循选择原则（selection）和组合原则（combination），语言的诗性功能不断把表达的对等性从选择轴投射至组合轴，引起诗的千变万化。中国审美暗示的玄学基础就被转化为诗学和语言学的基础，与当代文学开放性理论享有共通的原理。

结语：超越审美暗示

　　探讨传统中国思想至此，笔者处于一种较有利的地位说明，尽管中国思想中并没有诸如"开放性"、"开放作品",或"开放诗学"等概念,但中国传统并不缺少类似的批评理论,只不过没有使用这些现代概念。在薛雪(1681—1763)的诗评中,他在评介杜甫诗歌时表达了"开放性作品"的字面意义和引申含义,只是没有使用"开放性"一词:

> 杜少陵诗,止可读,不可解。何也?公诗如溟渤,无流不纳;如日月,无幽不烛;如大圆镜,无物不现。如何可解?小而言之,如《阴符》,《道德》,兵家读之为兵,道家读之为道,治天下国家者读之为政,无往不可。①

本书仅仅聚焦于中国文学思想中的几个开创性的思想,其实,中国文学思想中还有更多术语、概念和观念可以表达"开放作品"或者"开放诗学"。除了前文提及的一些概念之外,我再列举更多有着文学开放意味的术语和批评话语:含蓄、别趣、兴趣、余味、神韵、妙悟、意境、空灵、入神、文约意广、神游象外、超以象外、神余言外②、言外之意、意在言外、文外之旨、兴在象外、景外之景、境生象外、"书不尽言,言不尽意"以及钟嵘的另一句名言"言在耳目之内,情寄八荒之表"。③

至于"超以象外"和"意在言外"这两个概念,众多中国文

---

① 薛雪,《一瓢诗话》,《清诗话》,上海:上海古籍出版社,1978年版,第714页。
② 陈廷焯,《白雨斋诗话》,北京:人民文学出版社,1959年版,第5页。
③ 钟嵘,《诗品》,《历代诗话》上,第8页。

学批评家视其为传统艺术家应该努力追求的最高审美境界。有鉴于此，我们也可以说，具有创造性思维的中国传统艺术家刻意追求的目标之一就是作品的开放性。审美暗示是中国传统文学思想的轴心，由此衍生的大量类似术语、概念和范畴构成了一个超越审美暗示的开放理论。对现代读者来说很有意义的是，古代文艺思想家早已区分作者有意识而为的开放性和读者感知的文本开放性。"意在言外"和"言外之意"并不是同一个概念的不同说法。前者是为作者设想的崇高理想，表达了文学作品应该达到的境界，并指导作者如何使作品开放。而后者从读者的视角审视一个作品的开放情况，提醒人们注意有意而为和无意而为的开放性。

中国传统中创作时的开放性和阅读时的开放性是紧密相连的，并在作者和读者、过去和现在之间形成辩证的关系。对审美暗示的概念性探索使我们可以将中国思想中的真知灼见组织成一个系统的文艺开放理论。作为结论，笔者希望表明，这一体系以玄学的虚空作为其本体基础，以审美暗示作为其认识论原则，以含蓄作为文学作品的理想情形，以遗音和遗味作为无尽的情感效应，以不尽之意作为艺术创造崇高境界。此外，这一理论体系以"推敲"作为获得多意与多义的可行性途径（本书结论部分对此再作探讨）。这一开放理论体系深深扎根于中国历史、文化、宗教和哲学，尤其强调诗学的、玄学的和审美的暗示性。

第二篇
周易诠释学

第三章 《周易》与开放式再现

中国第一个诠释体系是《周易》诠释学,其中心是对中国第一部经典《周易》进行诠释。早在西汉时期,《周易》就已是公认的中国第一部经典。西汉著名学者扬雄(公元前53—公元18年)就声称"六经之大莫如易"。扬雄之后,班固(公元32—92年)也誉之为"大道之原"。① 他们的评价为后来的赞美定下了基调,从此再未受到挑战。自17世纪起,《周易》研究就引起了国外及远东学者的兴趣,成为国际探讨的话题。从G. W. 莱布尼茨和J. T. 霍普特到C. G. 荣格和卫理贤等西方思想家和学者都反复肯定这部书的思想价值和非凡魅力。卫理贤说,"无论是谁,不管是哲学家、社会改良者,还是实用政治家,甚或帝国的建造者,只要他认识到了这部书所提供的内容,就会爱不释手"。②

---

① 见刘大钧《周易概论》,济南:齐鲁书社,1986年版,第114、145页。
② Richard Wilhelm, *Heaven, Earth, and Man in the Book of Changes* (Seattle and London: University of Washington Press, 1977), pp. v–vii.

近 3000 年来，无数中国知识分子呕心沥血研究这部经典，其结果是数不胜数的各种诠释。根据一种普遍公认的估计，古代中国关于《周易》的研究文献就有三千种之多。① 至于这部书的真实本质，传统学者各持己见，意见纷纭。《四库全书总目》对此现象作了恰当的总结："易道广大，无所不包，旁及天文、地理、乐律、兵法、韵学、算术、以逮方外之炉火，皆可援易以为说。"②

使得复杂的《周易》研究更加复杂的是，对此书发表的多元观点有时几乎是针锋相对的。就拿视此书为占卜卦谱的观点来说，人们常问：《周易》的预言有科学性吗？这应当是一个不难回答的问题，但权威学者却持有完全不同甚至对立的观点。③ 众说纷纭的观点令许多学者感到束手无策，于是有人认为，关于该书的性质问题也许永远不会有令人信服的结论。但在笔者看来，不能简单地把意见的多元性看成是问题。众说纷纭的意见本身就可能隐藏着发现该书之真正本质的线索。《周易》之所以能保持其中国历史上第一经典之崇高地位，并能引起全世界学者的注意，主要是由于它是一部开放之书，无论是谁，无论持有何种政治信条、宗教信仰和道德价值观，均可对其予以挪用和操控，而其开放性则源自其独特的符号系统，这个系统的构成原则使其具有无限的阐释潜能。在过去的两千多年中，《周易》为中国

---

① 参见唐明邦主编，《周易评注》，北京：中华书局，1995 年版，第 7 页。
② 《四库全书总目》，北京：中华书局，1965 年版，第 1 页。
③ 参见高桂芬，《周易研究索引》，载《周易研究》，1990 年第 2 期，第 112 页。

所有主要宗教所挪用,实际上也为各种政治、社会、哲学、伦理和美学等思想流派所挪用,不少思想流派都完全或部分采纳了该书的观点。在西方,莱布尼茨用八卦解释他的二进制数学理论的演进,这也许是国际《周易》研究中最著名和最引人入胜的挪用范例。①

对易学现状的简要回顾不仅是要说明《周易》是一部开放之书,更是要以此作为铺垫对其内部机制进行探讨以确定其性质,进而探索其永恒魅力之源。《周易》是一个再现系统,而且是一个开放性的意指、表征和诠释系统,其神秘性来自构成一个宏大的再现和阐释体系的独特结构和操作机制。《周易》的独特之处在于其拥有两个自成体系而又紧密相连的子系统,一个是以卦象为中心的纯符号象征系统,另一个是以卦辞为中心的语言符号系统,这两个系统虽然根据截然不同的意指表征原理而操作,但却因其涉及的是同一个目的而结合成一个复杂的再现诠释体系。其初始目的是用来传播知识和智慧(圣人之意等),后来衍生的无所不包的功能均来自构成其独特的内部结构和开放的再现机制,以及该系统产生的无限阐释空间。一言以蔽之,《周易》的永恒魅力来自其开放性的意指表征体系和纯符号与语言符号相互作用的阐释机制。

---

① 读者若对此感兴趣,可查阅现有的相关研究,会发现《周易》已被引入几乎所有现代学术领域和现代生活的各行各业。研究者不妨从刘大钧主编的期刊《周易研究》(1988—)开始相关探索。

作为再现系统的《周易》

今天，关于《周易》之本质达成的较为一致见解认为它原本是一本占卜手册。把《周易》看作再现系统的建议，尽管与其不同，但与这一广为接受的观点并不直接相左。在某种意义上，如果换个视角来看，却是对这个观点的补充。就其内在本质而言，《周易》首先是一个再现系统，而占卜不过是这一系统在历史上的许多实践用法之一。自汉代起，《周易》就被视为传播圣人智慧的一部书。《系辞传》说："圣人有以见天下之赜，而拟诸其形容，象其物宜，是故谓之象。"[1] 当对宇宙有了认识之后，圣人就想把这知识传达给别人和后代。为了便于传播，他们发明了一套再现符号，即卦象和卦爻辞。因此《系辞传》接着说："圣人立象以尽意，设卦以尽情伪，系辞焉以尽其言。"[2]

远古时代，古人在为生存和繁衍进行的斗争中获得技能、经验、技艺以及对宇宙机制的洞察，这些后来证明对人类的生存和发展具有重大意义。所积累的知识首先一代一代口口相传下来。这种传播方式显然困难而不可靠，因此不可靠之记忆的记录系统亟待出现。一种书写系统的发明标志着人类发展史上的一大进步。中国古代圣人为各种知识传播系统的发明做出了贡献，这并不是偶然的。据说伏羲发明了八卦；神农和夏禹使三画卦变成六

---

[1] 《周易正义》，孔颖达注疏，四部备要本，上海：中华书局，未注出版日期，卷7，19a。
[2] 《周易正义》，册3，卷7，18a。

画卦从而增强其再现力；人们相信文王和周公撰写了卦爻辞；仓颉的功劳是发明了中国文字，这更有利于知识的传播。孔子以注解《周易》著称于后世。《周易》之所以是古代群经之首，正因为它是第一个可靠的知识传播体系。

作为开放性表征系统的八卦

早在 17 世纪，法国耶稣会传教士白晋（Joachim Bouvet, 公元 1656—1730 年）就《周易》提出了与笔者的看法相近的一个观点。他认为，伏羲在远古时代发明了八卦这一用于科学观察和实验的标记系统。为了证明这个观点的正确性，他把八卦与莱布尼茨的二进制运算对应起来，用 0 表示阴爻，用 1 表示阳爻。他指出，随着时间的流逝，八卦原来的数学和科学意义丢失了，后人只把三画卦及其重叠形式，即六画卦当作占卜系统的部分。[①] 与白晋不同的是，笔者将《周易》视为广义的用于传播知识的再现系统，这也包括白晋所说的标记功能。

如果笔者的上述讨论只是从外部或间接地证明《周易》是一个再现系统，那么，对八卦的内在表意机制进行简要分析就会为笔者的命题提供内在支持。如今，《周易》通常被视为古人的占卜系统，但有几位学者步许慎（公元 58—147 年）之后尘，认为

[①] 白晋在与莱布尼茨的通信中表达了此观点。莱布尼茨和白晋的通信已出版，参见 Philip P. Widmaier, ed., *Leibniz korrespondiert mit China*, Der Briefwechsel mit den Jesuitenmissionaren (1689–1714) (Frankfurt: V. Klostermann, 1990)。笔者对白晋观点的阐述基于 Daniel J. Cook and Henry Rosemont, "Introduction" to Leibniz's *Writings on China* (Chicago: Open Court, 1994), p. 16。

它们原本是用作书写系统的。这些人中有章炳麟（公元1868—1936年）、[1]孔好古（Angus Conrady）、[2]马叙伦（1884—1970）、[3]陈炜湛和汤钰明。[4]但他们都没有提供大量证据。马叙伦不赘冗繁地推测说："我想庖牺造八卦，原来并非拿作卜筮用的，大概在我们今天所用的文字尚未产生以前，它们就是替代语言的工具。"[5]章炳麟也提到："八卦为未具体之古文。"[6]人们会问：八卦何以被视为书写体系的？在此不妨做一符号学分析：

八卦名称	乾	坤	震	巽	坎	离	艮	兑
八卦图	☰	☷	☳	☴	☵	☲	☶	☱
象征意义	天	地	雷	风	水	火	山	泽

八卦中的基本元素是两种线条，虚线为阴，实线为阳。可以将它们视作再现系统的基本字母，因为每一卦都由三条线组成。虚线与实线的变化使得八卦相互区别开来。八卦分别代表天、地、雷、风、水、火、山、泽——这些是与原始人生活直接相关的最普通的现象。按照这种观点，八卦已经构成了一系列书写符号。

---

[1] 章炳麟，《疏证古文八事》，见《太炎文录续编》，武汉：武汉印书馆，1938年版，第1卷，第65—70页。
[2] August Conrady, "Yih-king-Studien," *Asia Major* 7 (1932), 409–468.
[3] 马叙伦，《中国文字之原流与研究方法之新倾向》，香港：龙门书店，1969年版，第4—5页。
[4] 陈炜湛、唐钰明，《古文字学纲要》，广州：中山大学出版社，1988年版，第19页。
[5] 马叙伦，《中国文字之原流与研究方法之新倾向》，第4—5页。
[6] 章炳麟，《疏证古文八事》，第68页。

实质上，它们构成了一个符号系统，因为它们与索绪尔发现的基本符号原则相一致：即一个符号系统的否定性差异关系。乾代表天，坤代表地，震代表雷，等等——不是因为它们自身内部含有确定的天、地、雷的明显属性，甚至不是因为它们与其命名范畴具有内在对应关系，而是因为其符号与概念之间的关系是被人为地指定的。促使八卦被视为符号系统的根本特征在于，八卦中没有从正面予以界定的属性，而只有从反面加以区别的关系。八卦中，乾代表天恰恰因为它不代表地、雷、风等。其他七个范畴也同样如此。人们可对此提出异议，指出八卦并非完全任意性符号。比如表示"网"的离卦的确与网的形象有相似之处。表"水"的坎卦也与风格化的流水图像类似。在较小程度上，由三条实线构成的乾卦使人想起浩渺的天际，而由三条虚线构成的坤卦则模仿水陆。虽然可以把这些相似之处看作例外，但它们仍会给符号的任意性罩上一层疑云，尤其是书写符号。它们至少暗示了象征（symbols）与形象（images）之间的差异并不是清晰划分的界限。

据许慎在《说文解字·跋》中所说，八卦为窀牺（伏羲）所作，他"仰则观象于天，俯则观法于地，视鸟兽之文与地之宜，近取诸身，于是始作《易》八卦，以垂宪象"。[①] 这段话中的"象"、"法"和"文"似乎指的是同一物，即看得到的图像。因此，它们属于"文"的大范畴。由于八卦被称作"宪象"（model

---

① 许慎，《说文解字·跋》，北京：中华书局，1963年版，第314页。

images），它们不过是人出于自身目的模仿自然形状构建的视觉形象。这段话还暗示说，作为"宪象"，八卦可以在一个生成系统内生产更多的形象。因此，当首次作为八卦出现时，"宪象"或"文"就已经构成了一个再现系统了。

作为符号系统，八卦本身是完整自立的，其基本元素"阴"和"阳"作为其区别性符号。但这个符号系统的一个局限性使其无法成为语言系统。上古人想要呈现的远不止八种现象。为克服这种再现局限，八卦担负起双重、三重甚至四重角色。根据《说卦》，八卦也表家庭成员：父、母、兄、弟、姐、妹；动物：羊、马、牛、狗、鼠、龟；身体部位：胃、舌、口；属性：力量、顺从、冷淡；思想：运动、进步、收益、典范；症状：忧虑、心脏病、耳痛；物体：金、玉、帛、坛、竹、木、轮、车等等。[①] 此前，学者们不明白八卦为什么代表这么多事物，也没有一个合理的解释。如果我们把八卦看作一个原始符号系统，其答案也许就很清楚了。我们查看一下《说卦》的内容就会看出，八卦所代表的各项事物构成了一组核心词汇，足以满足日常生活之需了。

把八卦看作一个再现系统，这会有好几个用途。首先，这将有助于回答上文刚刚提出的问题：八卦何以能代表如此众多的事物？八卦出现之时，中国古人似乎已经拥有了抽象思维能力，可以把宇宙中数不清的事物分成大的范畴。这可以从下面的事实中看出：八卦中每一卦象都与世界上一系列物体或现象相关：天、

---

① 至于八卦所表征事物的详细解释，可参考《周易·说卦》。

地、雷、风、水、火、山、泽等等，同时也与一系列其他象征联想相关。根据《说卦》，乾象征天、圜、君、父、玉、金、寒、冰、大赤、良马、老马、瘠马、驳马、木果；坤象征地、母、布、釜、吝啬、均、子、母牛、大舆、文、众、柄、黑等等；震象征雷、龙、玄黄、旉、大涂、长子等等。我可以继续引用《说卦》中的例子，但已没有必要。一言以蔽之，八卦中每一卦象都象征了几十种物体、现象、属性和状况。一些基本的象征在现代看来依然与事物有关联，只需稍加解释，现代人依然能够看得出联系。其余的卦象在遥远的过去可能有着内在联系，但其象征联想已经失传，也许永远不会再被发现。一个卦象的众多意义指代构成了《周易》开放式再现系统的一个关键因素。

随着人类生活的扩展，给一个卦象制定众多角色显然是有缺陷的。用一卦指代许多事物必然引起混淆。而解决混淆的一个办法就是给卦加倍。一旦把八卦加倍而结合起来，六爻卦便应运而生了。经过这样的加倍结合，八卦变成了六十四卦。不管是谁首先采用重卦的方法，这个灵感都一定来源于增加八卦再现能力的必要性。根据上述分析，假定六十四卦是比八卦更有力的再现系统并不牵强。然而，作为再现系统，六爻卦象既有正面的也有反面的特征。六爻卦象可以构成一个简单容易的符号系统，但绝不是有效的传输系统。重卦以后的系统本身很容易产生含混。这可能就是后来增添了卦辞和爻辞的原因。但从文学和艺术的角度看，六爻卦象作为再现系统自有其长处。由于其多样性，它们可以用来再现天下的任何事物。有鉴于此，笔者将进一步完善本人的观点：《周易》3000多年来之所以对中国知识分子魅力不减，并不是因为它含有什么神秘知识，而是因为它是一个开放的再现系统。就其性质、本源和功能而提出的各种各样的观点，以及历史上人们赋予它的无数功能，都有力地证明了它的开放性。

六爻卦象中的开放机制

我们既已说明《周易》是一个再现系统，而且是一个开放系统，现在就需要详尽探讨使其具有开放性的意指和再现机制。为了理解《周易》的再现机制，需要回答一个问题：《周易》属于哪种符号系统？《周易》共分两部分：《经》也就是正文，和《传》也就是《经》的增补说明。《周易》正文包含卦象（六爻形象）和卦辞（卦象说明）。卦象构成了一个象征符号系统，而卦辞则构成了语言符号系统。它们是两个不同的系统，但涉及的却是同一个主题。无论是卦象还是卦辞，都是符号学意义的系统，因为两者都是一系列符号的系统。《周易》是一个由两种既截然不同又紧密相关的子符号系统构成的宏大系统，卦象构成的是纯符号的符号系统，卦辞构成的是语言符号的第二位的符号系统。学者们认为这两个亚符号系统服务于同一个目的：即记录圣人们对宇宙的观察、认知和理解。本节将集中探讨卦象的纯符号系统，下一节中则讨论语言系统中的卦辞。

纯符号和语言符号有时相互关联，有时相互重叠，也有时毫无关系。连接这两个符号系统的中介因素是象的概念，有外延和内涵的汇集。狭义而言，"象"指卦象（六爻图像），爻象（各爻图像，断线和连线）；广义而言，它指物象（自然现象：天、地、山、河、雷、风、火等），和事象（社会现象：社会制度、战争、饥荒、结婚、离婚等等）；在更广泛的意义上，它可能指意象（神经刺激、精神图像、用语言指代物体、行动、情感、思想、观念、心境以及任何感官和超感官经验）。在局部层面上——即对《周易》的诠释——象和言都被认为是圣人之原意的载体。因此，圣人们创造卦象时的原初思想就内在于象，即纯符号系统，并通过言可以接触得到。言就是传达寓于语言之中的象之意义的语言系统，包括自然现象、社会现象和诗歌意象。作为被再现之物的各个方面之间不可或缺的关联，象在意指和再现过程中占据一个重要位置。

所有卦象都可说是象征符号，但又不是普通的象征符号。我们所知道的普通象征符号，如交通灯，都具有人所共知的意义。换言之，它们是约定俗成的。卦象也具有普通符号的习惯属性，但除了与普通符号分享一些共性外，其有些特征超越了习俗：（1）有些是模仿现象世界创造的；（2）被用来指代世界上无数事物的表征；（3）具有内在意义；（4）虽然是自然界的表征，但我们在卦象的表面却看不见实际意象。卦象的界限模糊性就在这里：它们既是具体的又是抽象的；它们反映真实物体的形象，同时又具有象征意义。

随着时间的推移，这个系统获得了多元象征联想，其中有些与早期思想家和诠释者阐释的意义大不相同。上一节已经从功能角度回答了这个问题：一个卦象何以承载如此多的象征意义？本节则试图从意指和再现的角度回答一个更难的问题。不必用更多的时间检验《说卦》里罗列的象征联想就会为这样一个现象而迷惑不解：一个卦象所代表的物体或属性或条件往往是对立的，相互排除的，或在普通意义上是完全矛盾的。比如，在"乾"的象征表中，有些符合卦象旨在再现的原则。天、君、父、良马、老马等基本与阳或男性原则对应。但其他象征——圜、玉、寒、冰、瘠马和木果——似乎仅表征与阳（男性原则）对立的属性。圜的圆形属阴（女性原则），应该与女性属性相关；玉在中国传统中一般用来描写女性，但有一些例外；寒和冰，由于其对立项是热和火，因此属阴。瘠马是良马的对立面；木果与繁殖力有关，因此属阴范畴中的物。显然，自然对应的原则无法回答上述问题。然而，如果从再现角度来看这些关联，就可以找到一个合理的解释。

再现与自然对应相关，但在某些重要方面又与其有所不同。一个重要差别是，自然对应侧重两个物体之间的双重关系，而再现始终强调一种三重关系：再现的客体，被表征的客体，以及将一物作为另一物之再现的人。如再现理论家 W. J. T. 米切尔所说："再现总是某物或某人的再现，由某物或某人再现给某人的。"[1] 事实上，米切尔谈到了再现的四个方面，除上述三个外，第四方是再现的"意图者"或"制造者"，即对观者说出这样话的人，此人说：让此物代表所再现的物。第二个差别是，自然对应中的关系被视为是天然的，再现中的关系超越了天然关系。据 C. S. 皮尔斯得到普遍接受的理论，再现涉及三种关系：图像、索引、象

---

[1] W. J. T. Mitchell, "Representation," in Frank Lentricchia and Thomas McLaughlin, ed. *Critical Terms for Literary Study* (Chicago: University of Chicago Press, 1990), 12.

征。图像强调相似性；索引强调因果关系或生存条件；象征强调任意规约。天然对应似乎强调相似性。根据这三条符号原则，我们可以说，玉象征乾卦里的阳性原则，或许因为它是一个男性，如父或君所戴的一个饰物。佩戴与所佩戴物之间是索引的关系：佩戴之物指向佩戴者，因此佩戴之物代表拥有者／佩戴者的属性。这里提出的仅仅是一个假设性的解释，并不是说这一解释真的指与远古乾卦所表的事物相关。另一个假设例子是，远古人可能用木果表示乾的属性，因为部落首领同时也是能从一棵高树上摘取果子的人。

任意的规定是比较灵活的。在某些情况下，它允许任意指代。某物指代某物仅仅因为我们同意用那种方式看待它。任意规约是语言和《周易》最重要的再现原则："凡意义皆是指定的。"①郭雍（1091—1187）显然明白这条原则的道理，他说："然则象也者，岂为天为地为马，乾坤之象者也，非乾坤之象止于天地牛马而已也。"② 天、地、牛和马本身并不能象征抽象的卦象，而是卦象的制造者把坚毅和温顺等抽象属性投射到这些具体物体上来，因此使其成为了一种指代行为。同时，制造者也要与其他人协商而制定社会契约："我们同意用 A 代表 B。"这条社会契约赋予再现系统许多开放的可能性。如米切尔所说，"让 A 代表 B 的决定（通常）能够开辟一个新的再现领域：B 有可能成为代表 C

---

① Roland Barthes, *Elements of Semiology* (New York: Hill and Wang, 1967), 11.
② 郭雍，《郭氏传家易说》，见影印文渊阁四库全书，台北：商务印书馆，1983—1986 年版，卷 13，8b。

的候选者，等等"。[1]

由于再现始终是对某物或某人的再现，由某物或某人向某人的再现，通过澄清模仿的秩序，可以为纠正关于卦象与卦辞之间关系的错误观点提供一个理论基础。《系辞传》有一个传奇故事，讲述古代圣人何以获得创造物质文化之基本方法的灵感，这一传说生动地描述了一种特殊的象征机制的鲜明性质。这就是著名的"观象制器"的传说。根据这个传说，古代文明的基本物质方面是由于圣人们观察六十四卦的结果，反过来，六十四卦也来自伏羲对天、地、人体和动物等不同类型的观察。这个传说作为文明起源的一种理论被顾颉刚（1893—1980）、胡适（1891—1962）等学者令人信服地否定了。[2] 这个理论的荒谬之处在于它本末倒置。然而，如果我们反过来看这个传奇，它显示出一个以一种独特象征为基础的详尽的再现系统。举《周易》所说的造船为例："舟楫之利……盖取诸涣。"[3] 涣卦䷲由两个卦象组成，顶部是巽☴，底部是坎☵。巽为木，坎为水。根据传说，当黄帝看到巽的综合卦象时，他在大脑中看到水上漂浮的木头，于是就产生了造船的灵感。如果我们不顾这个传说的真实性，从象征意义上看巽和坎的组合，表示水上漂浮的船，那么，这个卦象就成了象征再现的巧妙方法。

《周易》中的再现系统基于象征性卦爻象，并以诸如互体、

---

[1] W. J. T. Mitchell, "Representation," 13.
[2] 参见顾颉刚编著，《古史辨》，北平：朴社，1931年版，卷3，第45—69、84—88页。
[3] 《周易正义》，卷8，4a。

卦变和爻位等解释方法补充之，可以再现天底下的任何事物。在所有再现策略中，互体和卦变是最常用的。笔者以之说明卦象得以"开放"的机制。所谓的互体是一个阐释策略，其中第二、第三、第四爻和第三、第四、第五爻可以构成两个互体。卦变中的第一和第六爻可以互换而构成一个不同的卦象，但原来的卦象依然可以根据新构成的卦象来解释。我们用这两个策略来重新检验"涣"的卦象。涣由巽和坎构成。如果运用互体方法，第二、第三和第四爻构成另一卦，即艮☶；第三、第四、第五爻构成另一卦，即震☳。艮和震的并置将构成一个新的卦象。对同一个卦象"涣"来说，如果我们用卦变的方法，互换第一和第六爻，那么这个卦象将由两个新卦构成，分别是坎☵和兑☱。由于艮和震有一连串的象征，因此，新构成的卦象可以代表许多事物。比如，如果我们从艮的象征名单中选择"山"，从震的象征名单中选择"雷"，我们就可以把这个新构成的卦象解释为"山顶上隆隆的雷声"。如果我们在艮的象征中选择了"路"，在震的象征中选择了"龙"，我们可以说新构成的卦是一幅龙在路上爬的图画。根据《说卦》，艮和震的象征意义可以有几十种，其结合能产生出几乎毫无限制的阐释。同样程序可以相当容易地用于用卦变方法构成的新卦，从此应用中将产生另一系列的阐释。当然，在卦的实际阐释中，这个程序将是复杂的，因为卦辞和爻辞实际上是用来限制阐释的范围。一种可信的阐释涉及卦象的象征与卦辞的阅读之间的对应。然而，笔者所展示的正是八卦的符号机制何以能象征天底下的万事万物。这是一个开放的机制，从而使《周易》成为一本开放之书。

卦爻辞的开放性表征

构成《周易》的两部分——卦象与爻象；卦辞与爻辞——构成了形象与词语、视觉与语言之间相互渗透的极好例证。在这两部分之间，词语部分与词语诠释直接相关。卦象和爻象是基于视觉的。尽管卦象和卦辞非常简单，但它们可以代表天底下的万事万物，之所以可以无所不包，恰恰是因为它们只含有简单的实线和虚线。它们似乎与书写没有直接关系，因为它们不是书面话语。然而，这两部分却在阅读过程中常常相互关联。卦辞和爻辞是言语，是语言符号。既然如此，它们就接近书面话语。一些卦辞和爻辞类似于短诗和短小寓言。由于词语有限和意义明确，卦辞和爻辞的意思似乎非常有限。然而，由于卦辞用词准确而句法模糊，因此具有生成不同的甚至相反的阅读的潜能。

文字学的开放性。下面，笔者将分析一个卦辞，以揭示《周易》话语体系的语言学的开放性。做这一分析有两个目的：（1）说明含混的句法和形态何以使历代学者就一个简单卦辞给出不同解读；（2）探讨从他们为建构一个开放阅读范式而采纳的阅读方法中能学到哪些洞见。所要分析的卦辞是《周易》的第一爻辞：乾元亨利贞。人们可用几种方式为这五个字加标点：（1）乾：元，亨，利，贞；（2）乾：元，亨，利贞；（3）乾元，亨，利贞；（4）乾：元亨，利贞。这些都是历史上尝试过的不同阅读方法。① 现代学者李镜池通过语法和话语分析认为第四种解读也许是最正确的。② 不同的标点方式意味着不同的句法关系，产生不同的阐释。《子夏易传》写道："元，始也。亨，通也。利，和也。贞，正也。"③ 这个解读引出了所谓四德，此后在《周易》诠释中不断重复。孔颖达的解释是："元亨利贞者，是乾之四德也。"④ 所谓的四德似乎衍生于《左传》里的一段话，也是对四德的详尽解释："元，体之长也。亨，嘉之会也。利，义之和也。贞，事之干也。"⑤《文言》提供了一种稍有不同的解释："元者，善之长也。亨者，嘉之会也。利者，义之和也。贞者，事之干也。"⑥ 三者的比较告诉我们，关于"元"的解释极为不同：《子夏易传》解释为"始"，《左传》解释为"体之长"，《文言》解释为"善之长"。

以相同的标点、在相同的观念框架内，学者们依然有不同的解释。李鼎祚（公元8世纪）拓宽了子夏的观点："乾禀纯阳

---

① 这些解读方法可见于孔颖达,《周易正义》, 卷1, 1a; 李鼎祚,《周易集解》, 第5页; 朱震,《汉上易传》, 第635页; 程颐,《伊川易传》, 第388页; 朱熹,《周易本义》, 第1028页; 来知德,《周易集注》, 第1596页; 毛奇龄,《仲氏易》, 第1972页; 惠栋,《周易述》, 第2240页。除了《周易正义》, 所有上述页码都来自《易学精华》, 济南：齐鲁书社, 1990年版, 2卷本。
② 参见李镜池的文章《周易筮辞考》, 第29—31页。他也承认历史上存在着多种解读。参见其《左国中易筮之研究》一文，载《周易探源》, 北京：中华书局, 1978年版, 第416—417页。
③ 参见《子夏易传》, 见影印文渊阁四库全书第7卷, 第4页。
④ 参见孔颖达《周易正义》, 卷1, 1a。
⑤《春秋左传正义》, 卷三十, 见《十三经注疏》, 1942a-b。
⑥《文言》, 见《周易正义》, 册1, 卷1, 6b。

之性，故能首出。庶物各得元始，开通，和谐，贞固，不失其宜。是以君子法乾而行四德，故曰：元亨利贞。"① 程颐的诠释摆脱了标准阐释："元者，万物之始，亨者，万物之长，利者，万物之遂，贞者，万物之成。"② 朱熹的诠释也与标准解释大相径庭："元，大也，亨，通也，利，宜也，贞，正而固也。"③ 于是，甚至在使用相同句逗的学者中，阐释也相当不同。

第二种标点则把利和贞放在一起，但仍然把第一种标点后的四个字视为对乾的解释。第三种标点把乾与元联系起来，把利与贞放在一起，因此使意群完全不同于前两种解释。比如，《文言》是这样解读卦辞的："乾元者，始而亨者也。利贞者，性情也。"④ 第四种标点依赖许慎给"贞"字所辖的定义："贞，卜问也。"⑤ 并把利贞放在一起而释为有利于卜。吴澄（1249—1333）以不同于标准阅读的方式标点，提供了元的两种不同解读：（1）"元在人一身之上，为众体之长。凡有大德，为众善之长曰元。"（2）"或居大位在人上，官之正长家之宗嫡，皆可曰元。"⑥ 至于亨，他的解释也大不同于其他学者："亨字与献享之享同，备物以献，谓之亨。亨者，极盛之时，百嘉聚会，有如享礼，众美之物具备也。"尽管他把利和贞合在一处，但却分开来解释：利指利于做

---

① 李鼎祚，《周易集解》，北京：中国书店，1984年版，卷1，1a。
② 程颐，《伊川易传》，卷1，1a。
③ 朱熹，《周易本义》，卷1，1a。
④ 《文言》，见《周易正义》，册1，卷1，11a。
⑤ 许慎，《说文解字》，卷3b，9a。
⑥ 吴澄，《易纂言》，卷1，1a。

事，如用刀割庄稼，必以适当便捷的方式。贞为主事，好比树干，树干直而树身稳。占卜宜于正，主其事也。他的诠释不仅给《文言》的注释提供了解释，也与郑玄（127—200）的观点相呼应。郑玄提出一个折衷的观点，试图把关于贞的两种观点调和起来：卜问和正。在对大卜的诠释中，他说："贞者，问也。"当国家面对重大问题而犹豫不决时，便用蓍草和龟甲占卜。作为问的贞就是探讨正。[1]李镜池欣赏郑玄的机智，但仍坚持贞为卜的观点。[2]

在现存的西方翻译中，学者们大致上遵循中国学界的观点，但仍然表现出相当的不同。理雅各（James Legge, 1815—1897）这样解释乾的卦辞："乾表伟大创新的事物，渗透性的、冒险的、正确的和确定的事物。"[3]德国《周易》学者卫礼贤把元译成"崇高"，亨译成"成功"，利译成"增进"，贞译成"坚韧"。[4]俄国《周易》学者于连·舒思吉（Iiulian Shchutskii）把元译成"冲动"，亨译成"完成"或"发展"，利译成"惠"，贞译成"稳妥"。[5]他还说乾卦卦辞应该解释为"创造性的天是穿透一切的，稳如磐石的。"[6]最近出版的一种译文中，理查·孔斯特把乾卦的爻辞译成"盛

---

[1] 参见《周礼注疏》，卷二十四，165c，见《十三经注疏》，第803页。
[2] 李镜池，《周易筮辞考》，第29页。
[3] *I Ching: Book of Changes*, translated by James Legge (New York: Bantam Books, 1964), 57.
[4] 卫礼贤著作的英文翻译引自 *The I Ching or Book of Changes*, translated by Cary F. Baynes (Princeton: Princeton University Press, 1967)。
[5] Shchutskii, *Researches on the I Ching*, 138.
[6] Shchutskii, *Researches on the I Ching*, 136.

宴。一个有利的决定"。①

笔者丝毫没有想为不同解读提供一个完备的综述。一个惊人的现象是，只有四个字的短语竟然有这么多不同的解释。如果我们占用一点时间分析一下上述诠释，我们将发现学者们是遵循一种符号学方法来解释这个卦辞。元与原（起源）和源（源起）同音。起源和源起都有"开端"的内涵。许慎《说文解字》把元定义为"开端"："元，始也。"② 元也与"首"（头）是同义词，即"身体部位之首"。因此，在隐喻的意义上，元即人民的首领。据《文言》："元，善之长也，"于是元又与善同义。由于这个原因，在某些古代文本里，善人也叫元人。《彖》提供了另一解释："大哉乾元，"于是，元与大关联起来。这可能就是朱熹诠释的基石。至于亨，根据《文言》的诠释，亨意为"好事相聚"，因此指重大聚会。亨不仅与享同形，而且同音，两个是同源字。于是，"亨者，嘉之会也。"贞与正同音，所以有些学者释为"正确"或"规范"也是可以理解的。

《文言》进而解释说："君子体仁足以长人。"此处"长"有两个意思：领导和成长。它导致"发展"观的产生。这可能是程颐诠释的基础。郑玄试图调和贞的两个不同意思，这是最有趣的。与文学文本的批评家一样，他试图抹平所有矛盾之处而提出一个综合解释。无论诠释是否依据字形、字音或字义，以前的学

---

① Richard Kunst, "The Original 'Yijing': A Text, Phonetic Transcription, Translation, And Indexes, With Sample Glosses," Ph.D. Dissertation (University of California, Berkeley, 1985), 241.
② 许慎，《说文解字》，北京：中华书局，1963 年版，第 7 页。

者都极其注意其物质性（字音和字形）和互文诠释。他们的解读方式与训诂学的三条基本原则相一致："以形索义"、"以声索义"和"比较互证"。①归根结底，造成不同和矛盾解读的原因都归于中国文字的物质性，包括文本的物质性（标点符号和句法等）。

语境的开放性。阐释总是需要有语境，在《周易》占卜中，语境是无限的。对卦辞的多彩阐释通过把卦辞放在实际占卜的环境中而进一步丰富起来。这一努力并非仅仅产生更多样的阐释；有时它可以产生完全与卦辞精神相反的阐释。《左传》中有一段话，一般认为是出自一个真实历史人物穆姜之口。穆姜是成公之母，与人有染，并企图通过阴谋手段废黜成王，失败后被软禁在东宫直至逝世。软禁伊始，她想要知道是否有可能逃出去。于是请了个史官占卜。史官占得艮变随卦。卦辞的解读与乾卦的卦辞一模一样："随：元亨利贞，无咎。"②史官告诉穆姜，卜卦预言她不久就能获得自由。但穆姜却对此卦有不同的解释。她同意占卜获得的卦辞是吉祥的，并为这四个字提供了前文提到的解释。然后，她又把卦辞与自己所处环境联系起来，解释了她不会在毫发无损的情况下逃出去的理由："今我妇人而与于乱。固在下位而有不仁，不可谓元。不靖国家，不可谓亨。作而害身，不可谓利。弃位而姣，不可谓贞。有四德者，随而无咎。我皆无之，岂随也哉？我则取恶，能无咎乎？必死于此，弗得出矣。"③

---

① 参见陆宗达、王宁，《训诂与训诂学》，太原：山西教育出版社，1994年版，第56—134页。
② 《周易正义》，册2，卷3，1a。
③ 穆姜的话引自《春秋左传正义》，卷30，1942a-b。

穆姜的解释其重要意义不仅在于她的自知之明。它还表明，占卜是一个开放的再现系统，必须依据文本和语境来解释。在《易雅》中，赵汝楳（公元1226年）列出五项占卜原则，为穆姜的解释提供了方法论的理由："夫儒者命占之要，本于圣人。其法有五：曰身，曰位，曰时，曰事，曰占。求占之谓身；所居之谓位；所遇之谓时；命筮之谓事；兆吉之谓占。故善占者，既得卦矣，必察其人之素履，与居位之当否，遭时之险夷，又考所筮之邪正，以定占之吉凶。"[①] 因此，卜卦的正确与否并不完全取决于卦辞和爻辞。阐释主要取决于占卜者、阐释者和占卜的语境。在对特定卦辞或爻辞的阐释中，由于《周易》作为阐释的开放系统，阐释者总是有足够的空间找出适合于当下状况的某种阐释，就好比有能力的文学读者总是能够找到支持文本本身的某种解读一样。

古今不知有多少《周易》研究者迷信《周易》占卜之准。笃信者当中，很少有人把《周易》视为可据特定环境进行适当阐释的开放的再现系统。毛奇龄（1623—1716）曾兴致勃勃地谈论《周易》占卜未来事件的准确性。他举汉代的占卜为例。通过对占卜时所得卦辞和爻辞的详尽分析，毛奇龄论证了占卜准确地预见到东汉末年的灾难。不幸的是，负责占卜的史官没有正确地解读占卜所得之文，因此他的解读与后来实际发生的历史事件完全不相符。据毛奇龄所说，所获得的卦辞及其在《说卦》中的解释

[①] 赵汝楳，《易雅》，见《通志堂经解》，出版地点不详：粤东书局，1874年版，卷10，22a-b。

是如此准确,以至于预示了后来所发生历史事件的具体细节,东汉末年国舅和宦官如何弑君,造成后汉政局的混乱。[①]但是,毛奇龄认为占卜准确的论证取决于一个开放的再现系统,他根据历史重新审视占卜的能力。现代学者李镜池十分正确地嘲笑了毛奇龄陶醉于事后诸葛亮的做法。[②]毛奇龄的案例说明,对同一段卜文,人们可以有完全不同的阐释。汉代史官的解读把爻辞与当时环境联系起来。在占卜时,"吉兆"似乎与当时的环境完全相符。史官对爻辞中那些不太吉祥的暗示置之不顾在当时也是十分聪明的做法。毛奇龄则从相反的方向加以阐释。他忽略了吉祥的辞令,把其余的与有据可查的历史事实联系起来,于是就有了不吉的阐释。这两种阐释都依赖对卦象和卦辞的解读。阐释相互矛盾的原因部分在于阐释者,部分在于卦象和卦辞中潜在的矛盾因素。

《周易》诠释的不确定性

《周易》的阐释开放性也与其生成和发展相关。《周易》的构成起源是不确定的,而这种不确定性为其开放性增添了力度。基本上,关于其起源有两种说法:以象为中心的起源和以数为中心的起源。象的说法一直是历史上所接受的,认为卦象和卦辞都源

[①] 毛奇龄,《春秋占筮书》,卷3,6a,见《皇清经解续编》,台北:艺文印书馆,1965年版。
[②] 李镜池,《周易探源》,第410页。

自古代圣人对宇宙的观察。数的说法则认为，卦象不是观察宇宙和模仿宇宙的结果，而产生于对数的操控。这两种说法同样古老，这已被新近研究所证明。张政烺在研究了现存的远古基本数字符号后指出，卦象可能确实产生于古代的数字符号。① 然而，笔者认为以象为中心的起源和以数为中心的起源本质上是同一回事，因为数字，尤其是中国古代数字，都是以形象表意的。以数为中心的起源与以象为中心的起源并不相互矛盾。前者仅为象与数之间提供另一个微妙的区别。邵雍（1011—1077）指出了象与数之间的相关性："有意必有言，有言必有象，有象必有数，数立则象生，象生则言彰，则意显。"② 古代学者把这两种理论汇集成一个更大的范畴，叫象数派。他们的这种分类表明象之源和数之源本来就是同一回事。它们是同一个大范畴的细微差别，笔者称这个大范畴为"符号中心起源说"。这个符号中心的起源与合理的推论是一致的：即在卦象发明之前，人类文明史上有一个时期依赖于图像、索引、记号和象征。③

符号中心的起源可在《周易》中找到支持。实际上，该书就是由各种不同符号构成的一个宏大系统，该系统是通过皮尔斯提出的创造符号的三原则——图像、索引和象征而构建的。此外，还有第四个原则，笔者称之为"并置再现"。《周易》包含所有

---

① 见张政烺，《试释周初青铜器铭文中的易卦》，载《考古学报》，1980年第4期，第403—415页。
② 邵雍，《皇极经世书》，《观物外篇》，郑州：中州古籍出版社，2007年版，第517页。
③ 韩永贤，《周易经源》，呼和浩特：内蒙古人民出版社，1991年版，第632页。亦见其所著《周易探源》，北京：中国华侨出版公司，1990年版，第467页。

这些再现。有些卦象是图像再现。据皮尔斯理论,图像再现是一个在某些方面与其概念对象相似的符号。在这个意义上,卦象坎(水)、离(网)和鼎(釜)都是图像符号,因为我们可以在这些卦象中看到水、网和鼎的隐约相似性。有些卦象是索引符号:井表水井,晋表日升,明夷表日落,等等。索引再现很容易与符号再现相混淆。为了说明区别,皮尔斯提出:"索引可以通过三个典型标记区别于其他符号或再现:第一,它们与其他物体没有重要的相似性;第二,它们指个体、单一单位、单位的单一汇集或单一的连续体;第三,它们通过盲目冲动而直接把注意力引向物体。"① 皮尔斯引证的一些典型索引符号有风向标、指示方向的手和生病的症状。井的卦象由坎和巽构成。坎是水的图像;巽是木的象征。《大象传》说:"木上有水,井。"对这个合成形象有三个解释:(1)水自地下如树的汁液上流;(2)木器下到井底舀水向上;(3)深井下木框使净水得以渗出。② 这三个解释都强调向上的运动,表明井中水的方向。正如风向标(皮尔斯的典型索引)指风的方向,所以井的卦象也表明井中水的方向。象征性再现则更多:乾为马,坤为牛,震为龙,等等。卦的重叠涉及并置的再现,正如把词组织成话语一样。卦辞涵盖这四种再现。此外,《周易》中的符号,无论是卦象还是卦辞,都拥有皮尔斯所说的符

---

① C. S. Peirce, Collected *Papers of Charles Sander Peirce* (Cambridge, MA: Harvard University Press, 1931–1958), Vol. II, 172.
② 若要快速查阅这三种解释,可参见《周易辞典》,上海:上海古籍出版社,1992 年版,第 81 页。

号的三个特征：物质性、纯展示性应用，和对精神的诉求。[1]

前文说过，《周易》是一个宏大的符号系统，包含两个子系统：卦象，卦辞和爻辞。《周易》正文的非凡之处在于它由象与词——视觉符号和文字符号构成。《周易》正文包含两个不同符号系统这一事实使关于圣人之意的阐释过程要比阐释纯文字文本复杂得多。原则上，笔者并不认为前文本意图说（pretextual intention）会有多少用处或启发，而接受"内文本"意图（in-text intention）的说法，即通过文本阅读传达和建构的可能目的。根据这一立场，《周易》的内文本意图就是传统上《周易》学者们所说的"圣人之意"。增加这个术语使得阐释过程更加复杂化，并使文本变成了毫无限制的诠释空间。根据众所接受的理论，卦象和卦辞是以这样的方式产生的："易之为书，以象为本……本于仰观俯察也。又曰圣人设卦观象。系辞矣而明吉凶。夫曰观象系辞。则今之系辞。固皆古圣人瞪目注视卦象而为者也。"[2] 依据这一可能的卦辞源出，笔者将用下列图表表示"意"、"象"、"言"三者的关系：

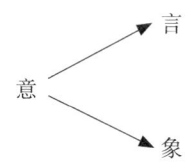

```
        → 言
意
        → 象
```

---

[1] C. S. Peirce, "On the Nature of Signs," in *Peirce on Signs* (Chapel Hill: University of North Caronlina Press, 1991), 141–143.

[2] 尚秉和，《周易尚氏学》，第339页。

言包括卦辞和爻辞；象即卦象；意指圣人之意。如果卦爻辞产生于对形象的观察，那么，在言与象之间就一定有对应关系。忽视象而完全聚焦于言，只能获得圣人的部分意图。在《周易》诠释传统中，整个再现系统可以被简约为下面几个术语：(1)圣人之意；(2)卦象；(3)卦辞和爻辞；(4)评点。圣人的思想是起点；它包括圣人之意（观念）。圣人想要把思想留给后代。他们用两个系统来传承：(1)卦象；(2)卦辞和爻辞。这两个系统是传承的物质手段。评点是后代为解释圣人的两个系统而做的较为详细的诠释。它们代表了学者们所认为的对圣人之原创思想的阐释。既然如此，它们就是产生于无数阅读的意义。这些关键术语之间的关系是沿着这一路径而进行的：圣人观察宇宙，想要把由观察而来的洞见传给后人；他们就创造了卦和辞来传达这些洞见；评论者阅读了圣人的卦和辞，生产了他们认为是圣人之意的诠释。我们在写作与阅读的机制中能看到同样关系：作者观察世界，生产了文本，他的观察通过文本得以表达，批评家通过奉献有见地的解读而帮助了读者。实际上，《周易》诠释学与阅读诠释学并无二致。在每一种情况下，宇宙都是被观察的对象，是卦象／文本的刺激物和卦象／文本产生的语境。从阅读和阐释的视角看，卦象可被视为被压抑的原语境，它成功地抵制了时间的流逝。治易者围绕卦象展开了一场大争论，它开始于两千多年前，现在仍在继续。参与争论的学者分成两派：象数派和义理派。尽管阐释范式不同，但每一派都能生产众多的解读，进而证实了《周易》的开放性。

易学思想中的开放观念

《周易》的开放性源自其符号系统，其构成原理保证了无限度的符号生成，也源自不同的解读策略，这些策略都试图在占卜结果与特定环境之间建立合理的联系。在中国历史上，对这同一块硬币的两面进行的探讨构成了中国两大诠释传统之一：周易诠释学。在对《周易》的本质、起源和功能的探讨中，学者们生产了大量的洞见和盲点，其数量之大令人望而却步。有趣的是，他们的洞见常常与盲点交织在一起。而且，其在方法上的局限性恰恰是洞见产生的条件。要探讨《周易》的开放性何以有助于构建一种开放诗学，我们需要思考周易诠释学中的洞见和盲点。笔者认为，就连其盲点也常常会引导人们对文学开放性和艺术创作提出一些最令人着迷的洞见来。

中国历史上有几位学者直观地认识到该书的开放性。程颐（1033—1101）说："不要拘一，若执一事，则三百八十四爻，只作得三百八十四件事。便休矣。"[1] 朱熹（1130—1200）支持程颐的说法，将其发展为他所说的"空物"观："若易只是个空底物事。未有是事，预先说是理，故包括尽许多道理。看人做甚事，皆撞着他。"[2] 为推进这种"空物"观，他把《周易》与其他经书做了对照，如《诗经》、《尚书》和《春秋》。在他看

---

[1] 程颐，《二程全书》，见四部备要本，上海：中华书局，出版日期不详。函182, 册3, 2a。
[2] 朱熹，《朱子语类》，台北：正中书局，1982年版，卷66, 10b, 第4卷，第2594页。

来，人、物、事三者在其他经书中均为真人、真物、真事。因为是真的，所以才在这些经书里被记录下来。卦辞和爻辞中记录的事件可能是真的，但它们被用来表征某些观点和原则。由于这些事并非为了记录事实而记录，所以它们只是可能用来表征类似事件的非实指的公式。他进而说《周易》仅表达了抽象观念："易只是空说一种道理，只就此理会能见得如何。"① 他还把《周易》比作一面镜子："易如一个镜相似，看甚物来，都能照得。"通过把《周易》比作镜子，朱熹不但理解了该书的开放性，还领悟了文学的相同性质和功能。"易说一个物，非真是一个物。如说龙，非真龙。若他书，则真是事实。孝弟便是孝弟，仁便是仁。"② 这里，朱熹给该书赋予了一种属性，接近文学作品之虚构性。他的洞见与亚里士多德关于史与诗之间的区别相偶合："真正的区别在于一个相关于已经发生的事，另一个相关于可能发生的事。"③ 显然，他把周易视为"空物"的说法在现代文学观念中可以找到反响，现代文学理论把文学文本视为可以放置任何东西的空篮子，或可以悬挂各种颜色和款式之服装的空架子。

然而，朱熹似乎意识到所能感觉到的虚空性是来自再现。再现并不仅仅是自然对应。对应原则可以解释卦象与卦辞之间的一些关系。比如，马与坚毅、牛与温顺之间的对应："马之有健，

---

① 朱熹,《朱子语类》, 台北: 正中书局, 1982 年版, 卷 67, 11b。
② 同上, 卷 67, 13b-14a。
③ Aristotle, *Poetics*, IX , in *Critical Theory Since Plato* (San Diego: HBJ, 1971), 53.

牛之为顺，在物有常理矣。"① 但却不能解释其他情况。如："案文责卦，若屯之有马而无乾，离之有牛而无坤，……是皆有不可晓者。"② 由于在《说卦》中找不到解释，汉代学者们便发明了各种方法使卦象与卦辞相配。朱熹不赞成这种牵强附会的做法，为此而赞同王弼（226—249）和程颐的诠释："观其意又似直以易之取象，无复有所自来。但如诗之比兴，孟子之譬喻而已。如此则是说卦之作，为无所与于易，而近取诸身，远取诸物者，亦剩语矣，疑其说亦若有未尽者。"隐喻和寓言的工作法则也是对应原则。王弼和程颐的方法是基于另一种对应的诠释方法：即把卦辞与诠释者领悟的类似思想相对应。朱熹似乎意识到有些卦象在远古时是任意指代的："易之取象，固必有所自来，而其为说，必已具于大卜之官，顾今不可考，则姑阙之。"③ 为此，他还在另一处表达了相同的观点："一部易皆是假借虚设之辞。"④

《周易》诠释学的符号学解读

《周易》学者们数量惊人的诠释并不仅仅证实了这部经书的开放性。如果我们把这些诠释用于符号学研究，就会外推出一些有用的洞见以建构意指和再现的符号学模式。本节将聚焦于《周易》研究的某些方面，以期建立开放的符号学模式。中国古人相

---

① 朱熹，《易象说》，见《朱文公文集》，上海：商务印书馆，1937年版，卷67，1b。
② 同上，卷67，1b。
③ 同上，卷67，2a。
④ 朱熹，《朱子语类》，卷67，9b。

当重视"正名"。《论语》中,有弟子问,如果卫君请夫子处理朝政,他先做什么,子曰:"必也正名乎。"① 当弟子追问理由时,子曰:"名不正,则言不顺;言不顺,则事不成;事不成,则礼乐不兴。"② 孔子之后,荀子、墨子、公孙龙等名家学者就名/言的意义进行了详尽探讨。尽管他们的主要兴趣在于名与言的社会、逻辑和规范功能,其浓厚兴趣表明他们意识到,名是与语言相关的,而语言本质上并不是命名。在现代语言学理论中,索绪尔纠正了关于语言本质的一个常见错误,即,人们往往"在面对语言的基本因素时,仅仅视语言为命名的过程——一个词汇表,每一个词都与它所命名的事物相对应"。③ 历史上《周易》学者们已经在其对该书命名的讨论中涉及这一点,只不过没有用概念表达之。在讨论中,他们不仅意识到名/言的捉摸不定性,而且还实际发明了一种阅读方法,可以与皮尔斯所说的"符号生成论"异曲同工。

《周易》的书名在周易诠释学中得到相当多的研究。它向各种不同但同样讲得通的阐释敞开。不同阐释大多侧重"周"和"易"这两字之多义性的阐释。据现存研究资料,"周"字有两个基本意思:(1) 是指"全面的、包容一切的"。东汉郑玄这样解释道:"周易者,言易道周普无所不备。"④ 唐代陆德明(550—

---

① 《论语注疏》,卷十二,见《十三经注疏》,第 2506 页。
② *The Analects of Confucius*, translated by Arthur Waley (New York: Vintage Books, 1938), Book XIII, 171.
③ Ferdinand de Saussure, *Course in General Linguistics* (New York: McGraw-Hill, 1966), 65.
④ 郑玄,《易注·易赞》,见《郑氏佚书》,杭州:浙江书局,1888 年版,卷 9, 10a。

630）肯定了这个解释："周，代名也，周至也，遍也，备也，今名书，义取周普。"①（2）它是周朝的名称（公元前1045—前256）。唐代孔颖达（574—648）力驳群儒，认为"周普无所不备"的说法"毫无根基"。在《周易正义》序中，他说："郑玄虽有其释，更无所据之文。"② 他自己的解释是："周易称周，取歧阳地名……文王作易之时，正在羑里，周德未兴，犹是殷世也。故题周别于殷。以此文王所演，故谓之周易。其犹周书，周礼题周以别余代。"在他看来，《周易》之所以称《周易》，是因为它是周代创始人所写，因此成为周朝的代表作。孔颖达提供了这一个令人信服的新解释，此后影响深远。但他并未承认其他的解释，只是坚持他自己解释的正确性，并对兼顾两种解释的学者所持观点表示质疑："先儒又兼取郑说云：既指周代之名，亦是普遍之义。虽欲无所遐弃，亦恐未可尽通。"③ 他的评论代表了周易诠释学的一种倾向，即试图遏制一个开放系统的多义性。反过来，孔颖达的解释也受到其他学者的抨击。贾公彦（约650年）在其《周礼》注释中驳斥孔颖达的解释，赞扬郑玄的解释："连山，归藏皆不言地号，以义名易，则'周'非地号，以周易以纯乾为首，乾为天，天能周帀于四时，故名易为'周'也。"④

在笔者看来，这两种解释都是讲得通的。坚称一种说法为是

---

① 陆德明，《经典释文》，四部丛刊版本，上海：涵芬楼，出版日期不详，卷2，1a。
② 孔颖达，《周易正义·序》，1a，第163页。
③ 《周易正义》，6a-6b。
④ 参见《周礼注疏》，卷24，165b，见《十三经注疏》，第803页。

而说另一解释为非，就局部而言，是没有看到书名是一个开放性词语，适用于不同的阐释。在更大语境中，是没有看到全书作为一个开放系统的开放性质。关于"周"字的争议证实了《周易》的开放性，也代表了《周易》诠释学中的两股倾向：一个有意无意地认识到了《周易》作为再现系统的开放性；另一个有意无意地想要重新获得《周易》传达的圣人之意。

《周易》书名中的另一个字"易"，更是多义。《易纬》道："孔子曰：易者，易也，变易也，不易也。"① 郑玄在其《易赞》中重申了这个定义："易之为名，一言而含三义：简易一也，变易二也，不易三也。"② 这里，第三种解释本身也是含混的，因为它可能同时意为"不变"和"不易"。另一种说法声称它有四义。认真研读之后，笔者发现它实际上有四种含义，三个词源学定义，以及一个语音学定义，它们都在多维度网络里相互关联。

（1）意为"变化、变形、不确定性"。孔颖达《周易正义》开篇道："夫易者，变化之总名，改换之殊称。"③《系辞传》称："神无方易无体。"韩康伯（332—380）提供了这样一种解释："易则随物改变。神则阴阳不测，易则唯变所适，不可以一方一体明。"④

（2）意为"恒定，不变"。《系辞传》开篇道："天尊地卑，乾坤定也。卑高以陈，贵贱位也。动静有常，刚柔断也。"孔颖

---

① 《易纬》，见武英殿聚珍版全书，函3，册2，卷1，1a。
② 郑玄，《易赞》，见《郑氏佚书》，卷9，9b。
③ 《周易正义》册1，2b。
④ 《周易正义》册3，卷7，6b。

达诠释道:"天阳为动,地阴为静,各有常度,则刚柔断定也。"①《周易》是关于宇宙运行的。控制万物形变的法则是恒定不变的。为此,《周易》道:"不易者,天地定位,不可相易。"②

(3)意为"简易,易懂"。《系辞传》道:"乾以易知,坤以简能。"韩康伯对此解释道:"天地之道,不为而善始,不劳而善成。故曰易简。"③《系辞传》进而道:"易则易知,简则易从。"孔颖达将此复述为:"乾以易知,坤以简能。论乾坤之体性也。易则易知,简则易从者,此论乾坤既有此性,人则易可做效也。"④

(4)意为"复杂,深刻"。《系辞传》道:"易与天地准,故能弥纶天地之道。仰以观于天文,俯以察于地理。是故,知幽明之故,知死生之说。"⑤宇宙是宏观宇宙;易是微观宇宙。微观宇宙是宏观宇宙的表征,是促进我们对宏观宇宙运行之理解的立场。

三个词源学定义为该字的内涵和外延提供了三个不同但却合理的来源:

(1)许慎(58—147)《说文解字》提出第一个可能的来源:"蜥易,蝘蜓,守宫也。象形。"⑥这个定义不仅提供了该字的词

---

① 《周易正义》册3,卷7,1b。
② 《周易正义》册1,卷1,3a。
③ 《周易正义》册3,卷7,2a。
④ 《周易正义》册3,卷7,2b。
⑤ 《周易正义》册3,卷7,5b。
⑥ 许慎,《说文解字》,上海:商务印书馆,1937年版,卷9b,7b。

源，而且暗指其哲学含义的另一源头。蜥蜴以变色著称。因此"易"和"变"可能源自对蜥蜴之身体状况的观察。

（2）许慎《说文解字》提供了第二个定义："日月为易，象阴阳也。"① 将该字定义为日月的结合，其运转代表阴阳，此即宇宙的两大基本原则。许多学者接受此为易的定义："易者，日月也。"参同契道："日月为易，刚柔相当。"② 虞翻赞同参同契，说："易字从日下月。"③ 他说的是日在上，月在下，产生易字。后来，陆德明、孙星衍④（1753—1818）、章学诚（1738—1801）、张慧言⑤（1761—1802）、陈梦雷⑥（1650—1741）、刘师培（1884—1919）、姚配中⑦（1792—1844）等都采纳了这个词源学定义。刘师培认为这个定义涵盖该书的标题和主题："日月为易是易经之名义。"⑧ 一位现代学者概括了这些观点，认为这个定义非常合理："日月之谓易的定义最为合理。'易'字便是上日下月的形象。"⑨ 另一些学者把这个词源学定义与哲学定义结合起来。《系辞传》提供了一个例子："阴阳之义配日月。"⑩ 在所有这些观点中，我们

---

① 许慎，《说文解字》，卷 9b，7b。
② 潘启明，《周易参同契通析》，上海：上海翻译出版公司，1990 年版，第 18 页。
③ 虞翻的观点见陆德明，《经典释文》，卷 2，1a。
④ 孙星衍，《周易集解》，上海：商务印书馆，1927 年版，卷 1，第 1 页。
⑤ 张慧言，《周易虞氏学》，台北：广文书局，1960 年版，第 7 页。
⑥ 陈梦雷，《周易浅述》，上海：古籍出版社，1983 年版，第 13 页。
⑦ 姚配中，《周易姚氏学》，上海：商务印书馆，1935 年版，第 1 页。
⑧ 刘师培，《经学教科书》，见《刘申叔先生遗书》，台北：大新书局，1965 年版，卷 4，2371a。
⑨ 转引自蔡尚思《周易思想要论》，第 7—8 页。
⑩ 《系辞传》，见《周易正义》，册 3，卷 7，9a。

看到"易"是既象形又会意的一个词。

（3）有些学者用一个稍有不同的词源学定义说明该字并不是由日月构成，而由"日"和"勿"构成；"勿"即"物"之意。许慎《说文解字》道："一曰，从勿。"① 这个结合意在说明日月内在于物之中，因此表物之象。还有学者完全拒绝上述观点，认为毫无根据。② 还有现代学者引用甲骨文字提出："日出为易。"③

除了词源学定义外，笔者补充一个语音学定义："易者一也。"不知道是否有其他学者也曾下过此定义，但这在传统研究中是有根基的。哲学上，可以引用姚配中的观点作为理论支持："一者元也。元者易之原也。是故不知一者，不足与言易。"④ 语音学上，一个双关定义是传统研究中的一种古老实践。仅举一例就足以说明："德者得也。"⑤

在区分了"易"的四个意思和四个定义之后，笔者还必须提及两个不同的分类。有现代学者把"易"字及其含义置于《系辞传》、《老子》和《庄子》的大语境中，把"易"的众多意义分成四个范畴："简易"、"反易"、"交易"和"变易。"他是这样解释其工作原理的：宇宙中万物的出生、繁衍和发展开始于"简易"的一元。由此而逐渐分化阴阳两极，或由一元产生出天地二象的对立。由于阴阳或天地之间"交易"的影响，宇宙万

---

① 许慎，《说文解字》，上海：商务印书馆，1937年版，卷9b，7b。
② 参见蔡尚思，《周易思想要论》，第8页。
③ 转引自韩永贤，《周易探源》，第444页。
④ 姚配中，《周易姚氏学》，第1页。
⑤ 《礼记正义》卷三十七，第300页，见《十三经注疏》，第1528页。

物能够繁殖和无限变易。① 从方法论角度来看，毛奇龄视《周易》为一本变易之书，其本质在于卦象与爻辞的内在变化。他把这些变化分成五个范畴，名曰"五易"：变易（阴阳变化）、交易（卦象相连）、反易（卦的倒置）、对易（卦象互换）、移易（爻象互换）。②

围绕易的讨论研究已经构成了一种多维符号学研究，对于文学开放性研究具有深远的意义。易的词源学定义，由于是研究和构成象形和会意两条造字原则的基础，实际上成了其他意义得以交义的关节点。笔者认为那是一切现存意义之母，因为它是一切含义之源。《易纬》非常睿智地说："易名有四义，本日月相衔。"③ 在更大程度上，该词的多义源自能指在不同方向上的扩散生成。在这个意义上，对"易"一词的解释不仅构成了意指的开放系统，也包含一种开放的阅读方式。首先，意指过程开始于词源学。"日"表太阳，"月"表月亮。这两个词根是象形文字，是日月的形象再现。这导向了所指的宇宙中的形象。《系辞传》说："易者，象也。象也者，像也。"这等于说，《周易》的系统产生于象。宇宙的所有形象中，日月是最重要的："悬象著明，莫大乎日月。"④ 其次，由于日月如此重要，通过提喻性再现（部分表示整体），日月便成为整个宇宙的象征。然后，通过另一个意指

---

① 杨柳桥，韩强，《从易传和老子两大哲学体系看宋明理学的理气之辩》，见《周易研究论文集》，北京：北京师范大学出版社，1990年版，第4卷，第157—158页。
② 毛奇龄，《仲氏易》，卷1，1b-2b。
③ 《易纬》，见武英殿聚珍版全书，函3，册20，卷1，11a。
④ 《周易正义》，册3，卷7，17a。

过程，这次是换喻性再现（具体属性代表抽象属性），日成为阳的原则，月成为阴的原则。《系辞传》说："阴阳之义配日月。"① 通过隐喻式再现（一个属性代表另一个类似属性），阳表天，阴表地。于是，通过迂回，日与天联系起来，月与地联系起来。第三，太阳每天升落；月亮每月盈亏。四季循环往复。正如一个学者所说："变易，春夏秋冬，循环往来是也。"② 这种循环运动象征着宇宙的恒常变化。这导致了人们对宇宙的哲学思考。第四，太阳黎明升起，黄昏落下。月亮以固定循环盈亏。这是恒定不变的法则。一旦把这个循环视为法则，它就成为文化现象。第五，日月的运动通常被视为宇宙现象。这给人一种平凡的"简易"印象。最后，同样重要的一点是，宇宙是宏观宇宙；易是微观宇宙。微观宇宙是对宏观宇宙的再现，通过研究，人们可以明白宏观宇宙的运行。易是一个再现系统，与宇宙一样复杂，因为它是对宇宙的再现，依照宇宙运行的复杂规律运作。由于这个原因，我们常常为"易"字在经典中的含混性而烦恼，往往很难决定在特定环境中它是指宇宙的运行原则，还是《周易》的哲学，是该书的标题，还是该书本身。

上述讨论揭示了关于该词的三个迷人的论点。第一个是通过并置而自生的力量。日与月（或勿）的结合产生一个整体，它能够超越原初的综合而生成新的意义。由于这种自生的运行大多依赖于意指，所以它是一个符号实体，其自生力量源自符号的互

---

① 《周易正义》，册3，卷7，9a。
② 陈梦雷，《周易浅述》，第13页。

动。第二个迷人的地方是两个直接相反的意思在"易"这个词中达到统一。"变与不变","简易与复杂"。同一个词通过意指而产生完全相反的两个意思,这个事实使笔者产生这样一个想法,即,导致"易"产生复杂含义的意指过程展示了一个具有解构性质的意指倾向,如果我们接受解构作为意指行为的简约定义,即解构是使得表面意义逆转的意指行动。第三个迷人的论点是,意指是开放的,可能指向多个方向。这也是开放性的最有趣的所在。

"易"一词的多义性暗示,对《周易》书名的详尽研究不仅构成了自身开放的系统,而且说明了中国传统中多意性和多义性是何以产生的。在某种意义上,它预示了中国传统上开放意指的许多典型特征。从易的显在和隐在的外延和内涵意义中,我们可以建构意指和再现模式的雏形,构成中国传统中意指和再现系统的基础。笔者认为这个模式是一个结点,以不同维度把不同的意指渠道联系起来:形象的、语音学的、词源学的、认识论的、抽象的、范式的、句法的和对角的渠道。人们可以从一个渠道转向另一个渠道,或从一个层面转向另一个层面,或从一个维度转向另一个维度。每一次变化或转向,阅读的意义也随之变化。作为一个再现模式,易的构成不仅包含 C. S. 皮尔斯发现的用来涵盖各种符号再现的三条原则,而且创造了另一条原则,这是中国书写和艺术创造所特有的,即并置原则。① 以下是有关"易"字的

---

① 见笔者的文章 "Reconceptualizing the Linguistic Divide," *Comparative Literature Studies* 37.2 (2000): 101–24. 文中详尽探讨了这个并置原则。

几种符号学阐释：

（1）象形再现。日和月的形符分别是对日和月的象形模仿。（2）象征再现。日和月的形符有三个象征再现的层面。在一个层面上，这两个形符代表阴阳的抽象原则。在另一个层面上，它们代表两个高度抽象的阴阳原则：--表阴。—表阳。在第三个层面上，它们代表语言符号。（3）并置：日置于月之上即并置的原则，这对中国再现的意指机制具有重大意义，强调其对意指的意义再怎么强调也不会过分。它扎根于中国文字形成的两条造字原则：形声（字形和字音的结合）和会意（偏旁的综合）。它在视觉和语言艺术创造中起重要作用，为蒙太奇、拼贴、表意作诗法等现代艺术技巧提供了灵感。（4）索引再现。米切尔说："索引再现是根据因果关系或体位接近或关联等存在关系来解释'代表'。"[①] 日在勿之上的并置是日在月之上的一种变异并置。可以说这种变异表明一种因果关系：日月之物理性接近的存在关系使月变成了勿，因此表明日光的向下照射的运动，并对宇宙万物发生了影响，此乃易的另一个意思。

由"易"字汇集了所有可能的再现原则，它体现了一个注定开放和无限的再现模式。作为再现的开放范式，它能够生成上面提到的全部显在意义和隐在意义。有些产生类似的分支；有些具有不同的联想；还有一些发出对立和矛盾的颤音。这个多维网络的范式把中国诠释学理论中的许多洞见归总起来，其意义不仅在于对开放性的概念探讨，还在于对文学文本的实际解读。

---

① W. J. T. Mitchell, "Representation," 14.

《周易》的永恒魅力之源

《周易》是一部复杂而又开放的再现性著作。第一，它由视觉符号和语言符号双重编织而成。第二，一个符号的象征具有多义性。第三，符号在许多层面的不确定关系中相互关联。第四，这个网络适用于不同但却同样有效的阐释策略。最后但同样重要的是，这个系统具有宽容性，允许新的观点作为新因素的融入。所有这些使这本书成为一个开放的再现系统，为新的阐释提供了取之不竭的机会。作为再现系统，其创造者开始时也许不是有意使其开放的，但随时间的流逝，其开放性愈趋明显。历史上许多阐释者似乎认识到了其开放性，但几乎无人愿意接受这样一个开放系统。即便今天，许多学者仍然相信该书原本是一个秘笈宝库。相当多的研究声称该书有许多秘密亟待破译。有些学者甚至哀叹无数的破译方法给该书裹上了越来越神秘的外衣。显然，这些学者没有看到该书的开放性。事实上，我们时不时地遇到一些声称已经破译了《周易》之谜的研究，恰恰证明了学者们的盲点。

既然《周易》是一个开放系统，那么，无论是谁声称找到了卦象的秘密或破解了该书奥秘，都只能是一厢情愿的错觉。我们可以认为：《周易》的神秘性就是其开放性，就在于允许人们运用才智从事各种阐释的包容性。在某种意义上，《周易》迷人之处与释迦牟尼与弟子迦叶的无言交流有相似之处。两者相似之处就是建立开放的交流语境，以及由此而来的阐释的开放空间。但与禅宗传说中佛陀的无言传法相比,《周易》要显得有意思得多。无言交流可能开始时会引起观者强烈的兴趣,但观者也可能由于没有领悟到任何玄机而失去兴趣。对隐含意义毫无暗示的任何举动都有着被当作无意义之举而被抛弃的危险。实际上,有些学者已经批判了这种无言交流的问题,其中就有禅宗大师无门慧开(1183—1260),他质问道:"只如当时大众都笑,正法眼藏作么生传?设使迦叶不笑,正法眼藏又作么生传?若道正法眼藏有传授,黄面老子,诳呼闾阎;若道无传授,为甚么独许迦叶?"[①] 带着这种批判精神,西方禅宗学者伯纳德·福尔分析了佛陀的无言传法,菩提达摩与梁武帝的对话,以及禅宗二祖慧可对达摩问他如何理解佛法时的沉默。福尔指出了无言交流的自我挫败效果和可能的无效性。"不诉诸语言的策略总的说来对那些无话可说的大师是有利的,因为他们总会假装说是在模仿维摩诘的沉默。"[②] 相比之下,《周易》既具有意味深长的姿态,又伴之以暗示的细节。卦象就是有意义的姿态,而卦辞和爻辞都充满了意味深长的暗示。姿态和暗示构成了意指和再现的精致的开放系统。人们越是研究它,就越会觉得其魅力无穷,因为人们越是研究,越是相信整个系统的确含有神秘的意旨可以传授。由于其无限的开放性,《周易》将继续吸引全世界的学者,尽管有人误认为其有限的信息已经构成了一个封闭的系统。

[①] 转引自 Bernard Faure, *Chan Insights and Oversights* (Princeton: Princeton University Press, 1993), p. 198。

[②] Bernard Faure, *Chan Insights and Oversights*, 198–199.

《周易》不是文学。恰恰由于其非文学性,《周易》诠释学才比中国文化史上各个文学诠释流派具有更普遍的意义。哪怕是从文学诠释学的角度,《周易》诠释学也涉及文学文本中的再现问题,并能给予文学写作和阐释以许多洞见。其中一个洞见是,它使我们意识到在意义生产中文本的物质性,以及允许学者们从众多角度进行研究的宽容性。由于视觉符号与语言符号之间的互动,《周易》诠释学模糊了文学与非文学文本之间的界限,为我们提供了运用符号学方法研究文学及非文学文本的灵感。

第四章 《周易》"明象"：
现代读写理论的古代洞见

在第一章中，笔者搁置了王弼对阅读和写作的概念性探讨，搁置的主要理由是，必须首先将讨论置于周易诠释学的大语境之中，并在周易研究的大辩论的局部背景下进行审视。周易诠释学的广义语境是由孟子和庄子发起的对阅读和写作问题的概念性探讨（见第一章），而其狭义背景中则包含了两种相对立的观点：重象说和忘象说。这两个对立的论点指出了周易诠释学中两种相对立的阐释倾向。归根到底，争论的内容其实围绕着王弼开创性的论述"明象"中的观点。每个学者在辩论中所处的立场取决于其是支持还是反对王弼论述的主旨。虽然王弼论述的直接目的是要澄清卦象和卦辞之间的关系，但是，其支持者和反对者的辩论在周易诠释学的狭义语境和中国传统的广义语境之外，还具有语言学、哲学和文学上的重要意义。首先，该辩论抓住了中国诠释学的两大相对的倾向：孟子的意向性理论和庄子对语言传输的怀疑论。其次，辩论预示了现代思想中有关意指、再现和诠释的争辩。通过从现代语言哲学相关的视角研究"明象"中的中心问题,我们可以看出一种诠释冲动如何突破阐释的樊篱,产生了穿透现代阅读和写作的引人入胜的洞见。

有关"明象"争议的语境

到公元三世纪,"重象说"得到《周易》文本的支持,一直稳坐中心位置。《系辞传》云:"易者,象也;象也者,像也。"①又云:"八卦成列,象在其中。"② 这些言辞说明,《周易》本质上是一本试图运用意象符号体系来象征世间万事万物的典籍。既然"象"组成易学的核心,如不"明象(阐明象)"就无法通晓《周易》。但是,《周易》不仅是一本关于卦象和爻象的书籍,也包括用文字表达的卦辞和爻辞。子曰:"圣人立象以尽意,设卦以尽情伪,系辞焉以尽其言。"③ 这段话确立了卦象、爻象、卦辞和爻辞的排列顺序。"象"组成了《周易》的核心,并且驱动了几千年的诠释学传统。由于"象"在易学诠释学传统中占有重要地位,在无数研究者努力廓清卦象和卦辞的关系的过程中,"重象说"自然而然地发展成一种诠释霸权。该学说是一种封闭的立场,因为该理论认为,通过仔细研读卦象和卦辞之间的关系,可以重新获得圣人的原意。

---

① 《周易正义》,四部备要单行本,上海:中华书局,未注日期,册3,卷7,18a。
② 《周易正义》,册3,卷8,1a。
③ 《周易正义》,册3,卷7,18a。

随着王弼的阐释的出现，特别是其明象的论述，封闭性的阐释霸权受到了严重的挑战并最终被摧垮。王弼的"明象"说具有开创性价值，不仅因为此说迎来了周易诠释学中的开放性阐释倾向，而且对语言哲学和诠释学的局部探索与中国诠释学传统中的语言哲学和诠释学的总体探索做出了重要贡献。虽然这篇论述一直被认为对周易研究有着重大贡献，但它对中国语言学和文学思想方面的贡献还未得到应有的认可。这里原因较多，其中之一似乎与"明象"文章的后半部分引起的争论有关。一般学者对文章的前半部分没有争议，但对后半部分，他们的观点分为两派："象数派"和"义理派"。王弼之前，易学家都强调"象"的重要性。在他之后，"忘象说"大行其道，"义理派"遂压倒"象数派"。然而，后者并未销声匿迹，更曾一度活跃在宋、清两代。围绕"明象"拉开了一场大辩论，一些学者赞成王弼的敏锐洞见，另一些学者则怀疑其正确性，还有学者持中间立场，试图结合相反的两派观点，折中阐释。在这场关于王弼治易观点的激烈争论中，涌现了大批评论和著作。笔者试图细读王弼和相关学者的论述，结合符号学、语言学及文学理论等现代研究方法进行详细分析，从而评价这些思想家对中国语言哲学和诠释学所作的贡献。此外，笔者也将探究两个主要的阐释范式如何从易学的明象探究发展而来，以及"忘象说"如何代表了从封闭型阐释向开放性诠释学的转变。

从传统上看，象数派和义理派的差别可以这样予以概括。如其名称所示，象数派主要探讨具体的卦爻象和辞之间的内在联系，以及《经》和《传》之间的相互关系。该派的核心观点是

《周易》文本中的每一个字都根据卦爻象而刻意创作，因此在解释卦爻辞时，格外强调其象和数的方面。相比之下，义理派很少关注卦爻象和辞之间的关系。实际上，该派的首创者王弼宣称以"忘象"而得正解。它关注的是《周易》文本中内在的自然、社会、本体论和认识论的理据，并在阐释此书时重点探索文本中显示的意义。

两派中象数派产生时间较早。在义理派出现之前，象数派已确立了其《周易》研究的主流地位，获得几乎所有《周易》权威学者的支持。当义理派的创立者王弼涉足这一领域时，他面临两条道路：一是追随象数派而因循守旧，二是独辟蹊径。王弼这位二十多岁的青年才子选择了第二条道路，这可谓是"《周易》学术研究的革命"。王弼开创性的努力确实有革命的意味，因为它在某种意义上挑战了既有传统，踏上了与其背道而驰的新方向。这场革命的首要主题是：应该忘记卦象而聚焦于卦辞的意义，即忘象求意。因此，这两个学派的核心分歧在于是重视还是忽视《周易》文本中的卦象。

然而，究其本，笔者认为两者分歧的核心在于阅读范式的转变。这种转变不禁让人想到结构主义学者和后结构主义学者之间发生的一个类似的变化。象数派学者以卦象为本，他们试图通过对卦象和卦辞进行关联性的解读来揭示传说中的圣人的隐义，因此也可称其为意图论或文本论。同时，既然他们强调卦象的重要性，认为其中包含了圣人的初衷，他们也可被称为作者中心论者。义理派也在表面上关注圣人的意图，但他们更关心如何在变化的环境中对《周易》进行新的诠释，所以他们以语境为本。此处需要注意的是，他们的语境并非原始语境，而是可能的语境或新语境。因为他们不受文本中卦象的束缚，就能够将文本置于无穷尽的宇宙、社会和人类状况的语境当中。他们让诠释者具有了首创性，因而可称其为读者中心论者。从阅读的视角来看，象数派和义理派的争端被赋予了超越其直接语境，甚至超越了中国传统的重要意义。两派之间的争论在许多方面预示了当代阅读争论的核心问题。就应该强调象数还是义理而言，王弼对《周易》的注解指出了诠释学传统中从重视图形诠释到重视语言诠释的转变，这种转变带来了一场长久的诠释范式之争。上述内容即为我们应当知晓的两派各执一词的理论背景。

尽管这两派就如何解释相关因素意见相左，但都能够发展出自身的阅读策略，产生大量的研究成果。传统保守的象数派学者看似与革命性的义理派学者同样激进，这种矛盾局面的产生并非仅仅因为《周易》文本的开放性本质，而且也源于书中两种不同的编码系统。就编码而言，象数派的诠释范式可谓是"过度编码式解读"（overcoded reading），即过于强调创作《周易》文本时字斟句酌的努力，而这种投入可能并不存在。另一方面，义理派的诠释范式可称之为"有限编码式解读"（undercoded reading），因为它似乎认为卦象和卦辞之间的关联并非那么紧密，即使存在一些关联，也不能妨碍读者在自身特殊语境中进行新的解释。

作为诠释问题的"明象"

表面看来，"明象"产生于处理卦象和卦辞有问题的关系的需要，但在本质上，其关注的是思想、语言、文字等更为广泛的问题。《系辞传》引孔子云："书不尽言，言不尽意。"① 这句据说是孔子的原话精辟地指出了言语和文字、语言和意义之间的隔阂，并且开始了《周易》诠释学的意指和表征的探索。孔颖达对这句话的评注显示了最初"明象"出现的必要性：

> 书所以记言，言有烦碎，或楚夏不同，有言无字，虽欲书录，不可尽竭于其言，故云书不尽言也。又曰：意有深邃委屈，非言可写，是言不尽意也。然则圣人之意其不可见乎？子曰：圣人立象以尽意，设卦以尽情伪，系辞焉以尽其言。②

孔颖达认识到文字在表达口语和意义方面的不足，他似乎认为《周易》的象征符号能充分表达言辞所不能传递的意义内容，并能揭示世间万物的内在状态。

宋代郭雍（1103—1187）则如此强调象传递意义的重要性：

> 系辞曰：易者，象也。又曰：圣人立象以尽意，盖以易之意不可得而尽，故有象以尽之也。意不可尽，徒玩其辞，皆空言耳。③

---

① 《周易正义》，册3，卷7，18a。
② 孔颖达的评论参见《周易正义》，第3册，卷7，18a。
③ 郭雍，《郭氏传家易说总论》，选自影印文渊阁四库全书，台北：商务印书馆，1983—1986年版，卷13，8a。

近代学者尚秉和同意上述观点，他说：

> 意之不能尽者，卦能尽之；言之不能尽者，象能显之。故"立象以尽意，设卦以尽情伪"。①

他们似乎都认为：意义是模糊不清的；言语不足以表达意义；只有"象"能充分表达意义；语言，无论是口语还是书面语，只能帮助表达意义。与语言表征相比，他们似乎更推崇象似表征和指示表征的象征体系。王弼的《明象》意味着诠释学传统的重心从象似表征向语言表征转移。这个变化又导致了两种阐释范式，即保守的作者导向型范式和激进的读者导向型范式之间漫长的争论。在此大背景下，所谓的"象数派"与"义理派"之争拉开了帷幕。

两派争论聚焦于卦象和爻辞的阐释，为何其意义远超出易学诠释学的本身范畴，扩大到意义和符号、符号和语言、语言和文学、创作和阐释等一系列领域之中呢？宇文所安教授正确地指出："训诂学修辞鼓励从多个方向沿着线性关系来澄清这些关系的精确术语。王弼在此过程中的发现对《周易》的理解、一般语言理论、尤其是诗歌领域具有重要意义。"② 依笔者之见，王弼

---

① 尚秉和，《周易尚氏学》，北京：中华书局，1980年版，第304页。
② Stephen Owen, *Readings in Traditional Chinese Literary Thought* (Cambridge, MA: Harvard University Press, 1992), 33.

的文章也许是中国传统文化中第一篇系统性讨论意指和表征的论述。我们必须结合意义、语言、表征和阐释等多种视角来分析这篇文章，才能完整理解他的观点，充分评价他对传统中国语言哲学和文学思想的贡献。最重要的是，我们可以把王弼学术和其论著所引发的讨论拓展为一个传统中国语言哲学和表征的普遍理论。

也许是因为最初这些论述的首要目标是为了澄清卦和卦象、卦和卦辞、爻和爻辞之间错综复杂的关系，所以把"明象"和《周易》诠释学与现代意指和表征理论相关联会有困难。能使我们克服这个困难的就是符号学的概念，即任何人类创立的系统，无论是语言、符号系统，抑或是一本菜单都能用符号学这个普遍的关于符号的学科来分析。索绪尔在《普通语言学教程》里提出一种普遍的关于符号的学科，他称之为符号学。他曾预想这门学科能涵括几乎所有人类符号系统的研究：图像、手势、聋哑人手语、音乐、文物、仪式典礼、日常习俗、政治程式、交通标志等等。[1] 罗兰·巴特按照索绪尔指出的方向继续研究，用符号学研究大众媒体、电影、广告、玩具、食物、菜单、衣服、照片、脱衣舞、摔跤，当然，也包括语言和文学。[2] 在巴特眼里，如此多样化的主题都可成为合适的研究对象，其合理性在于它们都含有一个内在的意指系统。王弼和其他学者的论述与《周易》相关，

---

[1] Ferdinand de Saussure, *Course in General Linguistics* (New York: McGraw Hill Book, 1966), 15–16.

[2] Roland Barthes, *Mythologies* (New York: The Noonday Press, 1972).

毫无疑问，也是一个符号和意指的系统。既然这些论述对"象"的阐释既包括符号又包括言辞，当然可被视为具有普遍意义的语言和阅读机制的研究。

作为创新型集大成者的王弼

王弼在倡导其诠释学理论时并未忽视前人的观点。事实上，他的探索建立在《周易》诠释学和他的前辈们对读写的概念性探究的基础上。人们的学术共识使王弼充满热情地推行老子和庄子的道家思想，尤其在其对《周易》的注解中。依据这样的共识，他的阅读理论应该属于深受老庄诠释理论影响的道家一脉，偏重庄子持有的极端的语言怀疑论和非语言交流的思想。随意翻阅王弼的著作似乎就能证实此看法。我们可以发现，他的文章中明显地借鉴了庄子对语言的隐喻（捕兔之"蹄"和捕鱼之"筌"），并含蓄地发展了庄子的言意观念。相比而言，我们难以发现王弼明显涉及孟子的思想。然而，虽然他的阅读理论受到庄子的影响，但也没有完全排斥孟子的阅读论。王弼并非一位褊狭的学者，而是一位集大成者。王弼综合采纳前辈的观点，从孟子和庄子那里获得启发，将他们的洞见融合成新的诠释理论，用其所长，并进一步探索他们未解的问题。

王弼的作品从讨论"象"（象征）、"意"（意义）和"言"（言辞）开始，他说：

> 夫象者，出意者也；言者，明象者也。尽意莫若象，尽

象莫若言。言生于象，故可寻言以观象；象生于意，故可寻象以观意。意以象尽，象以言著。①

开篇之词无疑是关于意义和表征的。当人头脑中出现意义时，它是一团模糊不定难以名状的神经刺激。如果他想把意义传递给别人，就必须要借助表征。表征有多种方法：身体语言（手势、脸部表情、动作等等），象征语言（使用象征，玫瑰象征爱情、斧头为好战、肩头的木屑意为挑衅等等）和语言本身（口语和书面语）。在各种符号体系的语言中，语言系统是传达观点、欲望和情感的最便利的工具。王弼的开篇精确地认识到这一点。

王弼在这里设定并关联了三个术语："意"、"象"和"言。"他是受到《系辞传》的启示："圣人立象以尽意，设卦以尽情伪，系辞焉以尽其言。"② 但把这三个术语组成一个有机结构则完全是王弼的发明。正是他以系统化的方式把这三个术语关联，以至于其相互关系与索绪尔语言学里基本意指术语之间的关联竟然遥相呼应。索绪尔的符号理论认为意指通过符号得以实现，而符号需要在两个术语"概念"和"形象"之间确立某种关系。语言学符号是包括一个概念和一个音响形象的"两面性心理实体"。概念来自于意义；形象既可以是声音形象、视觉形象也可以是心理形象。概念和形象的关系如下图：③

---

① 王弼,《明象》, 收录于楼宇烈编辑的《王弼集校释》, 北京：中华书局,1980, 卷 2, 第 609 页。自此, 除非另附说明, 所有王弼《明象》引用均来自该书。
② 《周易正义》, 册 3, 卷 7, 18a。
③ Ferdinand de Saussure, *Course in general Linguistics*, 65–67, 114.

```
      概念            树
    --------        --------
      形象           🌳
```

这个模型可进一步抽象为所指和能指的对应。它还有两个稍异的版本：一是索绪尔模型，另一个是被雅克·拉康修改过的模型：

```
   索绪尔模型        拉康模型

      所指            能指
    --------        --------
      能指            所指
```

虽然能指和所指位置互换，但这两个模型没有本质区别。我们采用拉康模型，因为它含有一些与思维结构剖析及其内部机制相吻合的微妙隐意。在拉康模型里面，分割能指和所指的线条（——）代表对意指的压制和抵制。[①]

虽然王弼未用索绪尔的符号结构来表达意义和形象、意义和语言的关系，但他把三个术语相关联则暗示了能指和所指的对应。索绪尔提出了概念和形象的对应，能指和所指的对应，而王弼把"意"和"象"、"意"和"言"对应。下图显示王弼的观点

[①] Jacques Lacan, "The agency of the letter in the unconscious or reason since Freud," in *Ecrits: A Selection*, Translated from the French by Alan Sheridan (New York: Norton, 1977), 149.

和索绪尔的符号理论非常接近：

形象	象	能指	言
概念	意	所指	意

从上图看出，因为"意"源于思维，所以是看不见和不可触及的，在这一点上，它等同于索绪尔的概念和所指。而"象"和"言"是"意"的物质表征，它们等同于能指。笔者认为的"物质表征"就是可见的、可理解的符号，既包括卦象也包括卦辞。

　　王弼论述的"意"和"象"、"意"和"言"的关联具有创新意义，甚至与现代意指理论相比也并不逊色。这是他对中国意指理论的最大贡献。意为源头；象表达意；言表达象，也即表达意。意是思想之母，象和言是表达思想的手段。从意开始，通过象，最后到言的运动就组成了意指的全过程。意指的过程是一种双向运动。从说话者的角度来看，是从意到象到言的运动。从听者立场来看，是一个相反的过程，变成从言到象到意的运动。王弼扼要地描述了意指的这个过程："言生于象，故可寻言以观象；象生于意，故可寻象以观意。意以象尽，象以言著。"在狭义的《周易》诠释学语境中，"圣人立象以尽意，设卦以尽情伪，系辞焉以尽其言"描述了卦象和卦辞的起源，王弼的概念化紧紧抓住了这个承传问题。在表征的普遍语境意义上，王弼的观点预见了符号表征和语言表征两个现代理论。下图展示了"意"（意义）、"象"（形象）和"言"（语言）之间的相互关系：

```
意（意义）————→ 象（形象）————→ 言（言辞）
       象生于意              言生于象
       象者出易者也          象以言著
意：   意以象尽         象： 言者明象者也      言
       尽意莫若象            尽象莫若言
       寻象以观意            寻言以观象
```

王弼在跟踪从"意"到"象"到"言"的运动中，又取得一个关于语言起源的重大成就。他指明"象生于意"、"言生于象"，从而避免了语言观念上的一个普遍错误。宇文所安曾恰当地评论道："在语言理论层面上，王弼的论述表明字词并不给'事物'命名，而是思维过程中的一个通道，它'生于'事物的形象。"[①] 王弼所论述的"意"和"象"、"意"和"言"之间的关系预示了索绪尔的语言符号理论。语言符号是什么？索绪尔在思考其本质时反对当时一个普遍的错误认识。当时人们经常"认为语言在简化到基本要素后只是一个命名过程，即一系列单词的清单，每个单词与所命名的事物对应。"[②]《圣经》里亚当给动物命名的故事就是一个"语言本质是命名"的著名例证。王弼避免了这个普遍错误并提出了审视语言符号本质的另一个视角，这是他取得的一个卓越成就。王弼开辟的研究语言的新方法迥异于孔子、荀子、墨子、公孙龙以及其他"名家"，他们主要关注语言的社会、逻辑

---

① Stephen Owen, *Readings in Traditional Chinese Literary Thought*, 33.
② Ferdinand de Saussure, *Course in General Linguistics*, 65.

和调节功能，①而王弼认为语言是思维的某种产物。依笔者之见，王弼关于语言起源的观点以及语言与意义和形象的关系的论述可能受占中国美学思想统治地位的表现主义的影响，他们认为诗是从意识产生的自然情感的流露。②

　　王弼不是一个思想狭隘的学者，而能够博取各家所长。他融合前人的观点，从孔子、孟子和庄子等处获得启示，将他们的洞见与自己的思想相结合，构造出一种意指和表征的理论。该理论与基于罗曼·雅各布逊的言语交际模式的诠释论相差无几。雅各布逊的模式由发话人、受话人、代码、信息、接触和语境等方面组成。③正如孟子将阅读视为作者和读者间的交际行为，王弼也将表征和诠释当作交际的完整过程。他们之间的区别在于，王弼认为交际由两个互相关联的表征过程组成，一为（作者的）编码，二为（读者的）解码。他首先阐述作者一侧的表征。"明象"的开篇词更多体现了孟子的思想，而非庄子，因为他提出的观点与庄子的极端语言怀疑论截然相反。他的观点是对语言的矛盾本质和语言与思想之间关系的再思考，这两点都可在《系辞传》中得到印证。

　　王弼像孟子一样，认为读者能够在语言和表征的帮助下追溯作者心中所思："言生于象，故可寻言以观象；象生于意，故可寻象以观意。"这简直是孟子"以意逆志"的阅读理论核心思想

---

① 限于篇幅，未讨论中国语言理论背景。读者如需查阅，可参看 Chad Hansen, *Language and Logic in Ancient China* (Ann Arbor: University of Michigan Press, 1983)。
② 把王弼的注释与刘若愚在《中国诗艺》中《诗经大序》(p.70)为诗下的定义加以比较。
③ Roman Jakobson, "Closing Statement: Linguistics and Poetics," 353.

的翻版。王弼所谓的"意以象尽,象以言著",实际上也接受了孟子认为语言(词和符号)足以用于交际的观点。他对语言交际能力的认可恰好质疑了学术界的一个共识,即王弼在语言能否详尽地表达思想的争论中支持负面的观点。

关于"忘象"的争论

在"明象"开篇创新性的融合之后,王弼开始提出自己的新观点。他的原创性论述引发了一场延续至今的大争论,争论的焦点就是他的宣言:"得意忘象"和"得象忘言"。这两句话位于文中第二段:

> 故言者所以明象,得象而忘言。象者所以存意,得意而忘象。蹄者所以在兔,得兔而忘蹄。筌者所以在鱼,得鱼而忘筌也。然则,言者象之蹄也;象者意之筌也。

古今许多学者在这里与王弼意见相左,责备他提出一个令人生疑的命题。在宋代,郭雍就怀疑其正确性,他说:"易之为书,其道其辞,皆由象出。未有忘象而知易者!"[①] 王弼主张重视井、鼎、颐、噬嗑四卦而忽视其余诸卦,南宋的王炎(1138—1218)也对此提出质疑:"夫六十四卦等也。岂有四卦当论其象,

---

① 郭雍,《郭氏传家易说总论》,选自影印文渊阁四库全书,卷13,8b。

六十四卦可略而不议乎？"① 通晓儒家中庸之道的朱熹同样怀疑王弼的观点，但因缺乏证据故未直截进行批评。②

　　王弼的支持者比质疑者多。他们的争论纠缠了上千年。双方坚持己见，谁也不能使对方信服。依笔者之见，这场争论没有得到令人满意的解决主要是因为双方都诉诸印象性的常识，没有采用严密的分析方法。加入争论前，让我们再次审视"象"这个复杂的问题。上文已经提到"象"含有一大堆指谓和涵义。在狭义《周易》阐释意义上，"象"和"言"都被认为是圣人原初意图的载体。因而，圣人最初设卦的意图固化在"象"（卦象、爻象）这个纯符号标记系统里，并且可以通过"言"这个语言系统来理解，"言"传载了经语言包装的象征的意义，其内容涵括了物象（自然现象）、事象（社会现象）和意象（诗的意象）。创造卦象、爻象、物象、事象和意象的圣人早已逝去，所以，必须回溯意指流程来挖掘他们的思想（《易经》的理念性价值），也即从言辞追溯到形象最后到意义。这样，"言"和"象"成了恢复早已丢失的圣人意图的必要工具。

　　王弼以象表意、以言明象的论述即使以现代标准衡量，也是极不寻常的，因为当时还未有现代语言学理论，它就指出了意义和语言的正确关系。现代语言学理论认为语言是意义赖以生存的工具。索绪尔曾说："如果我们没有符号标记的帮助，便不能在两种观点间做出清晰和连贯的区分，关于这一点，哲学家和语

---

① 王炎，《读易笔记序》，选自影印文渊阁四库全书，卷115，723b。
② 朱熹，《易象说》，选自《朱文公文集》，卷67，2a，四部丛刊本。

言学家意见是一致的。没有语言，意义是一团模糊的、未知的迷雾。先于语言的观点并不存在，在语言出现之前一切都是模糊的。"①

庄子的原初叙述中将"捕兔之蹄"和"捕鱼之筌"比喻成语言，王弼采纳了庄子的隐喻，肯定了语言是思想和表征的工具的观点。通过使用隐喻，庄子意识到了语言的隐喻性（语言和思想间的差距），并且对语言的作用产生怀疑。所以他提出放弃作为交际工具的语言，而含蓄地呼吁一种不依赖语言的交际模式。王弼同意庄子对语言本质的看法，认可语言和思想的差距，但不赞同其极端的语言怀疑论和对言语交际的完全不信任。王弼试图创造性地利用作为交际方式的语言的矛盾性，因此走得更远。他说：

> 是故存言者非得象者也。存象者非得意者也。象生于意而存象焉，则所存者乃非其象也。言生于象，而存言焉则所存者乃非其言也。然则忘象者乃得意者也，忘言者乃得象者也。得意在忘象，得象在忘言。

王弼的批评者不能理解为何得"意"要忘"象"、得"象"要忘"言"。他的拥护者提供了多种解释。下述文字即是一个具有代表性的合理解释：

---

① Ferdinand de Saussure, *Course in general Linguistics*, 111–112.

得象而后忘言；得意而后忘象。非先弃象以求意，先弃言以求象也，筌蹄者工具也；鱼兔者所求之目的物也。既得鱼兔，把筌蹄放下可也。故曰："立象尽意，得意而象可忘也。重画以尽情而画可忘也。"①

这种思辨在理论上似乎无懈可击。不管表征物是形象、符号，还是语言，它毕竟只是工具。但如果我们进一步研究表征的理论基础，就会发现王弼的批评者早已提出的一个问题。表征物的确是思考的工具，但它是一个特殊工具。其特殊之处在于工具本身和目标任务是无法分离的。工具和任务就如一张纸的两面，组成一个整体。一张纸的两面不可能被完整分开，正如索绪尔在讨论语言表征时生动地指出的那样："语言也可比成一张纸：意义是正面，声音是反面；不可能从中间割断；意义和声音就像纸的两面，互为一体，不可分割。"②索绪尔谈论的表征物虽是语言声音不是形象或符号，但其道理相通。

王弼的批评者透过字里行间显露出的观点具有鲜明的现代特性。邵雍（1011—1077）在批评王弼论及"象"和"意"、"象"和"言"的关系时，语带讽刺："象数则筌蹄也，言意则鱼兔也，得鱼兔而忘筌蹄可也，舍筌蹄而求鱼兔，则未见其得也。"③王弼使用筌蹄作比喻为忘象正名，王炎对此直接批评道：

---

① 莫俭溥，《周易明象：王弼明象集说》，第28—29页。
② Saussure, *Course in General Linguistics*, 113.
③ 邵雍，《皇极经世书》，卷13，影印文渊阁四库全书，卷803，1067a。

舍筌蹄无以得鱼兔；则舍象求意，弼亦知其不可。而猥曰：'意苟在健，何必乾始为马？类苟在顺，何必坤始为牛？'是未得鱼兔，先弃筌蹄之说也。[①]

笔者前文提及王弼提出的意、象和言的关系与现代语言学符号理论非常相近。但在语言符号的关键层面，王弼的反对者也许觉得他们的符号和语言表征观点更接近于现代语言哲学理论。让我们再次审视上面那个符号结构模型：任何意指必须假定在能指和所指两个概念之间存在一种关系。意指发生过程并非简单的能指表示所指。还有第三个概念，它是统一前两个概念的关联，就是能指和所指合二为一的符号。这是所有符号系统的意指模式：

能指		象		言	
---	符号	---	意象	---	文/字
所指		意		意	

符号是所指和能指的统一体；象是意义和形象的统一体；文字是概念和书写符号的统一体。符号或文字里可视或可感知的内容，如声音形象或书写符号，毫无例外都属于物质范畴。中国文学概念"意象"是一个非凡的创造，因为它既抓住了可见的形象又抓住了不可见的意义。《系辞传》云"圣人立象以尽意"。这里的

[①] 王炎，《读易笔记序》，影印文渊阁四库全书，卷115，723b。

"象"和"意"仍是分开的。刘勰把二者联系起来以提出一个重要的美学概念,他在《文心雕龙》里写道:"独照之匠,窥意象而运斤;此盖驭文之首术,谋篇之大端。"[1] 意象(idea-image)[2]的演变生动地表现了古代中国思想家是如何领悟意义与其物质载体——文字的不可分离性的。从分离的"意"和"象"发展到统一的"意象",我们可以清楚地发现王弼所作的贡献。但是,既然能指和所指密不可分,王弼的批评者会声称他所坚持的"得意而忘象"与统一的"意象"概念毕竟仍有一步之遥。

这是如何造成的?狭义上《周易》的"意"或意义是根本无法获得的,因为圣人早已逝去,其设卦意图仅能通过卦符和爻辞来理解。在意指的普遍意义上情况同样如此。根据能指和所指的对应,虽然"意"和"象"("意"和"言")属于不同的概念,但它们也组成一个整体里不可分割的两面。如上文符号模型所示,一张纸的正反两面不可分割,"意"和"象"或"意"和"言"同样如此。依此类推,"卦象"和"爻辞"也不仅是类似筌蹄那样的工具。现实里鱼兔被捕获后,筌蹄的确可被忽略。但在语言和符号意指中,工具("象"、"言")和目标任务共存。如果忽略工具,任务也随之丢失。

这正是庄子试图用寓言表达的洞见。王弼用蹄喻"象"、用筌喻"言"来自庄子,但他似乎并未觉察其中隐微的涵义。王应

---

[1] 陆侃如、牟世金,《文心雕龙译注》,济南:齐鲁书社,1995年版,第359页。
[2] 为区分中文的"意象"和西方"image"的概念,笔者自创了这个词。

麟（1223—1296）曾说："王辅嗣忘象之说，蒙庄绪馀尔。"[1] 或许他在某种程度上怀疑王弼并未领悟庄子观点的实质。筌蹄的经典阐释源于庄子的《外物篇》：

> 筌者，所以在鱼，得鱼而忘筌也。蹄者，所以在兔，得兔而忘蹄。言者所以在意，得意而忘言。吾安得夫忘言之人而与之言哉？[2]

表面看来，王弼的观点是对庄子原意的不同复述。实际上，他背离了原话的实质。庄子这段话最后一句是感叹反问句，用现代汉语来译，就是说他多么希望能找到一个不通过语言就可以交流的人，但其引申意义是如没有语言的帮助就找不到人来进行交流。所以，忘"言"而得"意"只能是一种臆想。庄子反对的就是这个普遍的幻想。虽然庄子没有直截了当表明语言和意义密不可分，但他的反问暗示了这点：人们一般认为语言是类似于筌蹄的一种工具。这其实是个似是而非的错觉。没有"象"或"言"就无法得"意"。一旦得"意"，"象"、"言"就与"意"紧密相联。这不以人的好恶为转移；更确切地说，与人的主观意识无关。马丁·海德格尔关于语言本质的元思考中，触及到语言交流的一个现象，与王弼提出"得意忘象"的情形比较相近。他指出人类和语言的"关系是模糊的，晦涩的，几乎无法表达"。日常

---

[1] 王应麟，《困学纪闻》，上海：商务印书馆，1935年版，卷1，5b。
[2] 杨柳桥，《庄子译注》，上海：上海古籍出版社，1991年版，第576页。

生活中，人类与语言的关系是似是而非的：虽然关系密切，每天都在使用语言，却很少注意它的存在；我们只有在"无法找到适当词语来描述关心忧虑、得意激动、遭受压迫或令人鼓舞等情况时"才意识到语言的存在。① 或许正是由于王弼某种程度上意识到人类和语言模糊不定的关系，才产生忽略"象"、"言"而得"意"的错觉。

王弼的反对者也许会调用另一个现代理论反对他的观点。他们认为王弼和别的前现代学者没有区别，并未跳出语言是意义容器的窠臼。根据容器理论，意指过程如下：说话者需要表达一个信息的意义。他用语言载体将它编码。听者走了过来，拿起容器（语言），将容器里的信息解码。一旦他获得信息，就把容器（语言）丢弃。就此谬误理论而言，反对者的批评似乎合理，因为王弼这两句话几乎是容器理论的另一版本：

> 故立象以尽意，而象可忘也，重画以尽情，而画可忘也。是故触类可为其象，合义可为其征。

这段话可解释如下：既然圣人创立卦象表达意义，将单卦叠成重卦表达情感，取同类事物象征类别，那么卦象和卦辞仅是达到目标的手段。因为它们不是意义本身，理解就不应受其羁绊。一旦获得卦象和卦辞意义，它们就可以被忽略。这种推理让辩论的发展又一次回到对王弼批评者有利的那一端。

---

① Martin Heidegger, "The Nature of Language," *Critical Theory Since Plato* (New York: HBJ, 1996), 1091.

意和义的区别

　　笔者按照严谨的语言哲学理论对王弼及其批评者观点进行仔细研究之后，似乎更倾向于后者。但王弼的支持者会感到疑惑：王弼作为一位公认的才子和富有洞察力的学者，怎么可能忽视庄子的隐意呢？或者更中肯地说：倘若王弼的"忘象说"真如批评者所说的那样错误，那他的论述里该含有一个悖论。事实上，如果我们回忆篇首那段话："尽意莫若象，尽象莫若言。言生于象，故可寻言以观象。"可以看出他忘象的主张并非来自逻辑推断，且与篇首论点相背。王弼为何在一篇短文里面如此自相矛盾呢？几乎没有多少学者对此有足够关注。刘大钧先生是个例外，他注意到王弼的文章首尾矛盾，但认为这只是表面差异。①

　　笔者以为王弼主张"得意而忘象"时还有其他目的，这可由逻辑推断如下：正因为王弼了解表征不是毫无损失地把信息从作者发给读者的传送带，所以利用庄子的寓言来发展诠释学的一个激进理论，本质上革命性地把重心从作者转移到读者。换句话说，他鼓吹一种全新的、以读者为导向的范式，以与保守的作者导向性的阅读范式决裂。

　　王弼的支持者们为他的立场辩护，声称王弼没有鼓吹在得意之前忘象；他只让人们在得意之后忘象。这种辩护是微弱无力

---

① 刘大钧说："其实，如前所述，王弼所说的'意'，是指他所认识的《周易》六十四卦每卦的思想内容，而'义'，则是同类卦象所内涵精神实质的升华、概括。"《周易概论》，第174页。

的，因为王弼曾直截了当地宣称："得意在忘象，得象在忘言。"依笔者所见，王弼的批评者和辩护者都没能理解他思想中的深远洞见。原因如下：第一，王弼（在其生前即被认为）是一个真正的天才，他对表征和诠释的洞见远远超越了时代。第二，那些学者过于狭隘地关注王弼的主张和《周易》的关系，没有把他的观点置于广义的意指和诠释的语境中。第三，王弼与当代诠释学理论有共通之处。诠释理论的目的不是了解作品对原初的读者或作者的意义，而是探索其对当下读者的意义——尽管这并不表示人们可以任意地去解读作品。第四，基于上述理解，王弼微妙地区分了表征（创造）和诠释（再造）。

在"明象"的第三段之前，王弼更多的是关心作者的表征和强调语言的正面作用，尤其是它的暗示性。他像孟子一样，认为语言是表现作者思想的有效工具。但是，从第三段开始，王弼由作者的表征转向读者的诠释，并强调由于语言意义的滑动性，作者的意图和读者的理解不可能完全相符。第三段整体上应被理解为这个方向。因为语言的隐喻性，表征意味着意义的疏离。作者所表征的意义无法为读者所再现。我们需要注意，原文中的"其"指的是作者。"象生于意"表示作者的表征，"存象者"是读者。同样，"言生于象"指作者的创造，"存言者"还是读者。所以，我们可以将王弼的语句改述为："拘泥于文字字面意义的读者无法理解作者创造的象，拘泥于形象的读者不能理解作者的原意。"王弼指出了其内在的原因："象生于意而存象焉，则所存者乃非其象也；言生于象而存言焉，则所存者乃非其言也。"这个解释显示了王弼对表征和诠释之间差距的深刻洞见。表征由形象和语词组成，形象和语词是作者用以表现其思想的物质元素。它们是思想的载体，但非思想本身。用一个类比来表示，水由氢原子和氧原子以某种特定方式组成，但氢原子和氧原子不是水。用以表征的形象和语词仿佛水中的氢原子和氧原子。如果一个人只拘泥于形象和语词，他就不能发现它们表征的意义，正如一个只吸入氢原子和氧原子的人无法解渴一样。

在证明了形象和语词不等同于作者的原意之后，王弼进一步提出富有挑战性的观点："然则，忘象者，乃得意者也；忘言者，乃得象者也。"此挑战性的观点显示了王弼对诠释的深刻见解。他似乎意识到诠释是另一种表征或再创造的形式。形象和语词是作者提供的材料，使读者得以构建作者的原意。形象和语词都有其传统含义，但作者的表征有其特殊意义，要符合使表征能够实现的特定的环境条件。如果读者拘泥于形象和语词的传统意义，就不太可能获得作者通过这些形象和语词表达的特别意义。这就反映了一种矛盾的方式，即要（接近）获得作者的原意，就得忘记那些形象（的表面意义）；要（接近）获得形象的意义，就得忘记语词（的表面意义）。因此，王弼提出了非常极端的主张："得意在忘象，得象在忘言。"在诠释的语境中，"忘象"和"忘言"意味着抛弃形象语词的传统和标准的意义，要求读者积极主动地发现可能接近作者原意的新意义。

笔者试图揭示，王弼的天才表现在其非凡地意识到阅读不是一个简单的获取表征信息的过程，读到的内容与表征的意义也不相符。他的领悟可由《周易》诠释中的一个实例证明。假设圣人想表达"强壮"的意义。他手中有三种方法：象似表征、指示表征和符号表征。例如，他可以指着一匹真马表达这个意义，因为马常被认为和力量相联。这是指示和象似双重表征。但因为使用真马并不方便，他也许会画一匹马或者画一个卦来代表"马"。皮尔士称这种通过相似或图形表征的方法为象似表征。圣人也可以简单地用"壮"这个字来传达强壮的意义。这是符号表征的方法。王弼这段话似乎表示，既然理解的目的是获得强壮的意义，为何还要在表征物上纠缠不休？一旦获得意义，就可以忘记携带意义的物质符号。如果认识止于马本身，无论是其形象还是真马，那么读者获得的就是马这个动物的概念，而不是强壮的意义。

以前的学者未能合理解释王弼的"忘象"和"忘言"，因为他们没有注意到王弼对表征和诠释之间区别的深远洞见。问题源自没有区分阅读／再创造的过程与写作／创造的过程。创作过程和阅读过程的混淆给后世学者解释王弼的论述造成严重后果。对王弼观点的争论不休在一定程度上源于这种对创作过程和诠释过程的混淆。

王弼在其论述过程中或隐或明地指出这种区别。在进一步的论证中，他含蓄地表达："故立象以尽意，而象可忘也；重画以尽情伪，而画可忘也。"这两句话都涉及表征和诠释。每一句的前半句指的是表征，而后半句是诠释。它们可做如下改述：既然圣人立象传递思想，重画表达感情，用同类的事物和情境来表示这一类别，那么卦象和爻辞只是达到目的的手段。既然它们都是传达思想的手段，我们就不能望文生义，而应推测其表面意义之外的思想。

王弼主张通过忘象理解作者的思想，这是基于表征和诠释属于相关但不相同的心理活动的理论。"象生于意，言生于象"，"尽意莫若象，尽象莫若言"，"意以象尽，象以言著"，"（圣人）立象以尽意，重画以尽情伪"等等表述都适用于创造过程。它们与圣人表征思想有关。王弼的相关论述涉及了表征的重要一面，即任何表征，无论其是符号表征还是语言表征，都只是替代者。我们所获得的不是本意，因为正如该词所示，表征总是通过某种指示行为得以实现。

在王弼的论述中，"得象而忘言"、"得意而忘象"、"忘象者，乃得意者也"、"忘言者，乃得象者也"、"象可忘也"、"画可忘也"等观点都涉及对圣人的卦象和卦辞的诠释。因此，它们适用于阅读或再创造过程。如"象生于意而存象焉，则所存者乃非其象也；言生于象而存言焉，则所存者乃非其言也"之类评判性的言论，都是王弼的合理见解，来自他对表征和诠释的区别的发现。它们相当于宣称，读者通过诠释获得的意义与作者通过创造表达的意义并不相等。

王弼对表征和诠释的微妙区分，明显地体现于他对"意"和"义"的区别性使用。这种区分在他接下来的论述中不言而喻：

> 是故触类可为其象，合义可为其征。义苟在健，何必马乎？类苟在顺，何必牛乎？爻苟合顺，何必坤乃为牛？义苟应健，何必乾乃为马？而或者定马于乾，案文责卦，有马无乾，则伪说滋漫，难可纪矣。互体不足，遂及卦变；变又不足，推致五行。一失其原，巧愈弥甚。纵复或值，而义无所

134

取。盖存象忘意之由也。忘象以求其意，义斯见矣。①

"义"字在这里出现了五次，都是指读者对意义的阐释。最后一句既提到了"意"，也提到了"义"，无疑表露了王弼关于表征和诠释的划分。第一个"意"带有"心"字，显然指的是作者头脑中的目的，它成为意图；第二个"义（義）"带有"我"字，指的是读者对作者意图的构建，成为意义。第一个"意"来自创造，第二个"义"属于阅读。这段话不仅证实了王弼对表征和诠释的区分，而且也证明他对作者的"意"和读者的"义"的概念区分。不可思议的是，这种区分具有显著的现代特性，如与E. D. 赫希关于"意义"和"意谓"的区别作比较，就能充分认识其价值。赫希认为"意义"指的是文本的所有言辞意义，"意谓"指是与大语境相连的文本意义，这个大语境可以是另一思考，另一时代，一个更广泛的主题，或一个陌生的价值系统等等。换句话说，"意谓"是和某种语境相连的文本意义，事实上，这个语境可以是除了它本身之外的任意语境。②

从"触类可为其象，合义可为其征"中可以看出，王弼凭直觉知晓符号表征和思维功能的两个基本原理：转喻和暗喻以及置换和凝缩。在"触类可为其象"里，王弼明显地用符号象征转喻关系的产生基础；在"合义可为其征"中，也有符号象征暗喻

---

① 最后一句版本各异，有的"意"和"义"没有区别。这里采用权威说法，参见楼宇烈《王弼集校释》，北京：中华书局，1980 年版，卷 2，第 609 页。
② E. D. Hirsch, *The Aims of Interpretation* (Chicago and London: University of Chicago Press, 1976), 2–3.

关系的产生基础。再来对比一下雅克·拉康关于暗喻和转喻的心理语言学定义:"转喻基于一个单词对应一个单词的连接",[1]而"一个单词替代另一个单词:这是暗喻的公式"。[2]拉康因运用符号学意指理论重新阐释弗洛伊德的"凝缩"和"置换"两个基本心理学原理而闻名于世。他把暗喻与单词间的替代相关联,把这个替换过程类比成弗洛伊德的凝缩概念;把转喻与单词间的联系相关联,把这个对应联系过程类比成弗洛伊德的置换概念。[3]王弼并未使用诸如置换和凝缩这类术语,但在他的陈述里,思维处理意指和表征的方法与弗洛伊德和拉康理论实质相似。"触类可为其象"暗示当思维遇到表征困难时,会避开模糊意义而投向具体形象,这就用形象代表了无法形容的意义。从模糊意义到具体形象的转移就是心理能量从一物到另一物的置换,因此,这和心理学置换概念的实质一样。作为其产物的表征就是转喻或提喻。"合义可为其征"则表示思维在搜寻表征载体时,把模糊的意义叠加到适合其目标的物体上。把意义叠加到性质相近的能指上显示了替代或凝缩的运动,因此,这和心理学的"凝缩"[4]概念实质相似。作为其产物的表征,便诞生了暗喻。与《系辞传》里的"圣人立象以尽意"相

---

[1] Jacques Lacan, *Écrits: A Selection* (New York: Norton, 1977), 156.
[2] Lacan, "The agency of the letter in the unconscious or reason since Freud," *Écrits: A Selection*, 157.
[3] Lacan, "The agency of the letter in the unconscious or reason since Freud," *Écrits: A Selection*, 160.
[4] Sigmund Freud, *The Interpretation of Dreams* (New York: Avon, 1965), Ch. 6, 311–373, 526–546.

比，王弼的观点在微调表征的努力上标志着一个重大进步，这是了不起的成就。

在"触类可为其象，合义可为其征"中使用"义"而非"意"，显示了王弼天赋的另一面。关于如何进行抽象表征，他引用了孔子的名言："圣人立象以尽意。"但是孔子没有详述为什么"立象能够尽意"。王弼为形象表征的基本原理提供了理论洞见："触类可为其象。"要表现一个思想，可以用属于同一类的物体来代表。因此，表征本质上是通过类比相关联的行为。王弼话语中"类"可能是表示通过类比而关联的最合适的词。在探询汉语中哪一个词与类比概念相等时，宇文所安指出，"汉语中最贴切的一个词是'类'，即'自然范畴'：这些关联模式不是由主观故意去进行类比造成，而是因为它们所包含的元素在本质上是'一类'的。"① 最有趣的是，中文"类"的概念既可表示隐喻意义上的代替，又有表示转喻意义的代替，取决于一个人如何看待相关联系（这一点稍后会详述）。王弼认为，通过用具体的部分来代表总体范畴的方式，形象就能够用来象征思想。在中文传统上的表征理论就是"兴"（激发兴趣）的理论基础。王弼的陈述揭示了表征的本质，因此明显涉及想象性的创造。

在"合义可为其征"当中，"义"这个词，如笔者所示，指的是诠释或再创造。诠释本质上就是再现所创造的思想。如何再现这些思想？再现和诠释基本相同；区别在于，它是读者的诠释。在《周易》的狭义语境中，它多由语言实现，如孔子所言：

---

① Stephen Owen, *Traditional Chinese Poetry and Poetics: Omen of the World*, 18.

"系辞焉以尽其言。"但是为什么语言能够再现圣人的思想？孔子还是没有就其原理提供答案。而王弼又一次作出了回答："合义可为其征。"因此，思想的再现基本上是一个隐喻行为：用相似的思想代替原来的思想。拉康认为，正如除了在意指材料上施加条件外没有东西能区分凝缩和置换，隐喻和转喻就其心理功能而言本质上是相同的。[1]王弼的陈述表达了同样的洞见。隐喻和转喻都是同样的心理行为，在两个不同的范畴中找到相似的关系。隐喻将不同的范畴整合为一体，而转喻将不同的范畴相联系。隐喻忽略两者关系中的区别而强调相似之处，转喻承认相似之处但不愿掩盖区别。打个比方，隐喻仿佛一个人在说："我们都是一家人。"而转喻就像另一个人在说："我们都是一个家庭中的不同个体。"王弼似乎已指出，区别在于语言交际过程中不同的阶段，即表征和诠释。表征是一种转喻行为，将思想（或文学作品）看作客观世界的自然发展；诠释是一种隐喻行为，将阅读当作思想或文学作品的近似物。表征也是一种隐喻行为，将文学作品看作所观察世界的近似物；诠释也是一种转喻行为，将诠释看成文本的自然结果。王弼的陈述表明，凝缩和置换是表征对于创造和诠释的两个主要原则。现代汉语中的象征结合了王弼所述的"象"和"征"，但只是对其洞见的进一步延伸。在文艺批评中，我们常常将诠释当成再创造。这种观点的理论基础在于文学创作和诠释使用同样的心理表征原则，都具有象似性。

---

[1] Lacan, *Écrits: A Selection*, 160 and 175.

王弼认识到，表征和诠释都是互相关联的近似物，这在逻辑上带来另一种认识，即读者所读到的内容与作者所写出的内容不可能相符。在此理论基础上，他认为忘象和再创造是合理的举动。由表征和再现之间的不匹配所带来的诠释自由，使他能够充满想象力地向前一跃，提出一个极端的阅读理论："忘象以求其意，义斯见矣。"在此结论性的表述之前，王弼拒斥了汉代学者坚持传输传统诠释策略的阅读理论。此处的"象"字面意为卦象，解释"象"的方法是指流传下来的传统阅读策略，如"互体"、"卦变"和"五行"等汉代学者解读《周易》时采用的方法。通过宣称"纵复或值，而义无所取。盖存象忘意之由也"，王弼揭示了汉代学者充满问题的解读方法的根源：面对卦辞中对马的描述，他们没有试图找到形象后面的思想，而是把注意力固定在形象上，忘记了形象所可能表征的思想。因此，归根到底，王弼的双重论点"忘象"和"忘言"，充满想象力地发展了庄子拒绝将书本和语言当作道的载体的思想："世虽贵之，我犹不足贵也，为其贵非其贵也。"[①] 王弼建议人们忘记的是想象中的作者意图。作者的原初意图不可能得到证实。这种所谓的传输的诠释法据称是基于原初意图，但是它们却常常误导，并与所推测的作者意图无关。矛盾的是，通过忘记这些据称权威的诠释策略，人们也许能读出与原初意图接近的思想。王弼提倡并强调读者的首创精神，将读者的再创造视为正当的阅读方法。

---

① 庄子，《庄子》，郭象注，上海：上海古籍出版社，1995年版，第160页。

前现代的胡塞尔派和海德格尔派

王弼及其义理派没有忽视卦象在解释《周易》中的重要意义。在其文章的篇首就强调了形象在意义传输中的重要性。① 他在对《周易》文本的实际解读中也证明了卦象在诠释《周易》文本中的作用。毋庸置疑，他对井、鼎、颐、噬嗑这四卦的解释取自象数派的解读模式。② 但是他的形象解读仅限于这四卦。为什么他只探讨这四个卦象而忽视其他呢？后世学者对此颇感困惑。答案可从王弼对作者之死及其含义的理解中找到。他似乎在表示卦象不一定与卦辞相关。即使两者有一定的联系，既然学者们已构建了如此多的可能性，谁又知道哪个是最初的联系呢？既然圣人已逝，他们的原意永远不会被发现。所以人们有可能过于重视卦象的重要性。象数派学者目光紧盯着卦象，认为其可以传递圣人的思想，但是当他们竭力要让形象与推测的卦辞意义相符时，就束缚了自己的手脚。此外，我们作为《易经》的读者，主要关心的不是卦象而是卦的意义。因此，王弼提倡忘记卦象，从文字中寻找意义："忘象以求其意，义斯见矣。"③

按照赫希对"意义"（meaning）和"意谓"（significance）的划分，王弼的区分含有超越其篇章语境的反射和衍生意义。我

---

① 《王弼集校释》，北京：中华书局，1980年版，卷2，第609页。
② 参见《王弼集校释》卷1，第321和351页；卷2，第459和468页。
③ 参见《王弼集校释》卷2，第609页。

们如果把赫希划分背后的哲学辩论应用于"义理派"和"象数派",就会发现两个迥异的明象途径早已预见到现代阐释学里"胡塞尔派"和"海德格尔派"之间的辩论。胡塞尔安置一个意向性的心理功能,即心理容纳把一个经验范围先放入"括弧"存而不论,以后再对其思考;而海德格尔学派以狄尔泰诠释循环为模型,论证用"括弧"把一个经验和整个人生经验分割开来存而不论是不可能的。在文学领域,胡塞尔和海德格尔的追随者们采用两种截然不同的方式来探讨意图和意义。胡塞尔派将意义设想为由作者意志下的无语言行为,长期固定在一系列符号中,可以借助同样的符号系统理解。海德格尔派主张包括作者意义在内的所有意义都不像胡塞尔派所声称的那样稳定和确定,其原因恰恰在于符号所产生的意义有其漂移性。因此,要了解意图或意义是什么即使不是不可能,也非常困难。另外,作者意图本身就是复杂的文本,像其他文本一样可能有多种解释。[1]某种程度上,象数派学者可视为前现代的胡塞尔派,而义理派学者则是前现代的海德格尔派。

虽然提出了这样大胆的主张,但笔者感到这两个称号并不完全适宜。也许应该分别称他们为作者中心诠释者和读者中心诠释者。象数派学者支持把语言交流视作传输过程的传统阅读模型。表征内容能丝毫无损地传向目标。以此而论,他们的错误与传统文论家相似,这些学者也是认为作者含有意图,对它编码,放到

---

[1] Terry Eagleton, *Literary Theory: An Introduction.* (Oxford: Basil and Blackwell, 1983), 54–78.

文本容器中；读者阅读文本，对它解码，从容器中得到信息。在此阅读模型中，阐释或正确的阐释就等同于表征。王弼以及后继义理派学者与他们不仅仅是在忘象的问题上存在分歧。辩称"忘象以求其意，义斯见矣"的王弼似乎已觉察到应关注的不是作者的意图而是读者的诠释。在王弼的诠释理论中，"意"不等同于"义"。因此，我们可将其归入读者中心论者，如罗兰·巴特、沃尔夫冈·伊瑟尔、翁贝托·艾柯、雅克·德里达、诺曼·霍兰德、斯坦利·费什和乔纳森·卡勒等理论家。王弼似乎还理解了正如所指不同于概念，思想也不同于意义。思想是作者头脑中的内容，而意义则是理解这个"内容"的读者头脑中的其他内容。此外，表征和诠释包括四个因素：作者、读者、文本、语境。其中有两个是模糊的：作者的意图和原初语境都已无法知晓。未知的初始意图、原初语境的消失，尤其是意指过程，这些都不可避免地导致思想不等于意义；意义不等于意谓；意不等于义。

因为对意图和语境所持的不同态度，象数派和义理派各自代表了不同的诠释范式。为了证明这一点，笔者画了两个不同的图式：

图式一：

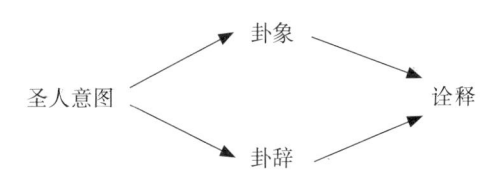

```
           → 卦象 →
圣人意图              诠释
           → 卦辞 →
```

图式二：

圣人意图 ⟶ 卦象 ⟶ 卦辞 ⟶ 诠释

圣人意图经由卦象和卦辞两个渠道表达。这有三种可能性：1.象和辞用来表示同一意，因此，二者间存在关联；2.象和辞用来表示同一意的不同方面，因此，二者间不存在关联；3.意先由象表达，象又通过辞描述，因此，存在一个从意到象到辞的运动。这三种可能的组合方式给《周易》文本带来不确定性，将其变成一个开放的诠释空间，甚至在任何诠释开始之前。然而，大多数学者似乎同意最后一种可能性。尚秉和的这段话代表了这个主流观点：凡易辞无不从象生。韩宣子适鲁，不曰见周易，而曰见易象与鲁春秋，诚以易者，象也；象也者，像也。言万物难多，而八卦无不像之也。①

就这种主流观点而言，象数派的范式明显非常契合图式二，因为它考虑到了文本的两个方面。卦象和卦辞的关联意味着诠释必须基于圣人意图、文本证据、读者解读和原始语境之间的协商。由其产生的诠释是受局限的，因而也不太有开放性。但是，这种主流观点只是可能性之一。一些学者否认了这种观点的绝对正确性。《周易》研究的著名学者朱伯崑就挑战了这一主流观点："在卦和爻象、卦和爻辞之间有逻辑的、内在的、绝对确定的一种和谐关系吗？古代《周易》学者一致认为有这样一种绝对确定

---

① 尚秉和，《周易尚氏学》，北京：中华书局，1980年版，第310页。

的关系。因此他们奉《周易》为一部圣书。我却持另一种观点：仅就全书内容而论，在卦与爻象和卦与爻辞之间没有逻辑的、绝对必然的关系。"[1] 他分析了一些重要的卦来证明自己主张的正确。很明显，提倡"忘象"也来自相似的设想。这种设想实际上是义理派阅读范式的理论基础，可用另一图表阐明：

圣人意图 ──→ 卦辞 ──→ 诠释
　　　　　　 （卦象）

此图中的卦象被括号括起来，这意味着诠释不一定要经过图像的渠道，可直接来自圣人意图。该图也可向我们解释为什么王弼提倡的"忘象"如此受欢迎。通过排除一个可能的意指渠道，义理派可以从束缚中解放出来，更加自由地进行诠释。在这层意义上，王弼的提倡是真正的"《周易》学术研究的革命"。然而，因为摆脱了象，诠释主要产生于读者与文本的交锋；它们很大程度上受到读者意图和决定的影响。尽管辞的意图得到充分考虑，但是如果这一被广为接受的关于象的起源和本质的理论是正确的，那么作者的意图就在很大程度上被搁置不论了。由于加了这样的括号，就意味着圣人的意图是不可知的，那么对卦辞的诠释似乎就忽视了圣人的原初意图。

从笔者的分析可见，王弼的范式是读者导向和功能驱动的。

---

[1] 朱伯昆，《关于周易的奥秘问题》，选自《易学与中国文化》，北京：三联书店，1988年版。

一些后世学者注意到了这一功利主义目的。朱熹评论道:"易之有象,其取之有所从,其推之有所用,非苟为寓言也。然两汉诸儒,必欲究其所从,则既泥滞而不通。而王弼以来,直欲推其所用,则又疏略而无据;二者皆失之一偏而不能阙其所疑之过也。"[1] 朱熹的评价似乎触及到争论的症结。决心发掘象起源的汉代学者关注表征,而注重象、辞理解方法的王弼一派则倾心于解释。他们分别拉着表征－阐释的两头,纠缠于拔河似的争论。双方久持不下,产生了两种阅读模型:一种是传统的(从追求原初意图的意义上);另一种是现代的(以当今阅读理论标准评判)。

作者死,读者兴

象数派学者和义理派学者将他们的阅读模式建立在对作者意图的两个不同理解的基础之上,前者坚持圣人是文本的权威和寻找原初意图,因为他们相信圣人的意图固定在象、数、辞当中。在此意义上,他们仿佛胡塞尔,认为意义是"意向性对象"。尽管它不像任何可触及的物体一样客观,但也不是主观的。它是一种"理想对象",可有多种表征方式,但是意义始终如一。对于这些学者,卦象只是这种"意向性对象"。特里·伊格尔顿对胡塞尔的意义概念的评论,可能会对象数派圣人意图的概念和他们表征卦象卦辞有所启示:"文学作品的意义被彻底固定:它与作者在写作时心中所想,或'意图'的任何'心理对象'是完全一

---

[1] 朱熹,《易象说》,选自《朱文公文集》,卷67,1b,四部丛刊本。

致的。"① 相比之下，义理派学者们似乎对作者意图及其与诠释的关系持有不同看法。通过宣扬忘记卦象和专注于《周易》的语言陈述，他们似乎认可了圣人之死。在此意义上，他们与现代的读者反应批评家持有相同立场，认为随着写作的出现，声音的在场失去根源，作者也停止存在，已经象征性的死亡。巴特在名篇《作者之死》中指出："写作是对所有语音、所有起源的毁坏。"② 写作或文学所覆盖的领域"除了不停质疑所有起源的语言本身，没有其他源头"。③ 在这种情况下，文本不再是读者发现作者原意的容器或场所。"文本不是一堆字词，仅释放单一的'神学'意义（作者-上帝的'信息'），而是一个多维空间，在里面众多写作版本群龙无首、交织碰撞。"④ 随着作者之"死"，文本变成读者的公共财产，而读者已从作者/权威束缚中解放出来，自由地依据特定群体阐释策略进行解释。

当然，在王弼的作品中，我们找不到他或任何义理派学者宣布作者之死。当代阅读理论中的"作者之死"可以为我们提供新的视角，来检测他在大约两千年前提出的阅读范式。在其短暂的一生中，王弼是公认的老庄著作的热忱读者。他对《老子》的注解是他强烈兴趣的有力证明。无论人们是否赞同他对《周易》的注解，学者们都同意他的评论阐明了老子和庄子的理论。《四

---

① Terry Eagleton, *Literary Theory: An Introduction*. 67.
② Roland Barthes, "The Death of the Author," in *Image-Music-Text*, translated by Stephen Heath (New York: Hill and Wang, 1977), 145.
③ Roland Barthes, "The Death of the Author," 146.
④ 同上。

库提要》指出:"王弼尽黜象数,说以老庄。祖尚虚无,使易竟入于老庄。"① 一位现代学者也持相同观点:"王弼易注,既黜象数,取意老庄,汉易之旨,因之渐失。"② 如果王弼精通《老子》和《庄子》并以老庄哲学思想的精神注释《周易》,可以据理推测,他一定读过轮扁和齐桓公著名的对话,③ 而庄子对作者和作品之间关系的质疑一定对王弼"《周易》研究的革命"产生了重大影响。庄子在该寓言中表达的核心精神正是巴特所谓的"作者之死"。如果我们考虑到王弼对《庄子》的深刻理解和对庄子哲学的接受,下述主张可能不会太离谱,即王弼就像轮扁一样,已意识到了圣人实际和象征性死亡的含义。即使我们对任何王弼的"忘象"和轮扁寓言间的联系置之不理,我们也必须承认"《周易》研究的革命"恰恰体现了轮扁寓言的精神,标志着中国诠释理论中玄学审美的成熟。

王弼提倡的《周易》研究的革命源自另一主要问题。尽管象数派学者能够设想出无数方式来诠释卦爻象和挂爻辞之间的关系,他们的实际诠释有一个严重缺陷:没有什么新意。这个缺陷的产生,仅仅是因为他们的诠释方式受到局限:需要通过关联象和辞来识别圣人的原意。相比之下,义理派通过推动忘象获得了非常自由的手段,来进行新的有趣的阅读。孔颖达在《周易正义

---

① 《四库全书总目》,北京:中华书局,1965年版,卷1,3。
② 郑慕雍,《王弼注易用老考》,选自《周易研究论文集》,北京:北京师范大学出版社,1989—1990年版,2:220。
③ 参见《庄子》《天道篇》,第160页。

序》中简洁地总结了王弼的评论得以流行的主要原因。[①] 他似乎认为,王弼的诠释策略受到追捧是因为它们能产生新的诠释。

从阐释角度看,王弼忽略象、言的主张并非没有道理。但作为对汉代学者的回应,学者为王弼"得意忘象"的辩护只有一半正确。圣人意图经由卦象和卦辞两个渠道表达。前文已指出,圣人思想、卦象和卦辞之间的关系有三种可能性。尽管大多数学者支持最后一种可能,但这种主流观点也仅是可能性之一。王弼仅同意他们的部分观点,"夫易者象也。象之所生,生于意也。有斯义,然后明之以其物。"[②] 既然圣人不在,也就无法决定采用三种可能性中哪一种解卦。在象和辞原本不相匹配的情况下,王弼忘象的主张当然正确。在象和辞互相关联的卦例中,他的观点就不正确。但问题是早已无法确认原始关系。王弼的"得意忘象"某种意义上是他意识到这种关联模糊本质的结果。

上文曾提及拥护王弼"得意忘象"的学者只正确了一半,认为他们只看到了事物的一面,而低估了王弼具有革命意义的潜在发现。在把王弼论述与其他学者观点作比较并用现代符号学理论分析之后,笔者将进一步考察王弼的"义理派"和汉代学者的"象数派"之间的争论。象数派学者把圣人作为文本权威尊从,坚持挖掘其原意,因而受到"意图谬误"的羁绊。他们的优点和缺点同时组成了一个有趣的悖论。威姆塞特和门罗·比尔兹利在一篇名文中谈到:"诗不属

[①] 孔颖达,《周易正义序》,选自《周易注疏》,台北:中华书局,第1页。
[②] 王弼,《周易上经》,卷1,四部丛刊本,上海:商务印书馆,1929年版,3b。

于批评家也不属于作者（它从诞生那一刻就与作者分离，越过作者的意图或控制在世间流传）。诗属于公众。它用语言这种公众特有的财产来体现，它的主题与人类这个公众认知的目标相关。"[1] 虽然这里谈论的是诗，但其观点也同样适用于《周易》文本，因为两者都是写作的一种形式，符号系统的一个类型。巴特宣称的"作者之死"只是另一种方式，来说明随着作者之"死"，文本变成读者的公共财产，而读者已从作者／权威束缚中解放出来，自由地依据特定群体阐释策略进行解释。

《周易》的卦和卦辞以书面文字的形式流传至今。作为文字或书写象征的形式，它的作者或者说圣人已经"死"了。没有作者／权威能指定最初的纯粹的卦意。王弼自觉地研究圣人已死，并从实际和象征两个方面接受了圣人之死。圣人当初在卦象里面一定包含某种意图，但既然他们早已不在，那些意图也随之消失，永远不可恢复。朱熹在谈及象的起源时，表达了王弼观点中暗含的声音："顾今不可复考，则姑阙之。"元代黄泽似乎也理解了王弼的含义："学易当明象，此确然不易之论。但象不可明，故忘象之说兴，忘象非王氏得已之言也。"[2] 陈澧 (1810—1882) 的评论和他相似："说易而以明象为自任者，莫如黄楚望。其用力劳且久。而牝牛、子母牛，犹不能通。遂以为小而在所后。则与王辅嗣不得已而忘象，何以异乎？象不可明，诚哉是言也。"[3] 由

---

[1] W. K. Wimsatt & Monroe C. Beardsley, "The Intentional Fallacy," in *The Verbal Icon* (University of Kentucky Press, 1954).
[2] 黄泽，《易学滥觞》，选自影印文渊阁四库全书，卷24，第14页。
[3] 引自莫俭溥的《周易明象：王弼明象集说》，33a。

此看来，王弼不是蓄意弃象，而是基于对象辞隐晦本质的洞见鼓吹一种阐释理论。

在仔细研究了象数派的起源导向法和义理派的功能导向法之后，朱熹提出了第三种方法："《易》之取象，固必有所自来，而其为说，必已具于太卜之官，顾今不可复考，则姑阙之。而直据词中之象，以求象中之意，使足以为训戒，而决吉凶。如王氏、程子与吾《本义》之云者，其亦可矣。"① 以前的学者曾指责朱熹的骑墙态度。但是笔者认为朱熹的立场是明智的，它与强调诠释是协商过程的交互式方法兼容。正如卦象的最初来源无法追溯，辞的作者意图也无法恢复。但是这不意味着我们能完全忽视卦象的来源，也不意味着能完全忽视作者创作时的意图。朱熹对阅读卦辞的建议是合理的。根据文本中表达的意义来探寻辞意，既不会完全脱离作者的"文内"意图，同时又能将文本开放给其他解读。

范式转变的概念意义

王弼对"意"和"义"的区分吸引了人们从强调作者转变为强调读者，给多种解释的产生提供了理论依据。在当今理论中，思想和意义不同是因为表征中语言的本质模糊不定。在能指和所指的二元对立中，所指不是一个概念，它只是另一个能指，这个能指的所指仍然是下一个能指，这样在能指所指的链条上依

---

① 朱熹，《易象说》，选自《朱文公文集》，卷67，2a。

次类推，以至无穷。正如所指不等于概念一样，思想也不等于意义。思想是说话者头脑中的内容，而意义则是听者头脑中理解这个"内容"的另外内容。说话者的思想不可能毫无损耗地传输给听者，这是因为交流方法无论是符号标记还是语言，都属于符号系统。思想必须通过意指表现，意义也必须通过意指产生。意指过程中，由于能指在意指链条上不断滑动，每次阅读都是再阅读（或者说误读）；甚至所谓的正确阅读也不可避免地功败垂成。因此，任何理解在理论上都是一种误解。王弼认为"意"和"义"不同，虽然他没有宣称表征本质含糊，但"触类可为其象，合意可为其征"说明他知道表征通过暗喻、转喻或其他象征途径而形成，在这些途径中，代表某种意义的形象或单词只对原先表达者具有那样的意义，在他人那里也许成了另外的意义。他的"意"与"义"的区别暗示了表征内容不能被完全理解。正因如此，他鼓吹一种自发式阅读：所读即所得。"义苟在健何必马乎？类苟在顺何必牛乎？"他主张"得意忘言"时，的确本意如此。归根到底，"意"不是作者的"意"（思想）而是读者借助"言"的提示推断出来的"义"（意义或意谓）。

王弼被许多人奉为把穿凿附会的象数派一扫而光的革命者。他之所以主张忘象，鼓吹只通过言辞去获得圣人本意，一方面由于他厌恶似是而非的牵强阐释，另一方面是因为他承认圣人的死亡而强调一种全新的阅读模式。在这一点上，他的主张具有全新的革命意义，类似于现代理论把文本视作阅读和阐释的无限可能空间。从阅读和阐释的角度来看，王弼忽略象辞的号召解放了那些受象数束缚不能自拔的学者。王弼没有像现代理论家那样直白地声称作者已死，但他暗示了相同的意义，尤其在义理派学者那里得到证实。他们响应他的号召，背弃了圣人的文本权威，提出了几乎是再创造或完全创造性的阐释。其理论影响催生了一个新的治易局面，朱熹对此描述道："汉儒解经，依经演绎；晋人则不然，舍经自作。"① 王炎的观点与此类似，他简明地总结了王弼治易流行的原因："王弼承其后，遽弃象不论。后人乐其说之简且便也。"②

自晋以后，王弼的理论成为读者发起式诠释的合理概念。他忘象的主张把后世从象数的束缚中解放出来，并赋予他们更多阐释卦辞的自由。象数派在阐释《周易》时，被局限在卦辞关系指定的范围内。义理派学者跟随王弼的忘象主张，打破了这个桎梏，所以，他们比象数派拥有更多自由。对此，刘大均正确地评价道，王弼对卦象的解读为后人自由附会的诠释奠定了理论基础。③

在《周易》的诠释传统中，一些学者认识到象数派和义理派的优缺点都是由两种对立的诠释范式所不可避免地造成的：保守的作者中心模式和激进的读者中心模式。在理论上，两种范式都不能寻回圣人的原意，因为圣人的意图是阅读无法复原的。朱熹就是一例，他意识到阅读就是再阅读，并且打上了读者的烙印，他说："孔子之易，非文王之易；文王之易，非伏羲之易；伊川易传，又自是程氏之易也。"④ 元代的黄泽（1260—

---

① 朱熹，《朱子语类》，台北：中正书局，1982 年版，卷 4，第 2664 页。
② 王炎，《读易笔记序》，选自影印文渊阁四库全书，卷 1155，723b。
③ 刘大均，《周易概论》，第 174 页。
④ 朱熹，《朱子语类》，选自影印文渊阁四库全书，卷 701，352a。

1346）也抵制一切重建和恢复原始卦象意义的意图："求象而非文王周公本意矣。"①

在《周易》的后世学者中，王炎就创作和诠释提出了一个公正平衡的观点，包含了作者意图、读者意图、作者创造、读者再创造和语言的暗示性："圣人之经，或言约而旨博，或语密而意深。读者未必遽了。非文王周公故隐而不发也。开其端于言之中而存其意于言之外。欲学者深思而自得之。则象所蕴蓄意味深长，可玩而不可厌也。"②在王炎的眼中，圣人的创作是一个由象或形象（符号标记）的无限可能性组成的潜在的空间，在这个空间里，读者能够发挥想象，发掘永无穷尽的理解。理解的宽度和深度主要取决于读者的主动性。此外，他似乎暗示完全理解圣人的原意是不可能的。王炎的言论对中国阅读理论具有重要意义，因为它将审美暗示性与主流文学思想相交集——尤其是钟嵘的名言"文已尽而意有余"③和严羽的类似观念"言有尽而意无穷"④——由此在《周易》诠释和文学诠释之间产生了联系。另外，他似乎既强调作者有意识的努力，为阅读创造了潜在的开放性空间，又强调读者的主动性，使用其想象力构造了无穷尽的理解。诠释空间的范围既取决于作者的宽度和深度，也取决于读者的主动性和独创性。王炎的评论表明，到了宋代，王弼革命性的思想再也不是异端邪说了。

---

① 黄泽，《易学滥觞》，选自影印文渊阁四库全书，卷24，第14页。
② 王炎，《读易笔记序》，选自影印文渊阁四库全书，卷155，5723a。
③ 钟嵘，《诗品》，选自何文焕辑《历代诗话》，北京：中华书局，1981年版，第3页。
④ 参见严羽的《沧浪诗话》，选自《历代诗话》，第688页。

结语

对《周易》象辞问题关系的探索为传统中国语言哲学和诠释学的发展做出了重要贡献。所有参与辩论者中，当然王弼作出贡献的最大。忘象说和重象说的争论在中国语言哲学和文学思想中代表两个主要的易学潮流。王弼宣称"忘象以求其意，义斯见矣"似乎更倾向于象征性、抽象性的表征和读者中心主义阅读范式。另一方面，郭雍宣布："经曰：见乃谓之象。然则使斯道之可见者，无非象也。"[①] 他强调的是中国思想里的一股潜流：象似表征、视觉表征和作者中心主义的诠释。对王弼理论的广泛接受，标志着阅读和诠释的转型：主张文本中心和读者导向，重视文学创作和诠释中的审美暗示性和阐释开放性。此外，它标志着"异端"传统——一种玄学审美的传统——战胜了主流的意向性传统。王弼的论著既宣告了、也从概念上证实了这一胜利的到来，堪称中国传统中开放性美学发展的一座里程碑。

[①] 郭雍，《郭氏传家易说总论》，影印文渊阁四库全书，卷13，8a。

第三篇
《诗经》诠释学

第五章 《诗经》与开放诗学

中国的第二大诠释传统是《诗经》诠释,它以关于《诗经》中诗歌的大量阐释为中心。流行的英译本《诗经》出自亚瑟·韦利之手笔。中国文学传统中没有另一部文学作品产生过像《诗经》那样深刻的影响和和久远的魅力。在现代之前的两千多年里,这部诗集实际上一直处于中国人生活和文化各个方面的中心地位。自中国进入现代以来,其魅力依然不减,继续影响着从事文学写作的男男女女。它之所以拥有持久价值和魅力的原因有许多,笔者要提出的却是一个新观点:《诗经》之所以在中国传统中保持其不可动摇的地位,是因为它是具有阐释开放性的一部诗集,使得不同时代的读者出于不同目的而利用其不同的方面。

这一观点可以在《诗经》的多元功能中找到支持。虽然孔子并不是论证《诗经》重要性的第一人,但也许是认识到其众多功能的第一人。[1]他甚至声称不学《诗经》,连说话都成问题。[2] 遵循孔子的榜样,有些人给《诗经》注入了道德和伦理价值。儒家

---

[1] Arthur Waley, tr. *The Analects of Confucius*, (New York: Vintage Books, 1938), 212.
[2] 《论语注疏》,卷17,69b,载《十三经注疏》,北京:中华书局,1979年版,第2525页。

学者认为它是道德教育不可或缺的工具。《礼记》说《诗经》能够陶冶文明美德。① 有些人给《诗经》注入了政治意义，其序言声称《诗经》是一面镜子，反映当时的社会准则和状况，能够为谐和人类关系和规范政府管理提供真知灼见。② 有些人于其中发现了哲理价值。黄櫄（约1177年）在谈到"南颂"时说："自有天地，有万物，而诗之理已具。雷之动，风之偃，万物之鼓舞，皆有诗之理而未着也。婴孩之嘻笑，童子之讴吟，皆有诗之情而未动也。"③ 现代学者则为其增添了历史学、社会学、人类学和种族学研究的价值。当然，其最大价值在于其文学属性。姚际恒（1647—1715）认为《诗经》是中国一切文学样式的源头，是后来中国文学的样板和灵感源泉。④ 在文学思想中，对诗的研究激发了一种批评意识。《诗经》诠释构成了占中国文论主流地位的表现主义理论的基础，并为古典和正统的文学批评方法奠定了基石。《诗经》在历史上起到的各不相同的作用意味着这部经典与《周易》一样是开放经典。

《诗经》的文学开放性

《诗经》是拥有不同程度之开放性的一部诗集。对其全部诗歌的概观可以看见，有些诗比另一些更加开放。其中"颂"显然

---

① 参见 *The Analects of Confucius*，第208页。
② 《礼记注疏》，卷50，381c，载《十三经注疏》，第1609页。
③ 黄櫄，《原诗》，载《毛诗集解》《通志堂经解》，函31，册242，第3b页。
④ 姚际恒，《诗经通论》，北京：中华书局，1958年版，第1页。

不怎么开放，因为其内容往往是可由历史证实的。在某种意义上，尽管其篇幅短小，其叙述却有并非不同于西方史诗的属性。《大雅》中有些诗没有《国风》和《小雅》中的诗那么开放，因为它们写作的语境和目的都可以在《左传》、《国语》和《尚书》中查到。有些诗提到了周代王和后妃的名字、祖先的名字以及诸侯和将军们的名字。在另一些诗中，甚至诗人的名字亦有提及。《国风》篇中的诗是最开放的，原因如下：(1)作者不详，虽然有些猜测但难以证实；(2)写作目的不详；(3)创作语境模糊而不确定；(4)个体诗的意指因素是多价的，结构原则是敞开的，可能的主题和效果也是开放的。

我们不可能分析《国风》中的全部诗来证明"风"诗的开放性。事实上，也没有必要。《国风》中诗的开放性衍生于一种复杂的诗歌创作方法，这可以通过诠释学方法详尽分析几首诗来说明。《诗经》的第一首诗《关雎》可作为第一个例子。《关雎》也许是这部诗集中最著名的一首诗，也是研究最多的一首诗。其伟大之处在于产生开放性阐释的能力。根据其诠释传统，可以说它是中国历史上第一首开放性诗。

在论述中国思想史上开放性之真知灼见的章节中，笔者分析了《韩诗外传》一段有争议的文字。子夏问《关雎》何以是这部诗集的第一首诗，据说孔子回答时曾对该诗大加赞扬。子夏叹曰："大哉。关雎天地之基也。"[①] 读这个故事时，笔者想起詹姆斯·乔伊斯的《尤利西斯》所受到的评价。根据公认的观点，乔

[①] 《韩诗外传》，卷5，台北：商务印书馆，1972年版，第191页。

伊斯的小说就好比一块拼贴板，意在涵盖天下万物，从人类发展的不同阶段到人体各个部位，再到光谱上的各种颜色。同样，读过《关雎》的读者起初会感到迷惑：一首短诗何以如此博大而体现如此众多的事物呢？其中有些还具有超验性质？对该诗有所研究后，读者很快就会得出结论，这是一个不成比例的夸张。然而，如果读者耐心浏览关于该诗的全部阐释后，他/她就会承认上述评价中也许有些真实性。孔子的夸张虽有争议，但也许是以另一种方式说该诗具有自我生成的属性，而且对所有阐释都是敞开的。在下面几节里，笔者将展示孔子对该诗之多元性的赞扬在何种程度上并不是夸张，以及那种多元性来自何方。

是什么给予《关雎》以自我生成的特质呢？在此作为一个暗示，笔者只想说，由于该诗不包含任何与历史语境相关的词，因此可以在许多方面将其历史化和语境化。诗中没有提及任何历史时代的任何人，因此也就可以泛指任何历史时代的任何人。它在形式上如此建构，以至于使后来者总是能够以种种方式将之与他们感兴趣的特定生活方面联系起来，或为现存解读增加新的内容。该诗的开放性不仅是内在的，还在于无休止的阐释。简要梳理历史上的重要阐释将有助于我们更好地理解该诗的开放性。根据主要的阐释，该诗涵盖内容广泛：个人和社会，政府和政治，私德和公德，家庭关系和人际关系，风俗和习惯，身体激情和灵魂升华，颂词和讽刺文。这些阐释并不总是相容的。事实上，有些是直接相互矛盾和冲突的。这又从一个侧面证明该诗是非常开放的。在下一节，笔者将简要回顾这些重要阐释及其意义：

（1）对道德典范的颂扬。《毛诗·大序》界定了该诗的基本主题，为后来的大多数诠释所效仿。在这个总的框架内，它首先被读作对后妃或王或二者之美德的歌颂。[1]郑玄、孔颖达[2]、程颐[3]、吕祖谦[4]、陈奂[5]等人遵循毛评路线，只为既定主题增加些许己见。元代许谦（1270—1337）提出了一个稍有不同的意见，认为该诗颂扬后妃和文王，并侧重于后者。[6]宋代严粲没有摆脱毛评传统，但在该诗中看到的和谐关系并不是在夫妻之间，而在王宫后院的宫女之间。[7]

（2）一篇讽刺文。所讽刺的对象是商代康王、幽王或纣王。《鲁诗》评说，"周道缺，诗人本之衽席，关雎作。"[8]《韩诗》评注声称："关雎，刺时也。"[9]司马迁（公元前145—前86）亦视该诗为讽刺，用过去来讽刺时弊。[10]北宋欧阳修继承了这种讽刺的犀利性，[11]但他说讽刺是通过过去的美德与当时的少德之间的对照达到的。[12]清代魏源（1794—1857）与上述三派意见并不相左，

---

[1] 《毛诗正义》，卷1，2c，载《十三经注疏》，第270页。
[2] 《毛诗正义》，卷1，5a，载《十三经注疏》，第273页。
[3] 程颐，《伊川经说》，册9，卷3，载《二程全书》，四部备要本。
[4] 吕祖谦，《吕氏家塾读诗记》，卷2，第6—9页，四部丛刊续编本。
[5] 陈奂，《诗毛诗传疏》，台北：学生书局，1974年版，第1册，第13—15页。
[6] 许谦，《诗集传名物钞》，载影印文渊阁四库全书，台北：商务印书馆，1983—1986年版，76:8b页。
[7] 严粲，《诗辑》，卷1，第14a—18a页。
[8] 申培，《鲁诗故》，卷1，1a，载《玉函山房辑佚书》，台北：文海出版社，第443页。
[9] 韩婴，《韩诗故》，卷1，1a，载《十三经注疏》，第491页。
[10] 司马迁，《史记》，2:509。
[11] 欧阳修，《诗本义》，卷14，第3a页。
[12] 欧阳修，《诗本义》，卷1，第2b页。

认为该诗是讽刺，其矛头是商末衰败的社会状况。①

（3）描写婚前准新娘各种活动的诗。郝懿行（1757—1825）提出了一个有趣的主题，虽然并不完全与其道德框架相悖，但却为规范阐释提供了一个戏剧性转折。他认为该诗诗意地叙述了婚前女孩是如何接受女性道德教育的。②

（4）原本是闺中女歌，是赞颂或劝诫主人的歌。陈奂说："关雎为房中之歌。"③ 稍有不同的是，它也被视为婚礼歌或喜歌。姚际恒认为它不必指文王的婚礼，因为并没有关于这一点的特殊指涉。这是在纣王长子的婚礼上唱的喜歌。和谐的婚姻为统治国家和社会道德规范树立了样板。④ 方玉润接受了姚际恒关于喜歌的观点，但又添新彩。他认为该诗是闺中之歌，后来被应用于政治和道德教化。⑤ 姚际恒和方玉润都极大地偏离了孔子的诠释，但又没有摆脱所谓的道德教育的诗教论。

（5）专为寻找才德兼备之人而唱的歌。清代崔述并未完全否定该诗是颂扬夫妻之间和谐婚姻关系的歌，但他认为其隐喻意义在于寻找才德兼备之人。⑥ 现代学者瞿相君否认传统后妃寻找后

---

① 魏源《二南诗序集义》，《诗古微》，卷1，No.2，第1a页。
② 《关雎》，"成妇德也。古者先嫁三月，教于公宫，教以妇德，妇言妇容妇功。即成，祭之，以成妇顺。一章言其教也，二章言其学也，三章言其成而祭也。"郝懿行，《郝氏遗书》，函2，册9，卷1，1b—2a，光绪壬午刊本。
③ 陈奂，《诗毛氏传疏》，卷1，第16页。
④ 姚际恒，《诗经通论》，第15页。
⑤ 方玉润，《诗经原始》，第72页。
⑥ "关雎一篇，言夫妇也。即移之于用人，亦无不可。何者？夫之欲得贤女为妇，君之欲得贤士为臣，一也。"崔述，《读风偶识》，载《崔东壁遗书》，上海：亚东图书馆，无出版日期，卷10，第25页。

宫素女的主题，提出了与崔述相近的观点，认为这是一首寻找、推荐和欢迎才子的诗。①

（6）民间风格的情歌。五四时期的现代学者开启了新的诠释传统，完全推翻了孔子的阅读范式。古史辨派普遍认为该诗属于民间风格的情歌，歌中男性饱受思恋之苦。至于确切的主题，学者们莫衷一是。胡适否认姚际恒和方玉润视其为喜歌的观点，说它是"纯而简单的情歌"。②闻一多却认为该诗是男性为取悦女孩子而当场唱的情歌。③

对孔子主导的阅读范式的拒绝打开了新《诗经》诠释洪流的闸门。秉承古史辨派的探究精神，现代学者提出了大量阐释，足以令毛亨和方玉润等孔子学派感到震惊。余冠英说该诗描写的是未得到回报的爱。④陈子展承认该诗是情歌，并认为描写了上流社会成功求爱的故事。⑤有些现代学者接受传统上视其为喜歌的说法，但增加了一些现代感性。李长之说："这是婚礼上唱的歌。"⑥魏子云细化了这一观点："该诗主题是一个男人的相爱、求婚和婚姻进行曲。"⑦然而，另一位现代学者却反对视该诗为喜歌的观点，提出这是在大行武力抢夺新娘为妻之风俗的时代进行婚

---

① 翟相君，《关雎是求贤诗》，载《探索》(1985)，第 2 期。
② 胡适，《谈谈诗经》，载《古史辨》，卷 3，第 585 页。
③ 闻一多，《风诗类钞》，载《闻一多全集》，武汉：湖北人民出版社，1993 年版。
④ 余冠英，《诗经选》，北京：人民文学出版社，1990 年版，第 3 页。
⑤ 陈子展，《国风选译》，上海：春明出版社，1955 年版，第 19 页。
⑥ 李长之，《诗经试译》，上海：古典文学出版社，1956 年版，第 1—3 页。
⑦ 魏子云，《诗经吟诵与解说》，台北：巨流图书公司，1986 年版，第 11—12 页。

姻道德教育的诗。①

（7）至于诗中人的身份和诗的社会意识形态，有两种相对立的观点。大多数古今学者都认为诗中人属于上流社会，可能是贵族和王公出身。程俊英提出它可能是上流社会的情歌。② 黄典诚赞同这一阐释。③ 蓝菊荪同意该诗是婚歌，但属于喜歌类，歌颂的是两个自由恋爱的乡下年轻人。④ 另两位学者反对这个意见，提出该诗是描写才子佳人的文学先驱。⑤

（8）描写春耕生产的歌。近来一位学者提出了对该诗的似乎难以置信的解读。在把诗中细节与周代春季祭奠仪式联系起来后，他说："该诗应该是春季祭奠庆典上合着舞蹈唱的歌，其目的是祈求丰收，进而把整个农业生产过程予以戏剧化。"⑥

《关雎》开放的文本性

以上关于主要观点的梳理远未穷尽，但却为深度研究《诗经》内在机制、倡导以开放范式阅读《诗经》奠定了基础。一种开放阅读范式的理论基础不可能仅有不同的相互区别的阐释。简单地宣布《关雎》是一首开放诗仅仅解决了问题的一半。另一

---

① 参见郝志达编辑《国风诗旨纂解》，天津：南开大学出版社，1990年版，第8页。
② 程俊英，《诗经赏析集》，成都：巴蜀书社，1989年版，第4页。
③ 黄典诚，《诗经通释新诠》，上海：华东师大出版社，1992年版，第2页。
④ 蓝菊荪，《诗经国风今译》，成都：四川人民出版社，1982年版，第64页。
⑤ 陈子展和杜月村，《诗经导读》，成都：巴蜀书社，1990年版，第72页。
⑥ 苏东天，《诗经辩义》，杭州：浙江古籍出版社，1992年版，第25页。

半，而且更重要的一半，就是看这些不同而且有分歧的解读是如何产生的。这一更高要求需要我们检验《关雎》的文本性。该诗的开放性是由许多不同因素构成的。其中之一是其特殊的文本性，其中包括许多难解之谜（aporias）。aporia 是一个希腊词，意思是"谜"，"要讨论的问题"，或"迷惑状态"。① 哲学家们用这个术语指一个无法解决、但又继续引起人们注意的哲学问题，这不仅因为这个问题是重大挑战，而且因为它是哲学思考的内在组成部分。在亚里士多德的话语中，aporia 几乎就是一个死胡同，包含着同样有效的相对的论点。设置冲突性论点的方法论功能主要是为了清楚地陈述问题，并准备拿出解决办法。② 在当代文学批评中，aporia 几乎与不可解决的问题是同义语。解构批评认为一个文学文本，无论作者知道与否，总是包含一个或几个 aporias，通过细读它们而解构其清晰的信息。保罗·德曼就对特定文本进行严格的细读，挖掘出基本的 aporia，以表明每一个文本是如何破坏其自身肯定意义的。③《诗经》中许多诗都充满了 aporias。《关雎》尤其如此。在某种意义上，它之所以受到如此青睐、获得如此多的诠释和最高褒奖，也许恰恰因为它充满了 aporias。

---

① 参见 The Cambridge Dictionary of Philosophy, edited by Robert Audi (Cambridge: Cambridge University Press, 1995), 29。

② Aristotle, Topics, Book Ⅵ, 145b,16–20,in The Complete Works of Aristotle (Princeton: Princeton University Press, 1984), 245. See also Book Ⅷ, 273.

③ 参见 Paul de Man's Blindness and Insight: Essays in the Rhetoric of Contemporary Criticism, revised edition, (Minneapolis:University of Minnesota Press, 1983), 102–141。

> 关关雎鸠，在河之洲。
> 窈窕淑女，君子好逑。
> 参差荇菜，左右流之。
> 窈窕淑女，寤寐求之。
> 求之不得，寤寐思服。
> 悠哉悠哉，辗转反侧。
> 参差荇菜，左右采之。
> 窈窕淑女，琴瑟友之。
> 参差荇菜，左右芼之。
> 窈窕淑女，钟鼓乐之。①

笔者将检验《关雎》中的"不解之谜"（aporias），主要目的不在于提出新的阐释，而在于弄清楚该诗的意指机制何以能生产众多意义，以及我们何以从中受益，以便建构一种开放诗学。诗中第一个不解之谜是"关关"。学者们一致认为"关关"是一个仿声词，再现一种雎鸠的叫声。但至于其意指什么，意见则大相径庭，有时甚至相互矛盾。《毛诗》评著认为这是一对雎鸠的呼应："关关和声也。"② 朱熹发展了《毛诗》评著的见解："关关，雌雄相应之和声。"③ 他们认为鸟的叫声意味着婚姻和谐。把鸟叫

---

① 《毛诗正义》，载《十三经注疏》，第273页。
② 《毛诗正义》，载《十三经注疏》，第273b页。
③ 朱熹，《诗集传》，卷1，第2b页。

理解为婚姻和谐的符号自然会导向这样一种阐释,即该诗是描写国王与后妃之和谐婚姻关系的,他们为全国人民树立了榜样。与毛评和朱评不同的是,笔者宁愿把这个仿声词看作两只鸟的交配呼叫,雄呼雌,或相反。这样一种阐释会使人把该诗看作一首情歌,并把情歌解释为未得到回报之爱或思恋的表达,其结局是幸福的婚姻。还有两种不同的解释。清代牟应振把这个仿声词注解为:"关关,犹言交交,谓雌雄两相关注也。"① 姚际恒观点相近,但他认为这个仿声词是一语双关:"关关和声。或言'关关'者,彼此相关,是声中见意,亦新。"② 闻一多还有另一种解释:"雎鸠比喻那位姑娘。关关是她咯咯的笑声。"③

笔者希望能为这个仿声词增添更多可能的含义。鸟叫也许是交配呼叫,报警,邀请,或求助。如果是报警,那可能是雌雎鸠在警告雄雎鸠离远点。这种解读还适合全诗的总体流向。如果这鸟叫声是雌雎鸠的警告,让雄鸟离开它,那么,鸟叫声就象征着一个女人试图赶走接近她的男人,于是导致了后来几节诗中的思恋。然而,如果把鸟叫声读作邀请,那全诗的阐释就完全不同了:一只雄鸟找到了许多食物,想邀请雌鸟与其一起分享。在全诗的语境中,一个男人想要用一只水锦葵勾引一个女人,但遭到了拒绝,所以他害单相思了。廉价的物质诱惑并不能满足那女子。于是他就想用别的高档次的诱惑方法:琴瑟钟鼓乐之。这

---

① 牟应振,《毛诗质疑》,济南:齐鲁书社,1991年版,第6页。
② 姚际恒,《诗经通论》,第15页。
③ 闻一多,《风诗类钞》,第48页。

样,该诗就暗示男女之间的社会阶级分化。甚至可以说,那个男人是下层劳动阶级,一个水生植物采集者,想象自己是一位领主,会摆弄琴瑟,敲钟击鼓等消遣,并以此满足他那未得到回报的爱。此外,如果把鸟叫解作烦恼的呼叫,那么又有了一种新的解释:男人从一开始就害了相思病。就像一只孤独的水鸟召唤伴侣,他也向一个可爱的女士表达相思之苦,但后者不理睬他的爱情表达。这种挫败感进而加重了他的相思病。我们还可以独出心裁地以群体方式来解读鸟的叫声。

"雎鸠"是另一个不解之谜。学者们一致认为雎鸠是一只鸟,但至于是哪种鸟,却意见纷纭。毛评认为:"雎鸠,王雎也。"① 孔颖达集几种说法于一体,释该词为"鹗"、"鸥"、"鹰"等。② 有现代学者认为那是汉鸭;有人认为是大雁;还有人简单地说是"水鸟"。总起来,我们已经有了一大群鸟:鹗、鸥、鹰、鸳、雎鸠、鸳鸯和大雁。由于不同的鸟有不同的性格和习惯,于是就在读者心中唤起不同的联想。郑玄道:"王雎之鸟,雌雄情意至然而有别。"③ 孔颖达发展了毛亨和郑玄的注解,说水鸟爱得专一,但却相互分离,所以,王和后妃爱得至深,但却未如胶似漆。我们该如何用这种儒家理解来解释水鸟的道德习惯?屈万里明白地道出了儒家的讽喻:"关于这种鸟,雌雄相互情感浓厚。它们不在有人的地方交配。它们似乎懂得人的礼仪。"④ 由于我们并不确

---

① 《毛诗正义》,第273b页。
② 《毛诗注疏》,卷1,25a—b,影印文渊阁四库全书,69:127页。
③ 《毛诗注疏》,卷1,24a,影印文渊阁四库全书,69:127页。
④ 屈万里,《诗经选注》,台北:正中书局,1955年版,第31页。

知雎鸠是否拥有这些属性，现代学者一般视毛、郑、孔的解释为扭曲的，以迎合其道德教育的目的。其扭曲的注解显然是牵强的。无论是鹰、雎鸠或鹗，这些鸟都是捕食鸟，它们不可能唤起一种与美女相关的娴静的美感。因此，儒家学者不得不扭曲这个形象以迎合其阐释图式。刘勰诉诸一种间接索引的修辞方法来维护这种扭曲："关雎有别，故后妃方德；尸鸠贞一，故夫人象义。"①

鸟的不确定的身份导致了众多不同的并完全相左的联想和阐释。汉鸭和野鹅会使人联想到优雅、美丽、忠诚。但是，鹰、鹫和雎鸠就给人粗野、鄙劣甚至残酷的印象——是与后妃女性美德大相径庭的属性。作为捕食鸟，它们完全符合上述把鸟叫解作远离警告的解读。因此，有些学者愿意把水鸟视为汉鸭或野鹅，并长篇大论说明这些鸟何以具有这些属性。一个现代学者论证说那鸟不可能是鹰或鹫，或任何其他捕食鸟，因为"关关"听起来只能是像鸭子这种扁喙鸟发出的叫声。他在进行了一番认真研究，包括语文学的、人类学的、考古学的和轶事的研究之后，得出结论说雎鸠就是古代的野鹅。他还提供了为证明野鹅具有相爱者都珍惜的忠诚本能而做的长期观察。②

诗中的两个人物"君子"和"淑女"构成了另一个难解之谜。这个君子或绅士是谁？那个美丽的淑女是谁？这两个词仅仅是形容语，还是历史上确有其人？大多数传统论者认为君子是文王；淑女是文王之妻太姒。但是如果接受该诗创作于商末周初的

---

① 刘勰，《文心雕龙》，《比兴》篇。
② 骆宾基，《诗经新解与古史新论》，太原：山西人民出版社，1985年版，第36—44页。

过渡时期这一观点，那么当时的王应该是太王、王季或武王。因此，这位淑女可能是其中一位的后妃。其他论者提供了不同但却可能的选择。魏源认为君子不是文王而是周公。① 君子和淑女的不同人选表明该诗另一方面的开放性。现代学者一般认为君子和淑女不过是形容语。在这一点上意见也大不相同。有人说他们是贵族。有人说他们是年轻的乡下人。还有人说他们指普遍的年轻人。结果，关于其身份的说法莫衷一是；读者只能自己去想象了。

"窈窕"一词是该诗文本性的另一个不解之谜。《毛诗》评注道："窈窕幽闲也。"② 郑玄赞同毛评，但稍有新意："幽闲处深宫。"③ 孔颖达进而细化道："窈窕者，谓淑女所居之宫形状窈窕然。"④ 按照这一脉注解，淑女该生活在王宫后院。姚际恒似乎有所不同。通过追溯"深闺"的语文学源头与其在不同诗歌中的用法，他提出："窈窕字从穴，……犹后世言深闺之义。"⑤

由此发生了意义的真正转变。不是居住在深宫后院，淑女现已在家中的闺房里。不同解读引起了传统注解间的争议。如果接受"深宫"，那么，接下来就该把淑女解释为后妃，至少是已婚的封建诸侯的妻子。然而，如果解作"闺房"，那么，淑女就尚未结婚，就不是太姒，也不是封建诸侯之妻。方玉润提出了另一

---

① 魏源，《诗古微》，卷2，第2章，第1a—b页。
② 《毛诗正义》，第273b页。
③ 《毛诗正义》，第273b页。
④ 《毛诗正义》，第273c页。
⑤ 姚际恒，《诗经通论》，第16页。

想法。他认为该词与闺房有关,但并非一定指闺房。这种表达方式描写的是端庄优雅的女性属性。[1] 一位现代学者接受姚际恒和方玉润的注解,但也赋予其新意。他认为传统上把"窈窕"解作"美丽"、"优雅"、"娴静"、"谦恭"是不正确的。最适当的注解应该是"独处和感觉孤独"。按照这一注解,"窈窕淑女"意味着一个美女被幽闭于闺房之中,备感孤独。[2]

然而,这个注解也能提出一种不同的解读。淑女来自上层社会,必须严格遵守儒家的道德规范,婚姻由父母包办。她坐守深闺,见不到家人之外的男性。来自下层社会的一个男人偶然看见了她,爱上了她。但阶级差异在他们中间竖起一道屏障,而男女授受不亲的规则更使他们无法相会。男人害了相思病,不得不靠白日梦获得安慰。在白日梦中,他想象自己变成了君子,彬彬有礼,精通四书五经,并成功地与女孩结了婚,婚礼上琴瑟鼓乐同奏,甚为堂皇。从这个观点看,该诗可以看作是卓文君和司马相如(公元前179—前117)传奇和《莺莺传》之爱情故事的先驱。按这个解读,该诗主题则是爱情选择上没有自由。

水生植物是另一个不解之谜,至少在诗中起到了不解之谜的作用。它提出了几个问题:第一,它是什么植物?第二,这个植物何以与诗中人物相关?第三,是否是诗人作诗时亲眼所见的或所回忆的东西?最后,但同样重要的,谁在收集这种植物:淑女、君子、诗人本人还是别的什么人? 对这些问题的不同回答

---

[1] 方玉润,《诗经原始》,第74页。
[2] 宫玉海,《诗经新论》,长春:吉林人民出版社,1985年版,第10页。

是完全开放的。陆玑的解释是：水生植物，其叶漂于水面，其根深植河底。酒中浸泡香甜可口。[①]毛评视此水生植物为可食水草，用于祖先祠堂的祭祀。据此，毛评认为采集者是淑女。孔颖达引申了毛评："后妃言此参差然不齐之荇菜，须嫔妾左右佐助而求之。由此之故，思求淑女。"[②]于是，采集者变成复数的了。既有后妃又有嫔妃。另一些学者视荇菜为一种草药。这种观点有两个稍有不同的版本。一个版本认为这种植物可以制成壮阳药。另一个版本说可制成专为女人用的春药，使女性更有魅力。根据这种注解，读者自然会视这种植物为诗中的性爱象征。

笔者不想否认这种解读。但认为这种植物也许有另一种可能的含义。如果把这种植物仅仅看作可食草，穷人采集以补充紧缺的食物，那么就可能打开一个新视角。这种植物将暗示诗中说话者的社会地位。仅就其可食性而言，我们可以说采集者既不是后妃，也不是嫔妃。即便这草是为祭祀而采，也不可能是后妃或嫔妃亲手采集。从这个观点看，采集者可能是一位姑娘或哪位乡下人采草为食。或乡下的一伙年轻人一起采集。如果把采集者视为一个乡下单身少年，我们就会做出下述解读：一天，一位少年去采水草。他看见河岸上有一位美丽的姑娘，他不确定她是否也在采草，但他爱上了她。如果认为采集者是一伙年轻人，那解释就不同了：春季的一天，一伙乡下年轻人在河边采草。他们非常愉快，一起聊天，谈笑风生，相互调情。一个男孩爱上了一个女

---

① 陆玑，《毛诗草木鸟兽虫鱼疏》，上海：巨正印书局，无出版日期，第3b页。
② 《毛诗注疏》，卷1，第27a页。

孩,害了相思病。这种解读将支持这样一种观点:该诗不是描写上层社会的爱情和婚姻,而是描写乡下人的爱情和求婚的。

如果把采集水草的行为视为兴,那么,它与全诗是什么关系呢?我们可以建立一种非常有趣的关联:水草柔软青葱,象征着后妃纤弱温顺的性格。出于同样的原因,郝颐行和崔述也认为水草是兴的象征,与淑女的女性美德联系起来。郝颐行含蓄地说:"荇菜柔洁,女德似之。"[1] 崔述则公然道:"其取兴于荇菜者,因菜于水中,洁而难采。洁象征女之贞洁,难象征女之难以接近。"[2] 程颐和崔述都给荇草赋予了道德意义。我们可以忽视其道德含义而只取其表面价值。水草的青嫩、柔顺、纯洁象征后妃的身体美。从另一个角度,笔者可以说由于水草是采之为食的,因此,其可食性象征淑女的可欲性,于是把可食性与性内涵联系起来。在男性采集者的心中,采摘水草与采一朵花具有同样的内涵。于是,不断采摘水草的行动也被赋予了性的内涵,其联想已经离英语中"deflowering"(夺去女人贞节)的意涵不远了。这里,一个高度道德性的主题变成了性越轨。其他不解之谜包括"琴瑟"和"钟鼓"。毛评说:"宜以琴瑟友乐之。"郑玄赋予毛评以新意,视琴瑟为后妃与嫔妃之间友谊的象征。姚际恒不接受郑玄的解释,认为那是一派胡言,因为他认为不可能把后妃与嫔妃之间的友谊比作琴瑟之和谐。在他看来,"宜以琴瑟友乐之。"[3]

---

[1] 郝颐行,《诗问》,第 1b 页。
[2] 崔述,《读风偶识》,卷10,第 25 页。
[3] 姚际恒,《诗经通论》,第 14 页。

除了上述不解之谜外，还需顺便提及诗中的"河"一词。对大多数学者来说，"河"字含义非常确定，因为学者们一致认为在《诗经》的所有诗篇中，"河"指黄河。但不知道这一历史信息的现代读者可能把"河"当作一个一般指涉，即指一条不确定的河。他会为此而论证说，如果把该诗读作民间情歌，而没有特指约会、作者和历史语境，那就有理由把河理解为一般意义上的河。这样的解读并非没有先例。甚至像朱熹这样的博学之人也将其解作："河，北方流水之通名。"①

总之，我们面对的一系列问题常常会引出对立的或矛盾的回答。这究竟是描写性爱还是描写道德的诗？如果是性爱，那么是互爱还是单相思？如果是互爱，那么这场爱是否以婚礼或仅仅是想象的婚礼结束？如果是描写婚姻的，那么这是乡村民间婚姻还是皇家婚礼？仅就心理意向而言，这是颂歌还是讽刺？就格调而言，这是兴奋、遐思还是挫败？这些不同而发散的阐释意味着这不是"非此即彼"，也不是"两者……都"的情况，而是一种开放的状况。由于有些阐释是对立的，所以选择被中断，而把决定权留给了读者，留给了偶然，留给了想象力。这些不解之谜不仅使众多阐释成为可能，而且使该诗对自身的解构成为可能。关于诗中爱情的结果，一般认为该诗讲述了一个成功的以幸福婚姻为结局的爱情故事。陈子展就从正面来看待爱情故事的结局："该诗描写了求爱过程的三部曲，从坠入爱河到求爱的成功。"② 笔者

---

① 朱熹，《诗集传》，卷1，第2b页。
② 陈子展，《国风选译》，上海：春明出版社，1955年版，第19—20页。

却要用诗中的不解之谜把该诗解读为描写未得到回报的爱情的抒情诗。充其量讲述了想象中求爱成功的爱情故事。

至于诗中描写的事件是真实的还是想象的，有两种对立的解释。一般认为这可能是对真实事件的抒情叙述。明代学者戴君恩（约1613年）认为，诗的内容是想象的而非真实的事件。[①] 他的推论有其合理性。故事支持他的论点。该诗的叙述策略类似于电影的蒙太奇。诗节与诗节、诗行与诗行之间的变换，尤其是鹗、采草、醒与睡、辗转不眠、琴瑟、钟鼓等的变换都说明，这不可能是有些学者所说的一次真实的历史经验。诗人在河岸上站立时，鹗的叫声给了他灵感，但是，鹗、床、琴瑟和钟鼓不可能同时出现在那个场景。在笔者看来，诗中的大部分情节都是诗人的想象，所以导致该诗之创造的是一种心理现实主义而非历史现实主义。

下面笔者将提供一种新的解读，目的是要表明该诗的不确定因素何以能让我们提出一种与众不同的观点。笔者要说的是，该诗是对诗人相思病的因、果和想象性解决的一种诗意的戏剧化。第1、2行描写了背景、场景和主导意象，这为后来各节中人间戏剧的展开做了铺垫。雎鸠的形象可能指的不是儒家所说的夫妻间的和谐关系，原因有二。首先，赋予雎鸠的忠贞属性也许是儒家学者的道德臆测。鸳鸯是中国文化中忠诚婚姻的象征，但在交配习惯上却与其他动物一样是不一而"忠"的。雎鸠也不例外。

[①] 参见戴君恩《读诗臆评》，载述古堂光绪庚辰合刊。转引自《国风集说》，石家庄：河北人民出版社，1993年版，第17页。

其次，诗中并未清楚交代雎鸠是配对的。笔者认为那鸟还没有配对，就如诗中说话者也尚未找到配偶一样。实际上，他耽于寻找佳偶的渴求。如此，雎鸠的呼叫就是一个换喻，表现自然界寻求配偶的欲望。这是引发相思病的一种兴。

第3、4行把场景从自然界转换到人间。如果雎鸠的形象被视为兴，那么，这里暗示的就是比，尽管没有用"像"、"如"等词。动物世界的求偶呼叫是人类求偶欲望的一个对应物，促发了诗人的爱。第5、6行描写河岸，涉及视角的转换。第5行可能暗指采水菜的女子，所以是隐含换喻的兴：被采下的水草代表采摘的女子。但在第6行，采摘者就变成了行动者。采摘水草被间接地赋予了"采花"的性内涵。所以这里同时又是比。在《诗经》的所有诗中，采摘主要是女人所为，如采桑。但也有些诗中采摘是男性行为（如《汾沮洳》、《采薇》、《我行其野》、《采菽》）。在一首诗或一篇故事中，当一个男人出现在妇女采摘者中间时，往往会引入一个性主题。作为一种不同的解读，笔者认为此诗中的采摘者不是女人而是诗人本人。采摘参差不一的水菜的行动与第7、8行寻找女孩的行动形成对照。也许采摘参差不齐的水草是件不容易的事，那水草在水中左右漂摆，就像很难赢得美女的芳心一样。采摘也暗示诗人的社会地位。在笔者看来，他是下层社会的劳动者，甚至是水菜采摘者。恰恰由于他是下层社会的劳动者，他与美丽温顺的淑女不是门当户对，她应该嫁给诸侯，所以他害了相思病。从另一个视角看，水菜是可食的，正如美女是可欲的。在这个诗节中，生殖器欲倒退到口欲，这是中国文学和文化中身体快感的一个特征。我们可以在中国文学中找到无数例子来说明生殖器快感是通过口唇途径经历和给予的。① 此诗可能是最早的例子。

第三节生动地描写诗人的单相思，并暗示了单相思的原因。"求之不得"意味着诗人不是诸侯。在第 11、12 行中，由于社会障碍他与姑娘隔离开来，因此害了严重的相思病。他日夜思念。事实上，在寂静孤独的夜里，思念愈加强烈，夜不能寐。在第 4 节中，和许多害相思病的人一样，他找到了满足欲望的替代物。他做了个白日梦。曾认为白日梦是文学创作之根本原因的弗洛伊德会很高兴地在此诗中找到证据。诗人想要采取某种想象的行动。他想象自己是个贵族，受过教育，是个会弹奏琴瑟的文人。弹奏琴瑟在中国文学的爱情故事中至关重要。我们很容易就想到司马相如和卓文君的爱情是琴瑟为媒。通过想象自己弹奏琴瑟获得淑女的注意，诗人找到了接近她、讨好她、最终赢得她的办法。他想象的社会升迁尽管令人伤感，却也带有微妙的讽刺意味，为该诗增添了一丝喜剧色彩。

最后一节标志着相思病的想象的治愈。他的白日梦达到高潮。他的琴瑟演奏令淑女大悦，在想象中她爱上了他，答应与他结婚。于是安排了一场贵族式的婚礼。钟鼓齐鸣，在一派祥和幸福的气氛中，普通人和美女携手走入婚姻的殿堂，开始了幸福的生活。笔者的这番实验性解释直接与众所接受的观点相左，爱没有得到回报，诗并未以幸福的婚姻结局。作为对未得到回报的爱

---

① 传统和现代虚构作品中这类例子比比皆是。仅举一例：一个老头娶了一个年轻的老婆，这叫"老牛吃嫩草"。

的想象解决，该诗可以说是原型诗。

文本内外的不确定性

在上述分析中，《诗经》中一首诗的开放性衍生出来自文本内和文本外的未知和不确定因素。笔者把文本外的未知因素化为一个范畴，称之为"外在语境"（outer context）。为详尽说明文本开放性的外在语境的重要性，笔者将比较两首同名诗："黄鸟"，即《国风·秦风·黄鸟》和《小雅·黄鸟》。《国风·黄鸟》提到了穆公的名字和子车氏三子奄息、仲行和针虎的名字。据《左传》："秦伯任好卒，以子车氏三子奄息、仲行、针虎为殉，皆秦之良也。国人哀之，为之赋《黄鸟》。"① 学者们毫不怀疑该诗创作于公元前622年。以这些细节，该诗只能有一个历史语境。因此，其阐释的余地大打折扣。毛评认为该诗批评穆公的非人性。此后无人驳斥这一阐释。《小雅·黄鸟》也以黄鸟的意象开始。由于其语境不详，其阐释空间要大些。但阐释颇为不同。毛恒、郑玄和孔颖达都认为该诗表面上是一位弃妇的抱怨，她想要回到家、见到家人和族人。但实际上隐含着对宣王的批评，因为他未能履行夫妻间的婚约。② 王肃和苏辙认为该诗描写一位才子由于怀才不遇而要弃王归家。另一些学者认为该诗描写一位

---

① 《春秋左传正义》，卷19a，142a，载《十三经注疏》，第1844页。
② 《毛诗正义》，卷11a，166b，载《十三经注疏》，第434页。

自行流亡者由于在异国受到不公正待遇而要回国。①朱熹、姚际恒、颜粲和一些现代学者均持此见。还有些学者认为诗中人物不是流亡者,而是一位同胞,在道德败坏的一个时代里发现很难与邻居和睦相处。方玉润持此观点。②显然,《小雅·黄鸟》比《国风·黄鸟》具有更大的阐释空间,因为后者包含明确的细节以清楚地暗示主体地位,而前者并没有。在国风中,《黄鸟》也许是语境最清楚的一首诗。然而,清楚的语境并不妨碍其开放性。比如,对待用活人陪葬的习俗,诗中的态度是开放的。有些学者认为该诗完全反对这种习俗。另一些学者认为它只反对活葬国之良人的做法,并引用细节以为支持:"如可赎兮,人百其身。"

这一小小比较研究使笔者想到,一首诗之开放场的大小与其语境清晰度是成反比的:语境细节越是不清晰,开放场就越大。正常情况下,一个文学文本会为语境建构提供必要的因素,暗示主体立场,为读者解读提供限阈。但在《关雎》(以及《诗经》的其他许多诗)中,文本充满了不解之谜,致使文本外和文本内的因素常常取法确定。笔者希望把文本内因素归纳为一个更大的范畴,称之为"内在语境"。笔者已经表明文本内部充满了未知:无法证实的时间、无法识别的地点和未知的人物。在这个意义上,《关雎》与《大雅》和《颂》中大多数诗不同。评《关雎》时,清代牟应振用一句话点明其差异:"问:何不言文王后妃?

---

① 参见欧阳修,《诗本义》,卷6,12a;朱熹,《诗集传》,卷11,第4a页,第498页。姚际恒,《诗经通论》,第198页。黄典诚,《诗经通史新编》,第240页。
② 方玉润,《诗经原始》,卷10,第380页。

曰：无据也。大雅推文王德业及文王婚娶，太姒世家甚详，关雎无一字及之。"[1]

在对同一问题的评论中，姚际恒提出一个卓见，不仅澄清了所论问题，而且提供了就诗之开放性和诗之一般阅读的建设性意见："大抵善说诗者，有可以意会，不可以言传。如可以意会，文王，太姒是也；不可以言传，文王，太姒未有实证，则安知非大王大任，武王邑姜乎？如此方可谓之善说诗矣。"[2] 我们或可再问：谁能确知诗中人不是乡下男孩和女孩？穷困潦倒的书生和豪门闺秀呢？

开放场观念

笔者所涉及的大多数不确定因素在普通话语中并不是问题。它们只是词语，但在诗歌内部，它们就成了不解之谜。因此，不确定性并不是词语内在的，而在诗的结构系统之中，笔者称此为"开放场"。一个开放文本不仅仅是意指的开放空间。它是一个开放场，仿佛磁场。词语被赋予开放的活力，正如铁屑被磁力吸住一样。铁屑本身并不具有磁力，但一旦被放进磁场，就变成了具有磁力的小磁铁。《关雎》之伟大就在于其诠释潜能，仿佛一块巨大磁铁的磁场。《诗经》中许多诗都如此构思巧妙，致使其意指结构构成了这样的开放磁场。现在有必要探讨这种开放磁场的

---

[1] 牟应震，《毛诗质疑》，济南：齐鲁书社，1991年版，第6页。
[2] 姚际恒，《诗经通论》，第15页。

组织结构了。

　　作为笼统定义，笔者视开放场为一个复杂的意指关系体系，它是不稳定的，甚至是变化的，拒绝被定性。在这个开放场中，个别词既是自由的又是受控的。自由是因为它们具有与其他词构成关系的能力；受控是因为构成关系的行为是受意指规则限制的，其中有些规则是作者设计的，有些衍生于符号机制，还有些可能是由读者发明的。在一个封闭的文本内部，词语就好比字典里的词条，其意指是相当容易识别的。在开放文本里，词语成为不解之谜，变成了不确定因素，构成了文本中不确定的环节。一个开放文本就好比一个万花筒。万花筒制成之后，每一次摇动都会产生新的五颜六色的图案。或用符号学的术语说，那就是德里达所说的"踪迹的播撒冒险"，或"世界的嬉戏"，其中，一般文本始终提供深入的关联、对应和语境："这是对世界的嬉戏和对生成之清白的快乐证实，是对没有错误、没有真理、没有起源而只提供给积极阐释的一个符号世界的证实。"①

　　意指开放场的建构涉及各种不同的建构策略，以把词语置入流动的、变化的、不确定的关系之中。《诗经》中许多诗，部分由于历史，部分由于诗歌语言的个性，展示了一系列迷人的意指策略，并集中体现在《关雎》一篇中。一般说来，这些开放策略属于两大范畴：文本外策略和文本内策略。有三种文本外策略：未知作者、未知语境和未知意图。首先，诗的作者所属是开

---

① Jacques Derrida, *Writing and Difference*, translated by Alan Bass (Chicago: University of Chicago Press, 1978), p.292.

放的。历史上，就该诗属谁曾有几种观点。一种认为它是文王后妃太姒所写，以颂扬文王之德，为王寻找更多的淑女，以及发现了淑女后的快乐。虽然毛亨、郑玄和孔颖达没有明白地阐明这一观点，但其评论注解中均有此暗示。① 明代丰坊（1523）却对此有清晰的阐述。② 姚际恒指出，如果遵循大序（毛诗序）和小序的诠释，该诗是"后妃自咏"。③ 另一个观点认为，该诗是文王宫中其他宫女所写，以颂扬文王和后妃太姒。朱熹持此观点。④ 魏源则有异议："二南为周国民风，其诗必作于国人，而周公采被管弦，断无宫人自作之诗。"⑤ 有一位学者将此诗归属暴公康王。⑥ 另一位学者同意出自康王之手笔，但认为不是出自暴公而是毕公之手笔。⑦ 还有一种观点认为该诗可能是民歌，出自匿名歌手，由王派遣的民歌收集者收集而来。姚际恒、方玉润以及胡适、顾颉刚和郑振铎等现代学者都持此观点。⑧ 不同学者所持的不同观点引发出了不同的阐释。

第二，该诗撰写的原始时间是开放的。大多数传统评论都认为该诗创作于商末周初。有些人认为它创作于周代衰落时期。一

---

① 参见《毛诗注疏》，69:127—131页。
② 参见《诗说》，《古今图书集成》，转引自《国风集说》，第9页。
③ 姚际恒，《诗经通论》，第14页。
④ 朱熹，《诗集传》，卷1，第3a页。
⑤ 魏源，《诗古微》，第2部，第一节，第12b页。
⑥ 参见罗泌，《路史》，高辛帝纪，载影印文渊阁四库全书，第383页。
⑦ 参见陈乔枞，《鲁诗遗说考》，卷1 6b–71，《皇清经解续编》，台北：艺文印书馆，1965年版，第12525—12526页。
⑧ 参见参考书目中各自著作之页码。

共有四种观点：该诗创作于文王时代，或纪王时代，或康王时代，或幽王时代。第三，作者的原初意图是开放的。现代文学理论已令人信服地表明，作者意图对于文学文本的阐释是不可靠的，往往是误导的。就《关雎》和《诗经》中的大多数诗篇来说，作者意图是双倍的不可靠和误导，因为它仅仅是某些人的猜测。如笔者的追溯所示，关于该诗之意图有许多推测，但无一是可靠的，理由很简单，这些意图无法验证。实际上，现存的推测是冲突和矛盾的，本身就显示了不可靠性。在这个意义上，可以说作者意图是完全开放的。从另一个完全不同的文化视角来看，关于诗人的前文本意图的不同说法足以证实"意图谬见"的合理性。

阅读《关雎》时，我们面对的是作者不详、意图不详的一首诗。此外，我们甚至不知道其隐含读者、隐含作者和隐含语境。这些未知使得阐释开放。如果它创作于文王时代，那可能是颂扬文王及后妃太姒的功德，因而可能是一首颂歌。但是，如果这首歌创作于康王时代，那就是讽刺。如果接受创作日期不详的观点，那么，这就是创作于特定时间的一首情歌，适合于所有历史时代。这主要是由于这些未知的文本外因素，历史上读者可能从不同视角理解之，挪用之，以用于自己的政治、道德和个人目的。由此看来，该诗接近于原型文本，具有普遍意义：无阶级性、无价值、无偏见、超越文化、时间和空间，对爱情、生活和人类经验具有纯粹的敬意。该诗不仅是多价的，而且是开放的。只有在开放的时候，它才能够生产意义，即相互融合、补充、冲突和矛盾的意义，适合于各种目的的挪用。

前面已经讲过，词语只有在进入开放场后才成为不解之谜，而这种开放场的建构涉及为词语建立不确定的但却有意义的意指关系。《关雎》的结构例示了这种建构。该诗是具有一系列能指的开放结构,这些能指相互指涉但不明确,需要读者自己去确定。它们之间的关系只能在读者决定从某一主体立场来阅读之后才能确立。这些能指相互作用。如果一个能指的意义在阅读过程中得到不同的解释,那么,其他能指的意义也会随之而改变。而且需要发现一种新的关系来确定整个诗节或整首诗的意义。接下来,笔者将分析第一诗节的结构,以表明其开放场是何以建构的。首先把这个诗节嵌入不同的意指单位,然后将其关系格式化为开放结构。为便于讨论,笔者把单个能指编序为 A、B、C、D、E、F、G、H;能指群为 1、2、3、4,以及更大的能指群 Ⅰ 和 Ⅱ。

$$
\begin{array}{cccc}
\text{关关} & \text{雎鸠,} & \text{在} & \text{河之洲。} \\
\underline{A \quad\quad B} & & \underline{C \quad\quad D} \\
1 & & 2
\end{array}
$$

$$Ⅰ$$

$$
\begin{array}{cccc}
\text{窈窕} & \text{淑女,} & \text{君子} & \text{好逑。} \\
\underline{E \quad\quad F} & & \underline{G \quad\quad H} \\
3 & & 4
\end{array}
$$

$$Ⅱ$$

所有能指都相互关联,构成一个复杂的意指和再现系统,无论是水平的(句法的)还是垂直的(范式的),但其关系的确切性质是不确定的。然而,这种不确定性可以用另一个图示来表示:

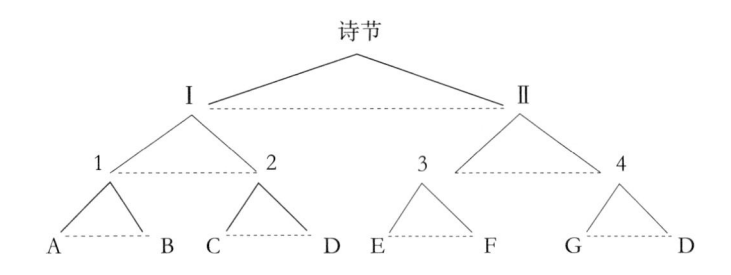

```
                          诗节
                    ┌──────┴──────┐
                    Ⅰ             Ⅱ
                ┌───┴───┐      ┌───┴───┐
                1       2      3       4
              ┌─┴─┐   ┌─┴─┐  ┌─┴─┐   ┌─┴─┐
              A   B   C   D  E   F   G   D
```

174 在上述图示中，虚线表示不确定的意指和再现关系。用普通的论证语言说，我们可以把不确定的关系描述为一系列问题：关关是怎样修饰雎鸠的？雎鸠为什么在河之洲上？窈窕是怎样修饰淑女的？君子与淑女是什么关系？最后，河洲上呼叫的雎鸠与君子及其淑女是什么关系？笔者的历史研究和对该诗的思辨式阅读已经表明，所有这些问题都不能得到形态学、句法学、意指和再现方面的答案。在形态上，我们能否把"关关雎鸠"读作"雎鸠关关地叫"或"许多雎鸠关关地叫"？换言之，是一个雎鸠在叫，还是两个或更多的雎鸠在叫？或相互呼叫？句法上，"窈窕淑女"与"君子好逑"之间有一个隐含的系词（is）吗？就"好逑"二字而言，"好"是修饰"逑"的吗？如闻一多所论，如果将其解释为"妃"，那么，"好"和"逑"就是并列的因素吗？[①] 意识到了该词在诗的语境中的不确定性，闻一多在另一处提出了另一种意见："'好'的原意：作为动词应解作'男女相爱'；作为名词，应解作'配偶或伴侣'；作为形容词，应解作'优雅美丽'，这

---

① 闻一多，《诗经新义》，《古典新义》，北京：古籍出版社，1957年版，第69—70页。

是原意的引申。"①因此，他没有排除"好"作为形容词的可能性。余冠英也把"好"注释为动词："'好'：男女相互倾慕。"②这个注解将极大改变这个诗节的意义。我们回想一下闻一多关于"关关"的注释，即一大群姑娘们的笑声。如果我们把这两个注释合在一起，那么，一种新的解读就出现了：当河洲上的雎鸠欢快地呼叫时，那里的男男女女也在相互玩耍娱乐。沿着这一思路，笔者想加上一句，"好"也可用作动词，意思是"爱或寻爱"。在诗的语境中，这种解读也有意义：当雄雎鸠和雌雎鸠寻求交配时，君子和淑女也是相爱的伴侣。在其他诗节中，还有一些语法的不确定性。"琴瑟乐之"就有三种解读：（1）用琴瑟取悦她；（2）像琴瑟一样，我们相互取悦；（3）我是琴，你是瑟，相互取悦；这种不确定性也是由代词"之"引起的，因为我们不知道"之"所指是什么。

至此不再冗繁地讨论意指和再现的不确定性了。接下来将分析能指群Ⅰ和能指群Ⅱ之间的不确定关系。这种不确定的关系不仅构成了本诗的特征，而且是《诗经》中许多诗的特征。传统文学思想中，这个特征叫"兴"，其各种定义中包括：开始、刺激、唤起。笔者不想就该词意义的现存学术研究做一历史的追溯，只想探讨其意指机制。在论兴的文章中，笔者提出某种环境中的能指可以称作兴，在所涉及的因素之间有一种隐含的类比关系。其结构就仿佛美国研究生入学的 GRE 考试中的词语类比：

---

① 闻一多，《诗经通义》，《古典新义》，第108页。
② 余冠英，《诗经选》，第3页。

A:B ∥ C:D，用论证性语言来说，就是"A 之于 B 就如同 C 之于 D"。[1] 在此笔者想引申这个想法以考虑开放性和制作。兴当然与 GRE 的类比结构相同，但二者间有一个根本差别。在 GRE 的类比中，类比项目之间的关系只有一个正确的答案，而在兴中，这种关系是不确定的，对阐释是开放的。也许有多少机智的读者就有多少答案。我们可以把《关雎》的第一诗节改为下列类比形式：

恰如栖息在河洲之上的雎鸠关关求偶，
身居深闺的淑女就是君子的理想伴侣。

这种直义表达使类比显得苍白。换言之，这个类比结构是开放的，读者可以被可能和合理的意义插入任一能指。如果把"关关"视为雎鸠的回应，那就与婚姻和谐有关。如果把雎鸠视为忠实伴侣，那么这节诗就是关于忠贞的。如果认为雎鸠是雌雄正常隔离的鸟，那就要接受毛诗注，即这个诗节是关于道德行为的。如果认为雎鸠是美的形象，那就意味着如同在河之洲的鸟是美的，所有淑女也是可以作为配偶来追求的。吕祖谦持这个观点："关关雎鸠，在河之洲，拟诸形容者也。窈窕淑女，君子好逑。咏叹其真王者之良匹。"[2] 如果视关关为交配呼叫，那就可能

---

[1] Ming Dong Gu, "Fubixing: A Metatheory of Poetry-Making," *Chinese Literature: Essays, Articles, Reviews* 19 (1997), 6–7.

[2] 吕祖谦，《吕氏家塾读诗记》，卷 2，第 9a 页。

意味着：正如雎鸠具有动物交配的本能，人类也有爱的本能。如果视在河之洲的雎鸠是独居的符号，那么就可以论证淑女身在闺房。如果视雎鸠的呼叫为幸福的符号，那就可以论证恰如在河之洲的雎鸠快活地呼叫，所以君子和淑女也可同样快乐地对歌。如果认为雎鸠是诗人想要捕捉的水鸟，那就意味着"雎在河中洲上不可得也，以喻淑女不可致之义"。郑樵（1104—1162）持这种观点。[1]

"兴"涉及文本中各因素之间对应关系的说法一直为一些学者所严厉抵制：其中著名学者有苏辙[2]、郑樵[3]、姚际恒[4]和顾颉刚[5]。他们极力否认在兴之形象与所引发的话语之间建立必然的对应关系。另一些学者采纳了下列立场：兴之形象具有对应性含义，但其他形象不具有。笔者想指出否认兴的对应功能就忽视了兴的一个重要特征。兴是允许多元阐释的一个开放结构，同时又对牵强和无拘无束的阐释施以文本制约。否认兴的对应功能就等于允许读者以任一种方式阅读。我们已经讨论了雎鸠的类比含义。如果接受对隐含类比的否定，认为雎鸠的呼叫只是促使诗开

---

[1] 郑樵，《诗辩妄》，顾颉刚编，北京：朴社，1933年，第13页。
[2] 苏辙："欲观于《诗》，其必先知夫'兴'之不可以与'比'同。"参见其《诗论》。英译引自 Pauline Yu, *The Reading of Imagery in the Chinese Poetic Tradition* (Princeton: Princeton University Press, 1987), 60。
[3] 郑樵，《读诗易法》，"六经奥论"，卷 1,14b,《通志堂经解》。英译 Pauline Yu, *The Reading of Imagery in the Chinese Poetic Tradition*, 60–61。
[4] 姚际恒认为："兴者，但借物一起兴，不必与正义相关也。"参见"诗经论旨"，载《诗经通论》，第1页。
[5] 顾颉刚认为兴的作用仅仅是开启一首歌的韵和开头一行，接下来便没有关系了。参见他的"起兴"，载《古史辨》，卷3，第673—677页。

始的刺激物,那就会产生毫无限制的阐释,因为关关是鸟叫,因而指代多种含义。除了作为身体美、和谐婚姻、道德操守和爱的本能的象征外,水鸟也可能代表求助,发现了食物,危险警告,寻找同伴、父母、孩子、朋友、群体等等的信号。所有这些含义都是可能的,但不具有相同的合理性。衡量合理性的标准就是对应功能。把雎鸠解作身体美、和谐婚姻或爱的本能的象征是令人信服的,因为它们能在诗的语境中找到相应的内涵。其他方式的阅读不那么令人信服,仅仅因为它们只能找到一些微弱的回音或根本找不到回音。在这个意义上,可以提出一个悖论式主张:"兴"的结构既是开放的又是封闭的;对"兴"的阐释既是自由的又是受约束的。同样的条件也适用于开放场。

阅读与书写的文字游戏

现在讨论一个问题:《诗经》中诗的开放性是天然存在的还是有意为之?答案是不得而知,但我们可以做一个合乎情理的猜测。笔者的猜测是二者皆然。《诗经》中诗歌都是包括孔子在内的文人收集、编辑和再编辑的民歌,仅就这个事实而论,有的诗人故意让一些诗开放。第129首《蒹葭》就是个例子。明代季本这样评论道:"经旨曰:此诗言人不可远人以为道也,盖知学者所作也"。① 季本的猜测是合理的。不管诗人是谁,他都是在玩文字游戏来探讨开放的可能性。一个明显的迹象就是修辞表达,

---

① 季本,《诗说解颐》,影印文渊阁四库全书,79,136b页。

"所谓伊人"。没有任何办法识别其身份：男还是女，老还是少，仪表堂堂还是相貌平常，高还是矮，瘦还是胖，富还是穷。在正常情况下，当我们阅读关于某人的一首诗时，应该能够用心眼看到那个人的形象。我们可以将这首诗与第 57 首《硕人》加以比较。读过第 57 首之后，我们能够描画一位夫人的画像，不管那幅画像根据读者的建构而有多么不同。但在读过《蒹葭》之后，我们怎么也不知道那人长得什么样。然而，那人却不是子虚乌有。在一番热烈的寻找之后其可欲性确定无疑。那就仿佛诗人故意让那形象开放，让读者随自己意愿去具象化。这个创造可欲性形象的策略与老子所说的"大象无形"原理相对应，后代常常将其用于诗歌创作。

意图性开放的另一个迹象可见于能指的物质方面。有些诗中的选词似乎是通过能指的物质性中介而有意做到形、声、义的内在对应。这种意识可见于形、声、义相同、相似和相等的字与词之中。在第 131 首诗中，兴的形象"黄鸟"在三个不同诗节中栖于三棵不同的树上：棘、桑和楚。笔者在前面提到过该诗是一首挽歌。如许多论者所说，它也是一首刺诗（批评诗）。中文中，"刺"与"扎"、"戳"同意。"棘"和"刺"形似，有相同韵母。荆棘和黑莓（楚）都带有扎、戳的刺，因此该诗隐喻地暗指批评。"桑"与"丧"、"殇"、"伤"同音。闻一多指出，在上古时期，"桑"常常被用作"丧"的借代词。"交交黄鸟，止于棘。"这两行可以读作：黄鸟聚集在坟地，唱着挽歌悼念三个英年早逝的好人，他们的死伤了秦国人的心。多义词的使用给《二子乘舟》赋予了适于多元阐释的谜：

二子乘舟,
汎汎其景。
愿言思子;
中心养养。

二子乘舟,
汎汎其逝。
愿言思子;
不暇有害。①

在第一节中,景和影的韵母相同,并常常与后者交替使用。所以,该诗可能指告别的场面或指离去者的身影。在第二节中,逝可能有三层意思:离去、死去、消失。景和逝的不确定性使该诗具有多价性。据传统阐释,该诗指一历史事件。卫宣公想要杀死长子。他的小儿子知道了这个阴谋,就警告长兄,但长兄拒绝逃跑。最终,兄弟俩都惨遭毒手。卫国人哀悼他们的死,写了这首诗。② 根据这个语境,该诗可以是为这兄弟俩的壮举写的颂诗:他们面对死亡,就仿佛那是一次乘船漫游。但诗中没有文本证据支持这个历史语境。该诗措辞含混,我们可以说其主题是相当开放的。它可能描写两个人的离去;可能对他们的死表达哀悼;可

---

① 《毛诗正义》,卷 2,43,载《十三经注疏》,第 311b—c 页。
② 参见《毛诗正义》,卷 2,43,载《十三经注疏》,第 311 页。

能是描写对他们的颂扬；也可能指所有这些外延和内涵意义。

在《关雎》中，仿声词"关关"可以替换为"呱呱"，一种扁喙鸟的叫声，但"关关"在语义上却是多义词。"呱呱"单纯是仿声词，而"关关"除了模仿鸟叫外，还有一系列联想意义。以前的学者已经表明"关关"有"相关"和"关心"之意。笔者在此提出的意见是，它也可能与"关闭"相关（被封闭或关闭在某处），意即"隔离"或"隐居"。这两个意思适合诗的语境。在该诗中，"逑"似乎是另一个有意选择的词。所有注解者都认为它与"仇"同。如果用"仇"，韵脚不会受影响。选择用"逑"，是因为它是一个双重双关。在音与形上，"逑"与"求"同，诗中两次出现这个词，构成了诗的主要行动。在诗的语境中，可以说："一位美丽娴静的女士被一位君子苦苦地追求。"在某种意义上，这种解读更适合诗的主旨，因为其形象、行为和主题都是关于"求"的。

我们已经论证过原初意图无法还原，可能有人反对笔者已经描述过的同一个字、词、短语的不同解读可能不是有意为之的，至少没有证据证明如此。这个反对意见当然是合理的。然而，即便我们接受这个反对意见，从读者角度看，上述分析已足够提出这样的观点：它构成了笔者称之为"双关游戏阅读"的一种阐释方法。闻一多已经广泛探讨过《诗经》许多诗中声、形、义的变形。在一些情况下，所意指的词和所用的词展示了有意识创造开放空间的种种努力，如第8首诗《芣苢》。对该诗的阐释相当不同。所有差异均源自"芣苢"一词。据说那是一种植物，但闻一多通过考证指出，该词由于声、形的复杂关联所指的是"胚胎"：

"不知芣胚并'不'之孳乳字；苡胎并'以'之孳乳字，'芣苡'之音近'胚胎'，故古人根据类似律（声音类近）之魔术观念，以为食芣苡即能受胎而生子。"[1] 他的考证式研究意味着双关游戏的写作可能是有意为之的。即便我们不能识别出双关游戏写作是《诗经》诗人的有意为之，但也可安心地说，双关游戏阅读是打开诠释空间的一个有效策略。

---

[1] 闻一多，《诗经通义》，载《古典新义》，第 121—122 页。

第六章 《诗经》诠释：盲点与洞见

与《周易》诠释一样，《诗经》诠释也有一些有趣的特点。第一，中国历史上几乎所有大学者都涉足《诗经》诠释。第二，如《周易》学者分成两大阵营——象数派和义理派一样，《诗经》学者也基于其对毛诗序的支持或反对而分为两派，人称尊序派和废序派。第三，每一派都有其前提、规划、偏爱和诠释手段。第四，每一派都据特定诗歌和一般阐释理论而有其洞见和盲点。通过研究作为《诗经》诠释不同流派之基础的这些前提、指向和方法论，我们可以高屋建瓴地看到这部诗集何以充满了开放性，开放性何以获得，以及我们怎样才能找到建构开放诗学的理论基础，这些都得益于《诗经》诠释中的盲点和洞见。

寻找原意

在《诗经通论》序中，姚际恒把《诗经》排在诸经之首：

"诸经中诗之为教独大，而释诗者较诸经为独难。"[①]何以如此？姚际恒解释说，《诗经》中各诗的原初意图和主题都在传播过程中遗失了，结果，后世学者都成了在黑暗中摸索的盲人，犯了许多错误，做了许多蠢事。姚际恒是少数几位发现《诗经》是没有起源和语境的文学文本的前现代学者之一。他指出《诗经》诠释由于这一缺失而受到严重损害。然而，笔者认为这一缺失是双刃剑。的确，它影响了《诗经》诠释，但与此同时，它也促进了《诗经》诠释。没有这一缺失，《诗经》诠释传统就不会像今天这样丰富多彩。

与任何诠释传统一样，《诗经》诠释也以文本阅读为中心，涉及一个阅读过程。任何一种阅读的结果都由许多因素决定。其中三个本质因素是读者、文本和语境。任何阅读都是读者与文本在语境内的互动过程。读者通过其意识形态亲和性、道德价值观和个人喜好来控制阅读过程。但反过来读者也受文本的控制。不考虑文本阅读会产生完全主观的诠释，这完全可能被其他读者所忽略。对《诗经》诠释来说情况也是如此。无论《诗经》诠释者怎样曲解和扭曲对《诗经》的解读，他都不可能脱离原典文本。即使《诗经》诠释史上最荒谬的评论也是以文本阅读为基础的。由于起源和语境的缺失，这些评论可能没有足够的勇气声称其合法性。在《诗经》诠释史上，大量惊人的评论、注解和批评并不是完全由于人们始终视其为儒学经典才得以产生的。《诗经》不是唯一的儒学经典。在所产生的大量诠释中，只有《诗经》能与

[①] 姚际恒，《诗经通论》，北京：中华书局，1958年版，第7页。

《周易》相媲美，甚至有过之而无不及，这与《诗经》的特殊条件相关。在阅读的三个主要因素中，读者是自由的执行者，文本和语境是制约者。但在《诗经》诠释中，语境的约束丢失了，文本制约也不像在其他文本里那样严格。于是，读者在阅读过程中享受了更大的自由。

与《周易》研究一样，《诗经》诠释甚至经历了更大规模的扩展，达到了完全可以称之为滚雪球的效果。《诗经》诠释史是一部竞争的、冲突的、富有争议的历史。它是混乱的、无秩序的和令人气馁的。《诗经》诠释史上互相攻讦，各持己见。有些人甚至固持己见。很少有人似乎意识到《诗经》的大多数诗是没有清晰"主体立场"的文学文本。

在阅读中，文本会为读者提供阅读的视角。这些视角被称作"主体立场"，包括前文本意图、创作语境、文本取向和文本效果。在《诗经》诠释中，许多诗的主体立场要么太少，要么太多。更确切地说，"太多"的主体立场是"太少"主体立场造成的。由于许多诗没有暗示清晰的主体立场，所以诠释者仓促地争夺立场。最初，西汉通行所谓的齐、鲁、韩、毛各家，接着是东汉郑玄（127—200）以《毛诗序》为基础，吸收其他三派之不同因素，产生了《毛传郑笺》，其主体立场由此主导《诗经》诠释直到现代。唐代孔颖达（574—648）受皇帝钦点组织学者编辑、注解郑玄本，成为范本，取名《毛诗正义》，标题的意思是"毛亨版《诗经》的正确意义"，毫不含糊地宣布了毛诗序的主体立场，即，此为《诗经》诠释之唯一正确的导向。然而，这无法平息持不同意见的声音。学者们挑战毛诗序的正确性。历史上，尊序派和废序派进行了漫长而持久的争论,比之于《周易》诠释中象数派与义理派之间的争论毫不逊色。

尽管两个学派有不同的规划、考量和知识取向,其研究《诗经》的方法却是由相同的阅读范式决定的。这就是政治和道德范式,视《诗经》为昔日政治和道德秩序的反映和再现。尽管有些人想要尝试摆脱这个范式,但直到现代,偏离那一轨道从未严重到足以僭越这个范式之局限的程度。即便是两个学派之间的激烈争论也不例外。表面上,这场争论以一种标志着现代阅读理论之解构批评色彩的强度为特征,而事实上是要在《诗经》诠释竞赛中寻找自己的位置以发现虚无飘渺的起源而激发的一场狂烈运动。在西汉初期,《诗经》诠释中有四个主体立场。齐、鲁、韩、毛各代表一个主体立场。到东汉,毛派把其他三派排挤出竞赛跑道,而成为主导立场。此后,《诗经》诠释一直遵循《毛传》和《郑笺》所规定的路线。但在这个传统内部,也出现了更加激烈的争夺位置、寻找起源的角逐,甚至连具有独立精神的学者,如姚际恒、崔述和方玉润,即便超越了毛序支持者与反对者的争论,但也未能摆脱对诗经起源的追寻。①

笔者对现代以前《诗经》研究的批判梳理似乎支持宋代一位学者的意见:"六经皆厄于传疏,诗为甚。"② 现代学者对《诗经》的诠释传统甚至采纳了更加否定的态度。顾颉刚把《诗经》比作

---

① 关于这场争议的详尽叙述,可参见夏传才《诗经研究史概要》,郑州:中州书画社,1982年版;林叶连《中国历代诗经学》,台北:学生书局,1993年版。
② 参见严粲,《诗辑》,台北:广文书局,1960年版,第1页。

一座被蔓草和葛藤盘满了的有价值的古碑。①郑振铎把《诗经》注疏比作瓦砾,把它的真相掩盖住了。②胡适干脆把《诗经》诠释当作"二千年的烂账"。③

笔者进行这番批评梳理的目的不仅要对《诗经》诠释之混乱和无序状态进行历史化,也要表明这种复杂状况是由在已丧失的语境中寻找起源引起的。一个众所接受的批评观点是,如果想要从这种混乱状况中走出来,就必须把不同而发散性的诠释看作是学者们围绕这样的主题进行的争论,即:我们是把毛序看作解读《诗经》的钥匙,还是拒绝毛序,视之为误人的导向?这一看法固然不错,但笔者的批评表明,围绕毛序的这场争论实际上还是关于起源的争论。这才是一切争论的最终原因。

大多数《诗经》诠释,无论尊序派还是废序派,对《诗经》的真正兴趣都是想要了解诗集的原初意义和原生状况。历史上的全部诠释,无论是古代或现代的,都分享同一个观点,即诗集中每一首诗的原始起源或意义都可以通过诠释而重新获得。孟子也许是表达这一观点的第一人。④毛派评论集中表现了探讨诗背后意图的尝试。如范左伦(Van Zoeren)所说,毛诗序的核心主张之一是"坚持认为诗歌集完整表达作者们的真正目的或曰志"。⑤

---

① 顾颉刚,《诗经在春秋战国间的地位》,《古史辨》,北京:朴社,1935年版,卷3,第309页。
② 郑振铎,《读毛诗序》,《古史辨》,卷3,第383、385页。
③ 参见胡适,"发刊宣言",《国学季刊》,卷1,1册(1923年),第11页。
④ 《孟子注疏》,卷9,载《十三经注疏》,北京:中华书局,1979年版,第2735页。
⑤ Steven Van Zoeren, *Poetry and Personality: Reading, Exegesis, and Hermeneutics in Traditional China* (Stanford: Stanford University Press, 1991), 114.

而毛派诠释者采纳的研究诗集的根本方法就是"关注文本和表达背后的动机"。① 甚至第一个对毛诗序之可靠性提出怀疑的欧阳修（1007—1072）也有探讨《诗经》之原始和统一意义的动机，他认为在漫长的传承过程中，《诗经》的原初本义和统一意义由于衰落和分散而丧失了。他的《诗本义》证实了把诗人意图视为诗之基础和本源的观点。在对"本"与"末"的区别中，他显然把诗人的意图置于读者重构的意义之上。② 方玉润虽然以独立精神和原创阐释著称，也没有脱离对原始意图的探寻："务求得古人作诗本意而止。不顾序，不顾传，亦不顾论，唯其是者从而非者正，名之曰原始，盖欲原诗人始意也。"③

现代学者也登上了探寻起源的同一条船。郑振铎高度评价姚际恒、崔述和方玉润等人的《诗经》评注，但仍然认为他们的研究没有揭示《诗经》的原始特征，因为"《诗经》的本来面目在他们那里也不能找得到。"④ 西方学者也参与了对原始意图的探寻。葛兰言（Marcel Granet）也许是西方开启《诗经》诠释之现代潮流的第一人，他也与许多现代学者一样，为这种原典阐释而不解："学者们——而且是优秀的学者们——何以不能阐释其本国语言？"⑤ 他探讨了这种错误之缘起，开始了一种衍生于意识

---

① Steven Van Zoeren, *Poetry and Personality*, 46.
② 欧阳修，《诗本义》，四部丛刊本，卷14，第6—7页。
③ 方玉润，《诗经原始》，北京：中华书局，1986年版，第1册，第3页。着重号为引者所加。
④ 郑振铎，《读毛诗序》，载《古史辨》，卷3，第385页。
⑤ Marcel Granet, *Festivasl and Songs of Ancient China*, translated by E. D Edwards (New York: Dutton & Company, 1932), 6.

形态诉求的寓言式阅读方法。"他们不纯粹是学者。他们与其说是文学的爱好者，不如说是文学官员。他们让诗歌服务于政治伦理，因此不能承认其通俗起源。"由于原典阐释导致了"对文本的误解"，葛兰言建议将其搁置一旁，而把诗视为民歌。他认为如果能够记得诗集的民间起源，"那就可能超越简单的文学解释，超越象征性阐释，而发现诗的原始意义。"① 葛兰言似乎没有意识到，他的阅读方法如原典阐释方法一样，不过提供了阅读这些诗歌的另一个主体立场。虽然有其长处和迷人之处，他的阅读方法也与传统研究一样未能揭示诗集的原始意义，因为这些原始意义是任何人的努力都无法获得的。

寻找《诗经》之原始意义的动机导致了大相径庭的评论、注解和阐释。一个现代学者正确地指出有人："或自诩为已得诗人的原始精神之本心，语语中的；或自署其书为'正义'、'本意'、'本义'、'通论'、'辨妄'，以为人人皆非，唯我独是。……所以，一部《诗经》聚讼千年，至今仍未有定说。"②

顾颉刚在批评古代《诗经》诠释把该书弄得一团糟之后，提出了一个值得深思的问题："他们少数人闹，为什么大家不来反对，反而灭没了理性去盲从他们呢？"他给出的答案是：但不幸大家都没有历史的智识可以帮着研究，所以结果只造成了许多附会。③ 与葛兰言一样，顾颉刚认为，如果拥有足够的历史知识，

---

① Marcel Granet, *Festivals and Songs of Ancient China*, 17. 着重号为笔者所加。
② 赵制阳，《诗经赋比兴综论》，台湾新竹：风城出版社，1974年版，第8页。
③ 顾颉刚，《古史辨》，卷3，第367页。

就能够获得那些诗的原初意义。他的立场却基于另一个意识形态前提：如果了解历史上发生的事，那就是认识了真理。作为伟大的学者，他从未明白作为语言的诗歌能够引发读者无限量的阐释。他的立场很不令人满意，因为它忽视了《诗经》是文学文本而不是历史文献这一事实。因此，即便有足够的历史背景知识，学者们迄今也未能回答另一个问题：少数几个代学者何以曲解了《诗经》？《诗经》的内容何以让他们随心所欲地阐释这些诗歌？这个问题迫使我们检验阐释的内在机制，正是这些机制使得历史上的学者根据自己的信仰和目的来解释《诗经》。

两个范式：一个取向

综观历史上的《诗经》诠释，我们看到尽管阐释炫目多彩，但都可归结为代表两个基本阅读范式的两大范畴。第一个范式认为，《诗经》是对过去时代的反映，因此倾向于将其读作那个时代的道德和政治表达。第二个范式认为《诗经》是过去时代里个人的诗意表达，因此倾向于把那些诗读作个人自我表现的工具。现代之前的传统诠释者一般都在第一个范式之内。欧阳修、朱熹、严粲（活跃于1248）、姚际恒、崔述和方玉润的确涉足过第二范式，但还没等彻底走出第一范式就又匆忙地折回去了。阅读中范式的真正转换开始于五四运动之后。现代学者对远古的一切历史文献进行了严苛的细读，对古代历史的各个方面倾注了大量怀疑，自然地，他们拒绝接受第一个范式，开始借助第二个范式阅读。虽然传统学者和现代学者借助不同范式，但他们分享共同的基础：这些诗有其原生的创作目的，尽管被隐藏在层层的历史遗迹之下，但似乎总是可以挖掘出来的。现代诠释者已经标示出阅读中不同程度的开放性，但总起来说，他们并不想认可这样的观点，即，文学文本由于其文本性而被赋予开放性，正是这种开放性使不同的甚至分歧的解读成为可能。他们似乎没有意识到，《诗经》中的诗篇由于其特定的历史、语言和审美条件而被赋予了比"正常"情况下产生的诗更大的一种开放性。所谓"正常"情况指的是作者、前文本意图、历史语境都已知的情况。由于相信原始意图能够恢复，这两种范式都建立在同一认识论的基础之上，而趋向于同一方向——恢复丢失的作者意图。

在此笔者将分析一位现代学者对《关雎》的批评，以显示现代阅读与传统学者阅读一样陷入同一个盲区（即相信原始意图的可恢复性）。蓝菊荪在对《关雎》的解读中驳斥陈子展，后者认为这是一首描写上层社会男女爱情的诗。在论证中，他展示了对关键词"君子"和"淑女"的注解中令人羡慕的文学感性："《诗经》上一个词的含义本来就要看在什么具体环节下而定，不可能是一成不变的。"他接着说："'君子'一词是用来称呼贵族并带有反面意味的一个普通名词，但也作为普通男子的尊称，是指那些干活的能手，或纯朴的青年。"在进行一系列深思熟虑的论证之后，他就该诗得出结论说，"这篇主题就不是'歌颂上层社会男女恋爱成功的诗歌'。相反的倒是歌颂下层社会男女恋爱成功的诗歌。我主观上觉得这样去理解比较更为符合当时的事实。"[①]

---

① 蓝菊荪，《诗经国风今译》，第6页。

问题在于他的主张：他的解读比较合理，因为它与该诗创作时的原初状况相对应。笔者只对他的主张提出这样的质疑：你何以知道你的解读符合过往时代的历史事实呢？你如何确证该诗主题衍生于其创作时代的事实呢？陈子展的解读受到蓝菊荪的批评，但陈子展也程度不同地意识到了《诗经》中大多数诗歌的盲点，"在我看来，在目前，就算是《诗经》'专家'罢，谁也不敢担保自己不受'瞎子断匾'的嘲笑的。"[①]

    笔者冒昧提出，《诗经》的评论者和批评家们，从毛亨和郑玄，中间经朱熹、姚际恒和方玉润，直到顾颉刚、闻一多和屈万里，都有其洞见和盲点。他们每个人都通过其评论、注解和阐释展现了迷人的真知灼见。然而，他们也都分享一个共同的盲点——即，他们都认为《诗经》的每一首诗都有发自诗人意图的原初意义。他们都闭目不见这些诗的文本条件，这些诗都是用不确定的诗歌语言创作的，都具有开放的结构原则。本章中，笔者要证明，想要寻找诗人之原始意图或意义的任何尝试都是幻觉，因为《诗经》是一部诗集，其大多数诗的起源都是未知和不可知的。

不确定的主体立场

    前一章对《关雎》的分析已经找到了其开放性的各种不同因素。该诗虽然具有代表性，但并没有穷尽所有可能的开放策

[①] 陈子展，《国风选译》，上海：春明出版社，1955年版，第11页。

略。在《国风》的其他诗篇中,我们可以看到不同类型的开放策略。《蒹葭》可以看作是中国历史上第一首朦胧诗。清代牛运震(1706—1758)说:"此诗在国风为第一篇飘渺文字。"[①] 一般说来,人们一致认为这是描写寻觅的诗。在这个意义上,它与《关雎》拥有相同的主题。但它与《关雎》却极为不同。阅读《关雎》时,读者会随着诗的展开而逐渐形成一个主体立场。首先读到爱上了某人,接着是受折磨的爱的精神状态,然后是求爱,最后是(真实的或想象的)婚礼。而在《蒹葭》中,甚至在读完整首诗后也不清楚主体立场是什么。诗的结尾就是一次寻觅。至于寻觅什么,那只能猜测。对此现存三种观点:(1)寻觅的对象是一条道德原则。大多数儒家论者都隐讳地持这个观点。吕祖谦明确地说:"所谓伊人,犹曰所谓此理也。盖指周礼也。"[②](2)寻觅的对象是一个道德高尚之人或一个隐士。丰坊、姚际恒、郝懿行、方玉润等学者都持这个观点。(3)寻觅的对象是爱(或爱人)。现代学者倾向于采纳这一观点。笔者想增添一个范畴。寻觅的对象也许是一个形而上物体、欲望、自我、存在、道,或以任何名称命名的个人追求。现存的阐释只不过是无数可能的解读中的几种。该诗如此措辞以至于使寻觅的对象被遮上了一层神秘的乌云。我们面对的是一长串未予回答和无法回答的问题。"伊人"是人还是物?是道德原则还是幻觉般的感受?如果是道德原则,那究竟是忠诚、操守还是礼节?如果是观念,那么是寻找生

---

① 牛运震,《诗志》,载武强贺氏重刊本;转引自《国风集说》,第1065页。
② 吕祖谦,《吕氏家塾读诗记》,上海:商务印书馆,1934年版,卷12,第11页。

或死的意义吗？是原始存在还是无法实现的欲望？如果是幻觉，那么是酒精、毒品、宗教狂热导致的后果吗？如果是人，那么是道德高尚之人还是热爱的对象？如果是热爱的对象，那么是情动的对象还是性欲的对象？如果是情动的对象，那么是父、母、孩子、后代、朋友，还是主人？如果是性欲的对象，那么是男性还是女性？如果是男性，那么是丈夫还是情人？如果是丈夫/情人，那么是已故还是正抛弃诗人的情人？如果是女性，那么是隐居深闺的姑娘还是象征性地被人鬼之间的障碍隔绝的亡妻？或是被丈夫严控的主妇，或是一个常人与仙人之间的障碍而与诗人隔离的仙女/精灵？或仅仅是不知自己正被另一人所爱的人？如果是普通意义上的爱，那么这是不是由于门户不对、社会障碍、家仇或其他什么原因而不可能实现的爱？事实上，一首如此神秘地构思的诗，我们并不确知寻觅的对象究竟是男性还是女性，更不必说其身份了。鉴于这种看法，该诗是完全开放的。笔者提出的这一系列问题可用作意义解读的线索或导向。读者可以顺着这些线索进行有趣的阅读。作为另一种实验性阅读，笔者想把该诗解作对生命意义的寻觅。

190
蒹葭苍苍，白露为霜。
所谓伊人，在水一方。
溯洄从之，道阻且长。
溯游从之，宛在水中央。

蒹葭萋萋，白露未晞。

> 所谓伊人，在水之湄。
> 溯洄从之，道阻且跻。
> 溯游从之，宛在水中坻。
>
> 蒹葭采采，白露未已。
> 所谓伊人，在水之涘。
> 溯洄从之，道阻且右。
> 溯游从之，宛在水中沚。[1]

此诗前两行给出一个大致的季节概念。朱熹认为该诗写于秋天。[2] 当然有文本证据支持这种说法。芦苇苍茫，但仍未枯萎，这一定是秋天。白露变成霜的细节暗示这是深秋。在古代中国，秋天是收获的季节，也是感怀的季节：悲伤、情绪和沉思。诗中秋天的意象是双重的。一重与诗人的生活观和沉思的情绪相关。这时秋天也具有了隐喻意义。它可能指诗人中年生活的后期。露象征着生命力，一旦变成霜，就象征着白发、寒冷和萧瑟苍凉的景象。季节变化令诗人伤感沉思起来：我一生中都做了哪些事？或，生命的意义何在？这些问题让他开始寻觅："所谓伊人，在水一方。"溪水代表什么？不确定代表什么，在笔者的阅读框架中，它代表时间，时间之河。

用流水比喻逝去的时间是一种跨文化做法。在《论语》中，

---

[1] 《毛诗正义》，载《十三经注疏》，第372页。
[2] 朱熹，《诗集传》，北京：文学古籍刊行社，1955年版，卷6，第17页。

圣人说:"子在川上曰:'逝者如斯夫,不舍昼夜'。"[①]与孔子一样,诗人也一定站在溪水边,惊奇地发现流水与逝去时间之间的相似性。似乎在他看来,生命的意义就在特殊的生命逝去和一般的岁月流逝之中。"溯洄从之,道阻且长。"时间从过去流经现在而流向未来。他逆流而上——即想要回到过去。过去没有开端,从生命的黎明延伸到人的无意识之中。"溯游从之,宛在水中央。"我顺着流动的时间走入未来。生命的意义似乎就在未来,但不完全如此。"宛"字(似乎)表明那不是生命的真正意义。

诗人继续寻觅。第二和第三节几乎是毫无改变的对第一节的重复。重复也许暗示寻觅的强度。三个诗节代表进入消逝时间之寻觅的三次尝试。"三"实际上意为许多。三个诗节可以解作诗人生命中三个不同时期的三次寻觅:青年、中年和中晚年。这三个时期被置于逆向次序:先是老年、接着是中年,最后是青年。芦苇和白露的微妙变化可以用来支持这个顺序。三个重复字组"苍苍"、"萋萋"和"採採"都是描写芦苇的生长状况的。《毛诗序》把"苍苍"解作"盛也",[②]并用这个意思解释另两个词。孔颖达和其他传统论者都同意毛序。现代学者也接受这个解释。不过他们把意思具体化了。闻一多注解:"苍苍萋萋采采皆颜色鲜明貌。"[③]其他现代学者把这三个词注释为"绿或深绿"。笔者对这些毫无区别的注解表示怀疑,因为这似乎不怎么合意,故提出一

[①] 《论语注疏》,卷9,35a,载《十三经注疏》,第2491页。
[②] 《毛诗正义》,载《十三经注疏》,卷1,第372页。
[③] 闻一多,《风诗类钞》,载《闻一多全集》,武汉:湖北人民出版社,1990年版,第27页。

个稍有不同的解释。

虽然这三个词可能指三个或多或少相似的生长环境,但也许有程度不同的差别。许慎《说文解字》把"苍苍"定义为"卉色也"。[①]他没有特指什么颜色。"苍苍"一般指绿色,但也指"灰白",如描写老人头发的颜色。据《辞源》,"萋萋"意为"云起貌"。[②]"采采"常常与"彩"同义,意为"明亮"。虽然朱熹同意毛、郑、孔等学者,但他的确触及了一个不为人注意的方面。在注明该诗日期时他说:"蒹葭未败,露始为霜。"[③]芦苇尚未枯萎,但将要枯萎,同理,诗人尚未老,但将要步入老年。我们不可能一一检验而区别三个词间的微妙差别,但我们可以在诗的语境中找到这种微妙差别,尤其是通过临近词和相关词:"白露为霜"、"白露未晞"、"白露未已"。"露"常常指恢复精力和使人恢复精力的元素,能量和恢复能量的元素,以及给予生命力的各种属性。在诗的语境中,它可能是与诗人生命力相关的一个意象。白露充溢指诗人生命力旺盛;白露仍未干枯指诗人之中年;而白露为霜则指诗人已步入老年。

因此,芦苇和白露变化的状态意味着这三节诗代表三次寻觅,即诗人生命中的逆向次序。"水中央"、"水中坻"和"水中沚"都指寻觅的对象——生命的意义:生命的意义是不确定的、变化的。三组变化,"宛在水中央"、"宛在水中坻"、"宛在水中

[①] 许慎,《说文解字》,卷1,第6页。
[②] 参见《辞源》,北京:商务印书馆,1988年版,第1466页和1467页,第987页。
[③] 朱熹,《诗集传》,卷6,第17页。

沚",指诗人对其生命目标之变化的认知。年轻时,他也许以为生命的意义容易获得,如同到河边的一次出游。中年时,他不那么乐观了。寻觅的目标退回到水中央,因此也不那么容易接近了。中晚年时,他渐渐明白生命的意义就在活着的过程中:正如寻觅的目标就在水中央,在流动的时间之河中。笔者的解读表明这是历时寻觅中的共时寻觅:面对一般的生活背景,在无始无终的时间之流中沉思自己的生命。结论是:生命的意义是不可企及的。年龄越大、经验越丰富,就越能强烈地感到生命意义的不可企及。如果愿意,笔者可以把该诗读作对人之存在、第二自我、丧失的自我甚或道的寻觅。季本提供了一种类似的有趣解读。①

从讽喻到开放性阅读

笔者有关《诗经》诠释的研究不仅对众所公认的两个阅读范式提出了质疑,而且重点研究了诠释者的盲点,自相矛盾地是这些盲点证明是他们注入阅读的宝贵见解。在对《诗经》诗歌之原始意义的寻觅中,诠释者们完全摆脱了形式主义的文学文本观,即文学文本自由、自治、有其自身目的的封闭系统。如把文学视为一个封闭系统,那就不必走出文学去破译文学的意义。诠释者可以排除文本之外的一切——传记、历史、政治、文化、作者、读者等等——而专注于文本自身。但笔者所选择的诗及其阐释表

---

① 季本,《诗说解颐》,文渊阁四库全书,卷79,第136页。

明，如果不走出文本，这些诗就不过是神秘的谜。《蒹葭》就是这一状况的缩影。把该诗与其牵合的联想连接起来，它便开始自行开放，产生出不同的阐释。《蒹葭》就仿佛一块中国豆腐，它恬淡，几乎无味，但一旦添加不同佐料，便会产生不同的味道。这是说明文学开放性的极好例子。

在研究儒家诠释的批评方法时，现代学者，尤其是现代西方学者，以为他们在使用寓言或象征的阅读模式。理雅各（James Legge）和翟理斯（Herbert Giles）是最早把《诗经》介绍给西方的学者。他们指出这种阅读方式实际上没有使用"讽喻"（allegory）。[1] 葛兰言（Marcel Granet）可能是第一个用"讽喻"一词描述古典阐释的学者。[2] 此后，讽喻式阅读就成了描写传统阅读模式的术语，而"讽喻"一词便为广大学者所使用，包括亚瑟·韦利和王靖献。[3] 近来"讽喻"一词在中国诗学领域引起了

---

[1] 分别参见 James Legge's "Prolegomena" to The She King, in *The Chinese Classics*, Vol. 4 (Oxford: Clarendon Press, 1871), 29; Herbert Giles, *A History of Chinese Literature* (New York: Appleton-Century, 1928), 12–14。

[2] Marcel Granet, *Festivals and Songs of Ancient China*, translated by E.D Edwards (New York: Dutton & Company, 1932), 6.

[3] 参见 Arthur Waley 译 *The Book of Songs*, 335–337. C. H. Wang, *The Bell and the Drum: Shih Ching as Formulaic Poetry in an Oral Tradition* (Berkeley and Los Angles : University of California Press, 1974), 1–3。

有趣的讨论，成为浦安迪①、余宝琳②、宇文所安③、张隆溪④和苏源熙等人争论的热点。在《诗经》诠释的语境里"讽喻式阐释"究竟意味着什么？苏源熙总结道："用'讽喻'来描述旧的诠释派的意义不过是宣布这样一个事实：该词不仅意味着'象征'或'道德'，而且强调文本与评论的不匹配。"⑤余宝琳强烈反对把儒家阅读模式视为"讽喻"，理由是："传统评论者们并非把《诗经》里的诗读作虚构作品，即作为对应于某一历史现实或哲学真理来创作的，而是直接取自那个现实的故事。他们并没有让那些诗歌指涉基本的他者——属于另一个存在领域的他者，而仅仅表明这些诗歌具有特殊的指涉性。"因此，她建议称传统阅读模式为"语境化"而非"讽喻化"。⑥

"语境化"是描写诠释者在寻找起源过程中争夺主体立场的另一说法，但如苏源熙所指出的，这是一种"潜在误导"。⑦公平地说，余宝琳的语境观指的是批评家／评论家所断定的语境，即便她没有坚持这一观点。所谓的"潜在误导"是说，语境化似乎

---

① Andrew Plaks, *Archetype and Allegory in "Dream of the Red Chamber"* (Princeton: Princeton University Press, 1976).
② Pauline Yu, "Allegory, Allegoresis, and the Classic of Poetry," *Harvard Journal of Asiatic Studies*, 43.2 (1983): 377–412.
③ Stephen Owen, *Traditional Chinese Poetry and Poetics: Omen Of The World* (Madison: University of Wisconsin Press, 1985), 53, 254–58.
④ Longxi Zhang, "The Letter or the Spirit: The Song of Songs, Allegoresis, and the *Book of Poetry*," *Comparative Literature* 39 (1987): 193–217.
⑤ Haun Saussy, *The Problem of A Chinese Aesthetic*, 28.
⑥ Pauline Yu, *The Reading of Imagery in the Chinese Poetic Tradition*, 76.
⑦ Haun Saussy, *The Problem of A Chinese Aesthetic*, 28.

意味着无论评论者说什么那都是真的，那就是实情。笔者想要为这个术语加上一个前缀。笔者的上述讨论已经表明，《诗经》中大多数诗并没有语境，因为这些诗的原始语境久已丢失。《诗经》不确定的文本外和文本内条件构成了一个开放语境，诠释者在这个语境中有充分的余地建构其智慧所允许的众多新语境，以容纳其政治观点、伦理德性和个人嗜好。在某种意义上，历史上所有诠释者，无论古代还是现代，在研究这些诗时都采纳了同一种阅读模式。他们都热切地进行语境化，但由于丢失的语境不能失而复得，他们的语境化势同徒劳，不过是为那些诗提供新的语境罢了。因此，他们尝试的是"重新语境化"，其中涉及大量的人为技巧和发明翻新。在这个意义上，《诗经》批评家都是那些诗据以创作的语境的发明者。作为语境的发明者，评论者和批评家的诠释只是程度上的不同，并非种类的不同。由于《诗经》诗歌的开放语境，所有阐释也就"伪语境化"了，而所有这些努力的结果不过是近似性和近似于迷失。

那么，怎样才能对传统的《诗经》诠释予以总的公正评价？古史辨派几乎全都否认传统诠释。这些学者用来描写其诠释的反面形象——"二千年的烂账"、"被蔓草和葛藤盘满了的古碑"和"层层瓦砾"——意味着它们被认为是毫无内在价值的东西。古史辨派的评价有其合法基础，但并不完全公正，尤其是当我们从文学研究的角度来看待传统评论的时候。现代学者对传统诠释的一个谴责是，传统诠释者毫无例外地把《诗经》中的诗视为政治和道德寓言的表达，几乎全然忽视了它们作为文学的原始特征。然而，如果我们接受把《诗经》中的诗视为文学的观点，我们就必须给传统《诗经》诠释,包括最扭曲、最牵强的注疏,赋予一定的历史地位。笔者的观点基于下面的论证:从文学阅读的角度,这些诗的原始意图或意义已经随着作者的消失而绝迹了。诗人之死使恢复诗的原始意图变得不可能。认为可以重建诗得以创造的语境,并据此重建恢复诗的原始意义,这只能是一个幻想。每一次阅读都是一次独特的阅读,因为每一位读者都不可避免地掺入其背景,因而附加了外在于诗的其他因素。在这个意义上,所有阅读,无论传统的还是现代的,都是平等的。比如,胡适对传统评论采取了激进的立场。但是他对《诗经》中一些诗的阅读也显示出相同的曲解和误读。他对《葛覃》的阐释是:"描写女工人放假急忙要归的情景。"他对《小星》的解释几乎就是个笑话:"该诗是写一个妓女生活的最古记载。"[①]据读者反应理论,我们不能说胡适的解读是错误的,但必须承认他的解读决不优越于毛亨的评论或郑玄的注解。据现代阅读理论,现代阅读与传统诠释的区别仅仅是程度的不同,而非种类的不同。因为它们几乎都是误读。诠释传统发端于毛诗序,此后便始终视其为导引,这并非完全是错误的,因为它代表了一些特定时期要提供语境的尝试;错误之处是它坚持认为它提供了唯一正确的主体立场。

就《诗经》的特殊情况而言,其中的任何一首诗都不可能只有一种"正确的"解读。所谓"正确的",意指读者的阐释与作者的原始意图完全相符。也许有许多种"正确的"解读。因此,我们需要进行《诗经》诠释中的范式转换,采纳一种新的诠释模

[①] 胡适,《谈谈诗经》,载《古史辨》,卷3,585页。

式，权且称之为"开放的阅读模式"。"开放"一词也许会使人感到把各种阐释区别开来毫无意义。正如这些诗有可能的和不可能的语境，也有可能的和不可能的阐释。不可能的阐释产生于以纯粹阅读为中心的阅读，而忽视文本制约和亚里士多德的"或然律"。[①] 可能的阐释是在文本所规定的诠释空间里阅读的结果。可能的阐释当然优越于不可能的阐释。可能阐释和不可能阐释的地位不是固定的。随着研究的深入，可能的阅读会成为不可能的阅读，不可能的阅读会成为可能的阅读。仅举一个假定的例子，在《国风·秦风·黄鸟》中，如果后来的学者证明重构的远古"黑莓"的声音与"桑"毫无相似之处，笔者对那节诗中的"死亡"、"英年早逝"和"心碎"的解读就将被排除，反之亦然。对第8首诗中暗指怀孕和生育的传统阐释似乎是不可能的解读。郑樵只是说那是故弄玄虚："芣苢为妇人乐有子者。据芣苢诗中，全无乐有子意。"[②] 周孚（1135—1177）驳斥了郑樵的《诗辩妄》，引用《尔雅》为传统阐释辩护，"释《尔雅》者言其子主妇人之难产者。[③] 传统阅读视之为不可能阅读的说法似乎确立，但闻一多有据可查的研究又把不可能的阅读变成了可能的阅读。[④]

所有可能的阅读，无论是古代的还是现代的，都是平等的，因为它们都存在文本的诠释空间之中。但是，变换一下乔治·奥

[①] Aristotle, *Poetics*, in Hazard Adams, ed. *Critical Theory Since Plato* (San Diego and New York: Harcourt Brace Jovanovich, 1971), 53.
[②] 郑樵，《诗辩妄》，北京：景山书社，1930年版，第4页。
[③] 周孚，《非诗辩妄》，载《诗辩妄》，第24—25页。
[④] 参见顾颉刚《非诗辩妄序》，载郑樵，《诗辩妄》，第59页。

威尔的著名论断,笔者可以说有些阅读比另一些阅读"更平等"。有强势的阅读和弱势的阅读,有趣阅读和乏味阅读。强弱和是否有趣的程度并非取决于主体回应,而取决于诸多因素。一种强势阐释源自鲜活的、有趣的和革新的阅读,不仅利用给予特定诗歌的开放语境和开放文本,而且纳入其意指因素和文本证据。张隆溪指出,"阐释的有效性,因此不是绝对的,而是临时的和偶然的,而最好的阐释是容纳阅读过程中的大多数因素,给文本提供了一个最合逻辑的解释,进而最充分地显示整个文学作品的意义。"[1]

互文撒播的书写模式

笔者对《诗经》诠释中尊序派和废序派之争议的研究,只简短地提到了"诗大序",而没有检验其与《诗经》诠释相关的关怀。之所以故意推延这方面的讨论,是因为作为中国文学思想的基础文本,"诗大序"不仅对《诗经》中诗歌具有特殊意义,而且对中国诗和诗学也具有普遍意义。尽管只有几百字,"诗大序"却是中国文学批评的里程碑,提出了中国文学理论的一些原创思想。宇文所安正确地指出,它是"关于中国传统诗歌之本质和功能的最权威论述"。[2] 作为专论中国诗学的第一篇论文,大序在

---

[1] Zhang Longxi, *The Tao and the Logos: Literary Hermeneutics, East and West* (Durham: Duke University Press, 1992), 195–96.

[2] Stephen Owen, *Readings in Chinese Literary Thought* (Cambridge, MA: Harvard University Press, 1992), 37.

历史上的重要意义已经得到充分评价。然而，在过去的两千多年里，学术评价只局限于两个相关方面。一个是其作为文学批评的功能。在这方面，它始终被视为汉代以前《诗经》流传至今的阐释的综合。[1]另一个则围绕其作为文学理论的意义。在这个理论层面，它始终被视为第一篇专门探讨早期中国诗之功能的文章。这两方面都与该文献的内容相关。迄今为止，尚无人注意到其表现形式所隐含的诗学意义。

的确，其形式上的表现受到了低估。由于这种低估，大序被误认为有许多缺陷，并因此受到抨击。人们归咎于大序的一个普通缺陷就是其结构松散。由于这个缺陷，学者们感到他们有权根据自己的理解对大序各节重新编排，并将新排的段落划分重新分配给《诗经》的不同诗篇。历史上，最彻底的重新排序为宋代儒学集大成者朱熹所为。他打乱整篇文章，把开头和结尾划入"小序"，分属《诗经》的第一首诗，即《关雎》。[2] 在近代研究中，美国汉学家斯蒂芬·范左伦提出更加不利于大序结构原则的批评："大起大落和暗示的论证特点，突兀地从一个主题跳向另一个主题，在最不需要的地方使用连接词，这是一个连最富同情心的读者也会感到无可奈何的文本。"[3] 与其他学者一样，他认识到大序"是根据诠释学修辞而建构的多层次复合文本"，但却未能欣赏其内在的统一性和连贯性，甚至认为它以"文本变异"而导

---

[1] 蔡钟翔等，《中国文学理论史》，北京：北京出版社，1987年版，卷1，第85页。
[2] 朱熹，《诗序辨》，1b—2b，载《朱子遗书》，台北：艺文出版社，第1969页。
[3] Stephen Van Zoeren, *Poetry and Personality: Reading, Exegesis, and Hermeneutics in Traditional China* (Stanford: Stanford University Press, 1992), 97.

致的"混乱"为特征。

笔者冒昧提出,大序是构思精巧、论证连贯的诗论。此外,其表现方式与其内容相关,含有隐性的阅读和书写范式,也许可以称之为德里达所说的"互文撒播"(dissemination)。这个阅读范式不仅确立了阅读《诗经》的模式,而且影响了中国传统的诠释学发展。本节中,笔者不想涉及这个阅读范式如何影响了其他经典作品的诠释这个复杂问题,只将讨论限于总体结构,以及它如何隐含地提出了一个开放范式,预示了当代阅读和书写理论的方方面面。

表面上,大序无疑给人一种随意松散的印象。其作者不管是谁,似乎在进行一次快乐的旅行,朝着他任意选择的方向行进。对这现象的一个解释是,他不得不对与其主题相关的现存资料进行综合,而这些资料如此松散多样,以至于他不得不把它们串联起来。然而,笔者认为作者有一个主导思想和一个设计好的结构,在彻底消化了现存资料之后,他根据这个主导思想和设计建构了他的论文。这个主导思想就是政治和道德批判,而形式呈现的设计就是历史悠久的训诂方法。由于训诂原本是一种诠释,大序的作者就把它变成了写作和阐释的一个方法。

现在,在中国和西方,以文字学方法研究文学似乎已经过时。然而,文字学研究方法与后结构主义方法并不像有人所认为的那样大相径庭。作为历史悠久的学问分支,中国文本的文字学研究与西方文学的文字学研究在某些根本方面是相同的。这种研究的复杂性在此难以尽述,^①只尝试寻找中国文字学研究与当代批评范式之间的共同点。中国文字学与现代文学研究之间的一个明显接触点是关注文学文本的创作条件：即已经进入话语创造的物质方面。中国文字学有一些基本的诠释原则，其中两条是"以形索义"和"以声索义"。^②如本书在《周易》和《诗经》诠释研究中所展示的，文字学研究的这两条基本原则是造成各种不同矛盾解读的原因。在大序的创作中，作者把这两条基本原则变成了我们编织理论文本的经纬，据此开创了一条独特的写作原则，与现代和后现代关于符号之物质性的观念具有某种相融性。根据后现代文本研究，话语的物质性称作文本性，这个术语是说文本是由词语而非抽象概念构成的物质实体。笔者冒昧地提出，中国文字学中广泛应用的技术在某些方面与西方后现代文本研究是相融合的。文本性与文字学的区别在于，前者公开承认语言不简单生产对外部世界的指涉，而是在写作和阅读过程中生产多样性的潜能，即不同的、矛盾的甚至对立的意指流动的潜能。基于这样的构想，后现代文本研究就与封闭的再现和阐释相对立，而拒斥把文本视为自治、有自身目的、具有明确原始意图的文本观念。

中国文字学与文本研究还有另外一个重要的可比之处。茱莉亚·克里斯蒂娃（Julia Kristeva）把文本视为包含许多符号系统的一个网络，并与其他意指实践系统相互纠缠。她把互文性描写

---

① 关于训诂学的详尽系统介绍，见陆宗达和王宁的《训诂与训诂学》，太原：山西教育出版社，1994年版。
② 关于这两个原则的讨论，见陆宗达和王宁的《训诂与训诂学》，第56—134页。

为在文本层级化的符号实践内部的"文本排序",是在历史和社会语境内排列不同文本层面的类型学。① 在某种意义上,大序恰恰就是以这样一种观念构思的。在文学的文字学研究中,传统学者会集中精力寻找最早出现的文本因素及其源出,然后基于这种起源研究阐释文本。这与严格的互文性研究异曲同工,只不过后者的核心是不同文本之间的关系。然而,文本研究的文字学风格不涉及影响追溯,这是互文性研究试图取代的一种倾向。因此,克里斯蒂娃喜欢用"换位"而非"互文性",因为"从一个意指系统向另一意指系统的过渡要求一种新的表达——即表达和指称的位置性"。② 此外,对起源和暗指的偏执性关注极少问及起源是如何应用或改造的。所以,文字学研究常常错失讽刺、戏仿和曲解在阐释中的文本效果。与文字学文本研究相去最远的是无限制的符号学或撒播的观念,即文本作为组织、"组织学"或蜘蛛编网的概念,③ 以及解构的观念或所有话语都存在着互文性的观念,因为每一个文本都是一次编织或"能指的编织",其所指在定义上是由其他话语互文地确定的。④

在阐述中国文字学与后现代文本研究之异同时,笔者发现文学的文字学研究中有一个最迷人的现象:理论上,文字学研究

---

① 参见 Kristeva, *Revolution in Poetic Language* (New York: Columbia University Press, 1984), 59–60。
② Kristeva, *Revolution in Poetic Language*, 60。
③ 参见 Roland Barthes, *The Pleasure of the Text* (New York: Hill and Wang, 1975), 64。
④ 参见 Jacques Derrida, *Positions,* translated by Alan Bass (Chicago: University of Chicago Press , 1981)。

不会接受互文性和解构等概念，更不用说思考这些概念，但在实践中，文字学却超越了自身局限性而得出本质上属于后现代的某些洞见。中国文学的主要诠释传统——《周易》和《诗经》诠释学、《金瓶梅》和《红楼梦》研究——都充斥着这种盲点或未予承认的洞见。在许多情况下，这些洞见都是被自觉承认的。本章的余下篇幅将进行一种重读，以证明中国的洞见何以最初见于大序，它所例示的批评思想何以能变成一种阅读和写作范式。为说明这种范式，需要详细分析整篇大序。且从第一段开始：

> 《关雎》，后妃之德也，风之始也，所以风天下而正夫妇也。故用之乡人焉，用之邦国焉。风，风也，教也；风以动之，教以化之。①

"毛诗序"基于可称为互文撒播的一种结构原则，一开始就总结了《诗经》第一首诗《关雎》的公认主题。《关雎》也是《国风》的第一首诗，大序则称之为"风之始"。在接下来的论述中，"风"即刻就成为一个多价词："所以风天下而正夫妇也。"现在"风"已经不是一个名词了，而成为动词，意即"摇动"或"影响"。以此内涵，该词便与孔子的话相切："君子之德风，小人之德草，草上之风必偃。"② 强风之下摇动的草，这个比喻生动

---

① 大序的中文文字全部引自《中国历代文论选》，1册，第63—64页。文中索引遵照原文段落。
② 孔子，《论语注疏》，卷12，第48页，载《十三经注疏》，第2504页。

地说明了道德教化的力量。由这一互文起源，大序将"风"定义为"风也，教也"。这个定义是同一词的重复，表示了该词的两层意思：一个字面意义，另一个喻义。字面义涉及自然风的自然力；喻义指美德的教化力量。"风以动之，教以化之。"第二段从对一首诗的分析转向对诗生成起源的思考：

> 诗者，志之所之也，在心为志，发言为诗。情动于中而形于言，言之不足故嗟叹之，嗟叹之不足故咏歌之，咏歌之不足，不知手之舞之，足之蹈之也。

代表《国风》的《关雎》现在通过一个提喻引申而得以代表整部《诗经》。结构上，第二段自然要进入关于"诗"的讨论。这里"诗"也有两个意思：指特殊的《诗经》和普遍的诗。关于诗的定义是一种语义重复："诗言志。"有些学者以文字学研究指出"诗"与"志"是同源词。[①]大序肯定了二者的象征关系，指出"在心为志，发言为诗"。这一论断以互文形式与前述诗歌起源联系起来，即《尚书》中的"舜典"："诗言志，歌永言，声依永，律和声。"[②]大序进一步探讨诗歌的起源，发现其源头是情感："情动于中而形于言。"这一探讨扩大了"志"的范围，预示了陆机提出的新的诗歌观念："诗缘情而绮靡。"[③]第二段的其余部分讨论情，

---

① Chou Tse-tsung 周策纵, "The Early History of the Chinese Word Shih," in *Wen-lin: Studies in the Chinese Humanities* (Madison: University of Wisconsin Press, 1968), 151–209.
② 《尚书正义》，卷3，19c，载《十三经注疏》，第131页。
③ 陆机，《文赋》，载《文选》，台北：齐明书局，1960年版，卷17，第225页。

以及情通过不同媒介、词语、声音和状态而发生的变化。这里我们看到的不仅是前述的互文响应；事实上，是对《礼记》中两段话的重构。① 关于诗歌的起源"情"的分析自然开启了第三段的文字：

> 情发于声，声成文谓之音。治世之音安以乐，其政和；乱世之音怨以怒，其政乖；亡国之音哀以思，其民困。故正得失，动天地，感鬼神，莫近于诗。先王以是经夫妇，成孝敬，厚人伦，美教化，移风俗。

第三段继续讨论"情"及其变化，其力量和影响。该段援引各种功能以证明诗具有最高形式的说服力。这番论述再次重构前述起源，并在《礼记》②和荀子（约公元前 300—前 230）"乐论"③中找到回应。但是这段话的创新之处是不可低估的。首先，它从前述关于音乐的论述不经意地过渡到诗的讨论。其次，它使用有力的修辞使关于诗的道德和功利观听起来自然而然。接着，重点又转向对诗的检验：

> 故诗有六义焉：一曰风，二曰赋，三曰比，四曰兴，五曰雅，六曰颂。上以风化下，下以风刺上，主文而谲谏，言之者无罪，闻之者足以戒，故曰风。

---

① 参见《礼记正义》，卷 37，第 299 页，卷 39，第 317 页，《十三经注疏》，第 1527 页和 1545 页。
② 参见《礼记正义》，卷 37，299b–c，《十三经注疏》，第 1527 页。
③ 参见《荀子新注》，北京：中华书局，1978 年版，第 332—342 页。

关于诗的定义和功能的讨论导向第四段中对其显在形式和再现模式的讨论,诗有六个意义范畴:风、赋、比、兴、雅、颂。六义的概念再次触及一种互文关系,因为它源自《周礼》:"大师……教六诗。曰风,曰赋,曰比,曰兴,曰雅,曰颂"①《周礼》列出六种诗,大序提出六义的范畴。从六诗向六义的变化意味着作者意识到这六个术语不仅指六种诗,还代表了六种不同的分类形式。虽然大序并未把六个术语据其功能分成两个独特组合,但的确隐含一种分类,孔颖达在其《毛诗正义》中予以了更加清楚的阐释。②在这六个术语中,风、雅、颂涉及《诗经》的三个部分;赋、比、兴乃是三种再现方式。仔细检验这段话,我们必然发现,其划分并不像孔颖达划分得那么清晰。"风"当然相当于《国风》,但在大序中,它并未完全指国别之诗,作者依然专注于"风"的文字游戏以使其一语双关。第四段在继续把玩"风"之游戏。"上以风化下,下以风刺上"。基于双关或同音,"风"的一个新义在此出现了,即讽刺之"讽"。

> 至于王道衰,礼义废,政教失,国异政,家殊俗,而"变风"、"变雅"作矣。国史明乎得失之迹,伤人伦之废,哀刑政之苛,吟咏情性,以风其上,达于事变而怀其旧俗者也。故变风发乎情,止乎礼义。发乎情,民之性也;止乎礼

---

① 参见《周礼注疏》,卷23,158a,《十三经注疏》,第796页。
② 《毛诗正义》,卷1,3a—b,《十三经注疏》,第271页。

义，先王之泽也。

国政和道德的衰落致使"风"改变其原始功能。故此出现了"变风"。"上以风化下，下以风刺上。主文而谲谏，言之者无罪，闻之者足以戒，故曰风。"这番陈述所强调的是如何修饰抗议的言辞以便使批评变得间接、顺耳、容易接受。"风"依然是一种表达形式，"变风"和"变雅"则更关注内容。因此都直接与《诗经》中风、雅相关。

由于赋、比、兴三种表达方式只在大序中略微提及，有些学者质疑其在大序中的恰当性。笔者认为，由于大序集中讨论诗之缘起、本质和功能的政治和道德问题，这三种再现方式并不是所指内容，因此只是顺便提及，在其余篇幅中再未出现过。而"风"是一个多价词，既是所指内容又是含蓄形式，所以它既能完成诗的政治、伦理和实用功能，同时又能满足直接表达和间接批评的形式需要。所以，"风"依然是讨论的重点：

> 是以一国之事，系一人之本，谓之风；言天下之事，形四方之风，为之雅。雅者，正也，言王政之所由废兴也。政有大小，故有小雅焉，有大雅焉。颂者，美盛德之形容，以其成功告于神明者也。是谓四始，诗之至也。

有别于"变风"的是不变之风或曰盛德："雅者，正也。"现在，通过互文暗指和词语游戏，大序把《雅》中的诗与政事联系起来。首先，这里暗指《论语》中的一段话："季康子问政于孔子。

孔子对曰，政者正也。"① 大序接着对"政"字玩起了游戏。通过同音关系，"正"（礼仪）演变成"政"（管理）和"王政"（王的政府）。正如政府有其主要形式和次要形式，于是就有了"大雅"和"小雅"。盛德和正当管理必须歌颂，并报告给神灵。于是就有了"颂"。有些学者发现"颂"与"容"同根。② 其紧密关系可见于相同的韵母"ong"。事实上，歌颂某人就是用诗的语言描写他的美德。词语游戏再次被用于诠释和写作。

这一段以称"风"、"大雅"、"小雅"和"颂"为"四始"结束。对这四部分的讨论围绕"志"或《诗经》的内容进行。这种以内容为指向的讨论不仅表明对赋、比、兴只给予少量关注的合理性，而且暗示这三个术语指代三种表达方式，因此不在作者所论《诗经》之功利性考虑范围之内。最后，讨论回归开篇的主题，即对一些诗的批评实践：

> 然则《关雎》、《麟趾》之化，王者之风，故系之周公。南，言化自北而南也。《鹊巢》、《驺虞》之德，诸侯之风也，先王之所以教，故系之召公。《周南》、《召南》，正始之道，王化之基。是以《关雎》乐得淑女，以配君子，忧在进贤，不淫其色；哀窈窕，思贤才，而无伤善之心焉。是《关雎》之义也。

---

① 孔子，《论语注疏》，卷12，48b，《十三经注疏》，第2504页。
② 参见郑玄和孔颖达的《毛诗正义注疏》，卷1，4c，《十三经注疏》，第272页。

提及《麟趾》、《鹊巢》、《驺虞》和"二南"等诗,不仅使得朱熹的重新分段显示出了问题,而且毫无疑问地表明作者关注的是一般的文学批评。因此,最后一段回归大序开篇提出的主题。它仍然通过"风"而与正文相关。"风"包括"二南"和十五国之风,就仿佛作者在期待未来各代人的质疑:此"二南"何以未被题名"国风"?作者答曰:二南亦风。一是王者之风,另一是诸侯之风。大序以对《关雎》之主题分析结束,这一包裹行为与开篇为整个讨论提供一个三明治式的框架相呼应。

历史上学者们似乎没有看出大序对总体结构所做的自觉而又细致的努力。他们对文本的重新分段不仅妨碍了我们的阅读,而且蒙住了我们的眼睛,使我们看不到其隐含的写作范式,而认真的细读会使其昭然若揭。根据上述重新解读,笔者希望得出这样的结论:大序独具匠心,构思严密,技巧娴熟。它既适合于作序,又把整部《诗经》作为其研究目标。但同时并没有无视更大目标,即论述诗之道德和实用功能。作者(们),无论是谁,都承担了三重角色:理论家、批评家和学者。应运而生的结果就是文学理论、文学批评和学术研究的综合。在某种意义上,由于它产生于需要对现存资料的重新思考,因此也可以看作是元理论、元批评和元学术研究的集大成。

大序的写作遵循一种书写模式,基于文本性,界于互文性,强调相似于互文撒播的能指交织。它甚至展示出一种解构倾向。文中"风"的撒播产生出众多意义:自然之风、道德影响、习俗礼仪、风/歌讽刺之讽、不变之风、变风、四面来风、王者之风、诸侯之风。所有这些不同的意义,有些是相融的,有些是相异的，有些是相互对立的。比如，不变之风与变风对立，这是其内涵意义所隐含的。不变之风相关于不变的政府、伦理德性和正面价值。变风产生于社会混乱、道德堕落和反面话题。不变之风意为歌功颂德。变风意为批评。就社会关系而言，"风"或指统治阶级有说服力的影响，或指被统治阶级的大众情绪。如果影响是道义的，那么"风"就是两个对立阶级的桥梁。如果影响是堕落的，那么"风"就揭示了两个冲突阶级的隔阂。

诗大序以区区几百字的篇幅，探讨了一般诗歌以及特定的《诗经》之起源、本质、功能和形式。就《诗经》而言，它敞开这部著作，将其与可能的社会、政治和道德语境联系起来。有些现代学者可以谴责它曲解了《关雎》的内容，但它却提供了一种阅读范式，拒绝文学文本的封闭。中国文学思想一贯被视为缺乏系统性，是各种直觉获得的印象的堆积。大序亦未逃脱如此评价。本书的分析表明，这种判断远非准确。大序不仅构思精巧、结构连贯，而且建立在系统综合和变革创新之上。在许多方面，大序全文是真正用词语、短语和段落编织的织品，其中有些来自作者的匠心，有些来自其他源泉。学者们通常认为曹丕（187—226）的《典论·论文》[1]是中国传统第一篇系统自觉的文论。这个公认的观点应该予以修正。"诗大序"不是中国文学思想的任意拼贴，似应视之为中国文学理论发展史上的第一座里程碑。由于它极其重视话语的意指机制，因此也可视之为开放诗学的雏形，其基本原则就是多维度的符号学和互文性撒播书写。

---

[1] 曹丕，《典论·论文》，载《文选》，第719—720页。

第四篇
文学诠释学

第七章　中国诗的开放诗学

本书第四篇研究中国传统的另一重要诠释实践，可大致称之为文学诠释。本书第二章探讨了中国诗学的概念和批评洞见，本篇不去检验主流诗学的重要资料，而聚焦于对一些诗的解读。然而，主要目的不是产生新的有意义的解读，而是揭示诗歌创作中诠释开放性的机制。通过进入所选诗的形式结构、古代汉语的语言系统和诗歌话语的意指机制，试图探讨中国古典诗之诠释开放性的起源，引发开放阐释的洞见，并建构诗歌阅读和写作的开放诗学。

空间形式与语言经济

诗是语言艺术。其艺术性是依据时间和序列认知的。当讨论诗之开放性时，我们不可避免地会视之为具有不同维度的空间形式。一首诗由页面上的词语构成。诗中的词语不简单是意义的符号，它们是关系的占位符，占据着页面空间。一首诗的建构涉及词语的序列安排,与建筑物的建构并无不同。现代建筑大师之一密斯·凡·德·罗曾经说过:"建筑是拥有语法规则的一种语言。语言可以用于如散文一样的规范的日常生活目的。如果用得非常好,你就是个诗人。"① 建筑与诗之间的审美等值意味着诗的结构也涉及各个部分的协调,进而构成一个统一的整体,在诗中,这就是词语复杂的组合关系,因此,诗的开放性是一个语言问题。由于诗,尤其是中国抒情诗,短小精悍且很少展现叙事冲动,所以,空间安排比在叙事或散文中显眼得多。

在建构其现代建筑理论时,密斯·凡·德·罗提出了作为其建筑理论的核心原则:"少即多。"就建筑设计而言,这意味着,与前现代建筑风格的浓墨重彩相比,现代建筑以内部和外部的极简装饰为特征,这种极简风格所带来的好处的是更多的空间,更好的照明,更新鲜的空气,和更大的使用价值。在某种意义上,一首中国古典诗具有极简的形态和组合约束,其极简装饰与现代风格的建筑相似。在把词语建构成审美大厦时,中国古代诗人采纳了语言的经济原则,刘若愚总结为"以少说代多说的原则,或者就其极端形式而言,是以无言代替尽言。"②

无言即沉默。文本中的沉默不是空间中词语的缺席。沉默是未言。海德格尔说:"未言并不纯粹是被剥夺了声音,它是尚未言说,尚未知晓,尚未浮出地表。依然未予言说的东西,无论是

---

① 转引自:David Spaeth, *Mies Van Der Robe* (New York: Rizzoli, 1985), 8。
② James Liu, *Language-Paradox-Poetics: A Chinese Perspective* (Princeton: Princeton University Press, 1988), 56.

什么，都将保留在未言之中。它将在不可展示因而被隐藏之物中徘徊。"① 这里，海德格尔所说的"保留"与中国传统诗学的"含蓄"之意相吻合。海德格尔还暗示说，沉默使人聆听，因此它比意指的噪声更重要。他所传达的观念是所谓的于无声处听惊雷。当沉默与惊雷一样震耳时，其效果不是声音的，而是心理的。因此，为诠释空间之开放性做出贡献的是语言经济，这种语言经济依赖于既是空间的又是心理的排列原则。因此，对开放性和开放诗学的探讨既是一项语言学的事业，也是心理学的事业，更确切说，是符号性的事业。

所谓"符号性"，指茱莉亚·克里斯蒂娃把诗的语言当作"符号系统"之机制的思想，这个符号系统具体表现为意识形态、心理学和语言学的综合。在对诗的语言的探讨中，克里斯蒂娃同意雅各布逊的观点，即诗的语言不能被视为对语言规范的偏离。她没有把诗的语言视为语言符码的次符码，而视其为语言之无限可能性的代表。由此她论证说："文学实践是对语言之各种可能性的探讨和发现；是把主体从语言、心理和社会网络中解放出来的一种活动；是打破语言习惯之惰性、给语言学家研究符号意指生成之唯一可能性的动力。"② 在现存的中国诗歌研究中，重心一直放在诗的语言作为再现手法的作用上。我们需要从这一重心移开，侧重于诗的语言作为意指实践的机制，作为言说主体以

---

① Martin Heidegger, "The Way to Language," in *Basic Writings* (New York: Harper Collins1993), 409.

② Julia Kristeva, *Recherches pour une sémanalyse* (Paris: Seuil, 1969),178–179.

自觉或不自觉的动机，在社会、文化和历史语境中生成的符号系统上。

本章将探讨诗的开放性何以是在真实的实践中获得的，开放性在何种程度上取决于一首诗中诸种因素得以组合的多种方式。中国传统诗的开放性衍生于众多复杂的方面，即诗的语言在历史、社会、文化等特定语境中意指和再现的方式。通过不同的组合，汉语诗歌语言能够把符号的三大想象——象征（涉及象征意识）、形式（涉及范式意识）和功能（涉及组合意识）——予以最大化[①]而产生的开放意指单位超越创作者的原始意图而自行生成意义。为此目的，笔者选择几首名诗和诗句（大多是抒情诗），分析其意指机制，研究其生产文学开放性的作用。分析将遵循逐渐深化的程序。首先，要识别出促进诗的开放性的一些明显因素。接着检验隐藏于缝隙之中的不太明显的因素。最后深入到诗心深处，以揭示诗的无意识何以把宽泛的思想压缩成一个潜在的开放空间。

开放性之眼

在中国传统诗评中，有一个术语叫"诗眼"。该术语源自对唐代五言诗的批评研究。人们相信五言诗的艺术性在于其"诗眼"。随着这个术语的使用，其内涵逐渐扩大。现在它可能指一

[①] 参见 Roland Barthes, "The Imagination of the Sign," in *Critical Essays* (Evanston, IL: Northwestern University Press, 1972), 205–211。

首诗中最卓越的关键因素。① 如高友工和梅祖麟所说:"正如眼睛是人脸的中心,诗眼则是诗的火花、生命。"② 把这个比喻向另一个方向引申,可以说正如眼睛是人心灵的窗户,诗眼可以带你进入诗的内在机制而获得真知灼见。

在传统诗话中,诗眼一般是一个动词。在王安石的"春风又绿江南岸"和贾岛的"僧敲月下门"中,"绿"(在此为使役动词)和"敲"都为诗眼。在本章结尾,笔者将展示这两个词如何给这两首诗以深度和多重含义。在这方面,诗眼成为了诗的"开放之眼"。为此,笔者斗胆发明"开放之眼"一语。但"开放之眼"与传统文学批评中的"诗眼"截然不同。第一,并非所有诗眼都是开放的,因为在许多情况下,诗眼是捕捉一个人、一个场面或一种情感之本质的词。在这方面,诗眼反倒限制了而非促成了意指的嬉戏。第二,诗眼主要是一个语言学术语,而开放之眼则是一个心理语言学术语。如"心灵之窗"这个比喻所示,它使读者不仅窥见诗的意义,而且窥见创作时诗人之心的内在机制。在这个意义上,它接近于弗洛伊德释梦理论中的一个术语,即"结点"。结点是一场梦的关键时刻,"许多梦思在这里汇聚,"并揭示与梦之构成相关的若干意义。③ 另一个差别是,诗眼一般是一个动词,而开放之眼则可能是任何一个文本因素:动词、名词、短语、诗行、甚或某一形式结构。它是诗的一个因素,把诗

---

① 参见《辞源》,第 1570 页。
② Kao and Mei, "Syntax, Diction, and Imagery in Tang Poetry," *Harvard Journal of Asiatic Studies* 31 (1971):120.
③ Sigmund Freud, *The Interpretation of Dreams* (New York: Avon, 1965), 317–318.

的内容与文本内和语境内的其他因素关联起来。一句话，它是诗人以及诗本身的灵魂之窗。

作为开放之眼的难解之谜。在辛弃疾的《清玉案·元夕》中，开放之眼是一个不确定的形容词。就眼下目的而言，只需引用该词的第二部分：

> 蛾儿雪柳黄金缕，
> 笑语盈盈暗香去。
> 众里寻他千百度，
> 蓦然回首，
> 那人却在，
> 灯火阑珊处。[①]

在古代汉语中，"他"可以指第三人称，无论男女。与前文的"那人"所指一样是不可确定的。使用身份不明的人物使我们想到《诗经》第129首《蒹葭》中的一个相同用法。由于人物的性别身份不明，"他"便成了一个难解之谜。迄今有两个众所接受的阐释。一个是直义的：这是寻找爱人的一首词。另一个是寓言的：词人把他自己的高尚情操赋予一个远离权力中心、但非因循守旧之人。[②] 如果把该词与词人不得志的政治生涯联系起来，我们就会有不同的解读，可把寻找的对象视为词人的他我。根据

---

① 辛弃疾，《稼轩集》，武汉：长江文艺出版社，1990年版，第91页。
② 《唐宋名家词欣赏》，台北：草叶出版社，1977年版，第208—209页。

这第三种不同的解读，我们可以认为这首词形象地描写了诗人的内心斗争：对灯火辉煌之场面的细腻描写说明词人仍然心系民众。只是在激烈的内心斗争之后他才发现了真正的生存场所。在这个意义上，寻找的对象就成了丢失了的自我。如果直义理解性别含混的"他"，也许就出现了其他阐释。如果认为"他"指一个女性人物，那么寻找的目标就可能是秘而不宣的爱人。在现代汉语中，"他"通常指男性，那么，不懂该词之古典性别含混用法的现代读者自然会把寻找对象视为男性。据这个观点，如果我们把这个人与辛弃疾的政治生涯联系起来，就可能有了另一种解读。在整个政治生涯中，他自始至终坚持自己的政治立场，跨过长江，收复蛮夷占领之地。但他的主张却没有得到统治贵族的支持。朝中支持他的人要么被迫害，要么被罢黜。鉴于此，这首词可以读作：词人希望在朝中找到一个同情他政治立场的人，但令人气馁的是，他发现那个人已被逐出了权力中心。

作为开放之眼的诗歌标题。任何文本的标题都起着传达主题和主体立场的重要作用。在中国古典诗歌中，诗的标题往往与画的标题起着相同的作用。看一幅画时，画面上的形象当然会传达所再现的意义，但由于一个形象与其他形象相关时会产生多元意义，那么，一幅画的总主题就会导致不同的甚至矛盾的阐释。然而，画家用的标题会清晰地阐明画的主题。在一首诗中，标题不仅隐含主体、主题、态度、语境或风格，而且也给读者设定读诗的一个主体立场。没有标题，诗的意义会完全不可确定。具有寓言意图的诗尤其如此。朱庆余（生于791年）的一首脍炙人口的诗就是典型例子：

> 洞房昨夜停红烛,
> 待晓堂前拜舅姑。
> 妆罢低声问夫婿,
> 画眉深浅入时无?①

没有标题,读者会认为此诗生动地描写了一名新娘紧张的心理状态,因为她要见公婆。诗题《近试上张弘水部》使我们意识到这是描写一个人参加科举考试前的焦虑。

标题通常会把一个主体立场强加给诗及其读者。然而,在有些情况下,它并不强加明确的立场,而是让主体立场敞开。在有些环境中,一个特殊标题会起到方向错乱的功能,把一首诗当作邀请读者超越表层意义的另一首诗。比如,以"无题"为题的诗就常常意图与情感相矛盾。诗人想要表达郁积已久的情感,但由于某种原因不得不隐藏起意图。然而,他担心读者会不理解诗中传达的思想和情感,因此,会刻意将诗题名为"无题"。无题这种标题比明确的标题具有更丰富的内涵。在中国诗中,无论前现代的还是现代的,许多诗人用"无题"作题,以表达想要表达的意义,传达想要传达的信息,但由于政治、社会、个人和道德约束而难以明确标题的内容。李商隐(813?—858)和鲁迅(1881—1936)就是喜欢以无题作诗的诗人。鲁迅总共写了 59 首

---

① 朱庆余,《朱庆余集》,四部丛刊续编,集部,第 33a 页。

古体诗，其中 11 首"无题"。李商隐有一组诗称作"无题"。下面是其中一首：

> 相见时难别亦难，
> 东风无力百花残。
> 春蚕到死丝方尽，
> 蜡炬成灰泪始干。
> 晓镜但愁云鬓改，
> 夜吟应觉月光寒。
> 蓬山此去无多路，
> 青鸟殷勤为探看。[1]

关于这首诗的阐释有许多：隐蔽地求助当权者，与宫女的秘密相爱，或与道姑的恋情。[2] 所有这几种阐释都是可能的，但笔者冒昧地指出，这个"无题"之标题也许是诗人自觉地与奔放不羁的情感和混乱的思想达成一致，进而扰乱读者对他创作此诗之真实意图的猜测。可以理解的是，诗人的前文本意图或许就是要隐藏其意图。这与笔者深入分析《诗经》时的情况有所不同。在《诗经》传统中，有些诗由于语境和主体立场的丢失而拥有众多主题。李商隐的无题诗，成功地创造了语境和主体立场的丢失，故

---

[1] 《李商隐诗歌集解》，北京：中华书局，1988 年版，4:1461。
[2] James Liu, *The Poetry of Li Shangyin: Ninth-Century Baroque Chinese Poet* (Chicago: University of Chicago, 1969), 66–67.

意让读者知道他有意不选标题。从读者的观点来看，无题之题把读者解放出来，不再受诗中相关细节的约束，如假定的所指和归结为单一主题。该诗因而实际上是开放的。何为"东风"？"百花"指什么？第五行对着镜子因云鬓变色而忧愁的人是谁？第六行感觉月光寒的主体是谁？他们是同一个人还是两个人？该诗是在哀叹未得到回报的爱，还是歌颂非同寻常的忠诚？最后但同样重要的是，这是祈求当权者还是暗指一次秘密的风流韵事？在某种悖论的意义上，"无题"实际上是一个多价的标题。它邀请读者给它确定一个标题。仅就无题之题使诗歌开放这一点而言，我们可以说它是"开放之眼"。

作为开放之眼的无结尾。所有诗都有形式上的结局。如在普通的语言环境或音乐表演中一样，诗人将提供其诗接近尾声的信号。没有结尾，读者会感到缺失适当结局，因而对诗表示不满。芭芭拉·史密斯曾对诗的封闭性进行过精当的研究，她说："在诗歌中如在音乐中一样，结尾最常见于封闭的特殊手法之中，而作品的结构本身并不去确定结局。"[①] 结尾宣布诗不再写下去了，给人一种完成和终结感，在语言艺术中人们尤其重视这一点。在后现代艺术出现之前，结尾几乎是不可或缺的，它给读者的阅读以一种统一和连贯性，读者从它所提供的有利视点而纵览全部论说因素，进而从诗的总体设计将其判断为构思完好的艺术品。然而，在中国传统诗歌中，有些诗是没有结尾的，况且，缺失结尾

---

① Barbara Herrnstein Smith, *Poetic Closure: A Study of Poems End* (Chicago: University of Chicago, 1968), 188.

大多是为取得特殊艺术效果而故意安排的。汉乐府中的《陌上桑》就是一例。这首诗很长，因其相当出名，所以不必全部引用。这里只总结其主题，集中讨论其开放因素，尤其是结尾。该诗叙述罗敷的故事。罗敷是一位普通民间家庭的美女，她机智而成功地拒绝了一位权贵的诱惑胁迫。全诗共分三个部分。第一部分描写罗敷之美，所用的描写策略可说是暗示。诗中没有直接描写罗敷的美，而是通过描写旁观者的反应来暗示她的美，因此对读者的想象是开放的：

> 行者见罗敷，
> 下担捋髭须。
> 少年见罗敷，
> 脱帽著帩头。
> 耕者忘其犁，
> 锄者忘其锄。
> 来归相怨怒，
> 但坐观罗敷。①

在第一节以及全诗中，没有一个字提到罗敷的美，其他人的反应给读者留下了想象她有多美的空间。在这个意义上，该诗印证了司空图的含蓄说："不著一字，尽得风流。"

第二和第三部分叙述了地方官的勾引和罗敷的抵制。通过

---

① 徐陵，《玉台新咏》，卷1，第 4a–b，四部丛刊本。

假装有位身居高位的丈夫，罗列他非凡的个性和才能，她把地方官置于卑贱的地位，成功地逃避了一次可能的绑架。整个第三部分都是罗列丈夫的美德。当读者想要知道那官员该如何反应，该诗应如何结束时，她的宣讲戛然而止，使得该诗在没有结尾的情况下结束了。由于没有结尾，该诗在形式和主题上都变成开放的了。形式的开放是说它看起来没有完整、统一、连贯的结构。从主题上，它的开放是因为结尾的缺席给读者留下了想象一个结尾的空间。众所接受的解读是罗敷成功地抵制了诱惑。沿着这一线索，可以想象罗敷多么得意洋洋，而那官员又是多么沮丧。但是，笔者可以提出相反的解读。那官员不可能是容易上当的白痴。诗中提到他有跟班，所以他能够发现实情。他可以给罗敷罗列一个欺骗上司的罪名，而惩罚就是逮捕她，对她肆无忌惮。也许，诗人可能意识到了这样的后果，所以故意不要结尾。于是，结尾的缺席就成了开放之眼。还有一个开放因素就是诗人没有讲罗敷是否真的结婚了，她的丈夫是否真的是一位高官。这些未明因素构成了该诗一种有意识的开放性。

作为开放之眼的形而上暗示。陶潜（365—427）的《饮酒》广为人知，被认为是中国抒情诗之伟大诗篇之一：

结庐在人境，

而无车马喧。

问君何能尔？

心远地自偏。

采菊东篱下，

悠然见南山。
山气日夕佳,
飞鸟相与还。
此中有真意,
欲辨已忘言。①

诗的开放之眼可以说包括在其形而上的暗示之中。该诗之所以广受欣赏是因为学界一致认为它表达了超然世外的高尚情操、自然的恬静和人与自然的融合。学者们尤其喜欢中间的一联:"采菊东篱下,悠然见南山。"而对本人来说,最后一联才是最有意义、最富情感的。海陶玮说:"一个根本真理似乎得到了传达,哪怕是诗人暗示的,而没有用任何词语构成。"② 高友工和梅祖麟也持一个众所接受的观点:"当陶潜写出这联名句时,……他(不仅)重申了庄子的思想,而且表达了当时流行的意见。"③ 他们指的是庄子"得意忘言"的告诫。朱自清也表达了一种意见,涉及庄子思想的一个不同方面:"'真意'就是'真思',而'真'固是'本心',也是自然。"④ 刘若愚给这两行诗的解读增添了一点新意:"最后一行的意思并不完全是诗人想说的,只不过他达到

---

① 《陶渊明集校笺》,上海:上海古籍出版社,1996 年版,第 210—220 页。
② James Robert Hightower, *The Poetry of Tao Ch'ien* (Oxford: Clarendon, 1971), 130.
③ Kao and Mei, "Meaning, Metaphor, and Allusion in Tang Poetry," *Harvard Journal of Asiatic Studies*, 38 (1978): 322.
④ 《朱自清古典文学论文集》,上海:上海古籍出版社,1982 年版,第 68 页。

了一定的领悟程度而不再需要词语来表达他想说的东西了。"①

上述意见当然是正确的。但在笔者看来,最后两句不仅仅认识到语言的不充分性,或无力用语言表达充分的再现。最重要的,这是一个策略,使得诗能够暗示超越书面文字所能表达的意思。"此中"的所指是含混的,我们不知道它是指一个诗行的意思还是全诗的意思。作为策略,它提示读者诗中表达的不只是眼之所见,可以说打开了通往他心灵的一个比喻窗口,通过这个窗口,读者可以瞥见诗人生活、职业和性情的重要方面。这首诗使笔者更深刻地理解了赛义德的观点:"文本是多维结构,从头至尾贯穿作者的生涯。一个文本是一个人想要成为作家的欲望之根……在整个复杂和差异的范畴中,文本具化了给作家的心理、时代和社会压力。"②

笔者确信很少有读者会读完该诗而不苦苦猜测其基本事实是什么。要得到答案,读者不仅需要检验文本本身,而且要走出文本检验陶潜的生活、人格和作品。在关于诗与诗人之间关系的一个颇有见地的研究中,宇文所安认为陶潜的自传式诗是一面"完美的"镜子,反映了他的双重性、隐秘动机以及表象之下的内在自我。③《饮酒》就是这样一面镜子。在某种意义上,可以视其为窗口,透过它我们可以瞥见诗人的生活、自我和真实本性。可

---

① James Liu, *Language-Paradox-Poetics: A Chinese Perspective*, 43.
② Edward Said, *Beginnings: Intention and Method* (New York: Basic Books, 1975), 196.
③ Stephen Owen, "The Self's Perfect Mirror: Poetry as Autobiography," in Shun Fu Lin and Owen, eds., *The Vitality of the Lyric Voice* (Princeton: Princeton University Press, 1986), 71–102.

以说这首诗表达了诗人摆脱尘世、回归山野的一种自由感。如他的《归园田居》第一首中所说："久在樊笼里,复得返自然。"① 也可以说,这首诗歌颂诗人对简朴和恬淡生活的热爱,在形而上层面上,歌颂的是获得内在超越的能力;在心理维度,表达了诗人在静谧的自然中达到忘我的一种心境,隐士所追求和经常寻觅的一种精神境界:无我无他的境界,这是忘记财富和贫穷、光荣和羞辱、高贵和卑贱、优越与低下的更高境界。此外,可以说这首诗触及了罗曼·罗兰所说的"宗教情感的真正源泉","一种永恒感,一种无边无际——仿佛'海洋'般浩渺的感觉"。② 弗洛伊德把这种"海洋浩渺感"解作婴儿时代区别自体-客体的危机,一种无边际并"与宇宙合一的感觉",而宇宙曾经是母亲。③ 这种无法消解的合一感,与整个外在世界合一的感觉,一定是陶潜对自然之爱的起源。可以说该诗歌颂了向婴儿时代自然生活的回归,也就是向拉康所说的镜像阶段之前的主客不分时期的回归。这些附加的阐释都在诗中找到了根据:着迷的专注,回归的飞鸟,与自然母亲的冥合,自我的忘却,而最重要的,如在其他作品中表达的对自然的由衷热爱:"少无适俗韵,性本爱丘山。"④ 在某种意义上,甚至可以说该诗预示了他在《自祭文》中表达的思想,即把人生世界当作旅馆、把死亡视为"本宅"的

---

① 《陶渊明集校笺》,第73页。
② 关于这一感觉,参见 Sigmund Freud, *Civilization and Its Discontent* (New York: Norton, 1961), 11–12。
③ Sigmund Freud, *Civilization and Its Discontent*, 13–14。
④ 《陶渊明集校笺》,第73页。

观点:"陶子将辞逆旅之馆,永归于本宅。"① 尽管如此,诗人并未清楚地表达这些思想。对自由的歌颂,对简朴生活的热爱,归家的感觉,与大自然母亲的轻松合一——所有这些都可以说是其"真意"。但诗人不愿意为读者澄清这一切。通过最后两句,诗人敞开该诗,挑战读者,让读者去思考其真正意义。这首诗的伟大之处不仅在于所表达的,更在于其未予表达的内容。

作为开放之眼的不确定主体。在论《诗经》诠释的一章中,笔者用很长篇幅讨论了诗的建构方式,即把诗的主题或人物完全开放给读者的反应。但在《诗经》传统中,开放性大多是无意造成的。对比之下,《诗经》之后的中国抒情诗的开放性却是有意为之的。其中有些诗,诗人在创作时就抱有令读者难以确定的动机。白居易(772—846)的一首词就是一例。

> 花非花,
> 雾非雾。
> 夜半来,
> 天明去。
> 来如春梦不多时,
> 去似朝云无觅处。②

词中,诗人给了我们关于某物和某人的素描。它既不是花也不是

---

① 《陶渊明集校笺》,第462页。
② 《白居易诗集导读》,成都:巴蜀书社,1988年版,第198页。

雾。那么是月亮还是幽会的秘密情人？是梦还是幻觉？诗人没有说明，而是迫使读者发挥其想象力。这首词的神秘性质把读者置于一个悬置的精神状态之中，充满了好奇和审美快感。我们无法确定该词创作的动机。诗人可能在玩文字游戏，或对某一神秘客体表达一种情感依附。前四行是依据悖论建构的。最后两行是依据明喻建构的。由于开放之眼没有公开命名，所以这是一个不确定的结构。

对立审美情感的共生

常见于中国诗的另一种文学开放性是矛盾情感和审美情感的共存，陈子昂（659—700）的《登幽州台歌》就是一例。

前不见古人，
后不见来者。
念天地之悠悠，
独怆然而涕下。①

笔者自十几岁初读这首诗时，就有一种难以名状的反应。一方面，诗中有一股强烈的悲愤、忧郁甚或绝望。但另一方面，诗中焕发出一股强力的光辉，在悲怆之中出现接近英雄主义和崇高之情感。本人的直观感觉与对该诗的众所接受的阐释相矛盾，宇文

---

① 《全唐诗》，台北：鸿业书局，1977年版，卷84，第908页。

所安在对初唐诗的精彩研究中充分表达了众所接受的阐释:"该诗直接而动人地描写了个人在时空中的孤独,与过去和未来隔绝,在宇宙之无垠面前而感渺小。"[1] 据这种公认的阐释,这首诗有一个格调上悲观、自卑甚至悲哀的主题。但笔者觉得这个阐释并不令人满意。如果对该诗进行重新语境化,我们就能够在悲观主义、自卑和悲怆精神的表面之下看到另一个维度,那是英雄主义、豪放和悲剧崇高的维度。根据传记,创作该诗的那天,陈子昂登上蓟北楼,回忆起过去的英雄们,为其英雄壮举所激励,于是泪流满面写了几首诗。[2] 对历史上英雄人物的回忆令他为失意英雄之悲惨而感怀,同时其英雄气概又激励他写出了一首慷慨之诗,把诗人呈现为一位开拓者,骄傲地屹立于永恒宇宙的背景之中。因此,该诗的格调不可能完全是悲观伤感,而掺杂着豪放。该诗意指矛盾的内涵。我们可以通过两个矛盾主题进行两种不同的解读。一个以这个众所接受的阐释为例,暗示诗人正在旅行,但他停下来沉思他的孤独。笔者想遵循传统的解读,但又希望把该诗视为时空、生活和历史中的一次隐喻之旅。一方面,我们可以想象诗人以传统方式开始旅行——传统方式意在说明这是每个人短暂的一生中都在进行的旅行。比诗人先来到这个世界的古人早就进行了这样的旅行;而在诗人之后出生的后来者则在诗人之后进行这种旅行。据传统解读,诗人发现自己来到了一个前无古

---

[1] Stephan Owen, *The Poetry of Early Tang* (New Haven, Yale University Press, 1977), 175.
[2] 转引自郭石山等《中国古典文学讲座》,长春:吉林大学出版社,1987年版,第203页。

人后无来者的场景。他置身于一片无人之境，被浩渺的宇宙包围着。除了孤独和漫无方向感，他感到宇宙的绝对力量与自己的绝对渺小。他痛苦，流下了绝望和无助的泪水，那是感到迷失之人的眼泪。

另一方面，我们可以以非传统方式阅读这首诗。诗人仍然在进行他穿越时空、生活和历史的生命之旅。但不是在每个人都走过的失败的路径上。他是先驱者、开拓者、拓荒者。他走在一条从未有人走过的道路上。这条新路带来了艰难险阻，他没有发现步其后尘的后来者。他在从事一项空前绝后的事业，即中国成语所谓"前无古人，后无来者"。他独自立于时空之中，俯瞰人生和历史。宇宙浩瀚无限，但他没有相形渺小之感。相反，通过在荒野中开拓一条新路，他证明自己是位胜利者。在观察宇宙之无限浩大与人类之卑贱渺小之间的差距时，他油然产生一种强烈的崇高感。这不仅是诗人赋予宇宙之绝对伟大的一种属性，而且是与诗人自己相关的一种重要属性。在沉思"天地之悠悠"时，诗人在自己英勇拓路的壮举中发现了崇高。这就是康德所描写的那种崇高："我们愿意称这些物体为崇高，因为它们把灵魂的能量抬高到习惯的高度之上，在我们自身内部发现一种完全不同的抵抗力，它给我们勇气去面对自然表面的万能。"[1] 他泪流满面，但那不是绝望的泪水，而是痛苦且快乐的泪水。如果说诗中有悲伤因素的话，那它便产生于这样一种认识，即，没有人能与他分享

---

[1] Immanuel Kant, "Analytic of the Sublime," in *Critical Theory since Plato* (San Diego: Harcourt Brace Jovanovich, 1971), 396.

这种崇高感。这种悲伤恰恰是康德所说的"消极的快感"。[1]

陈子昂的诗衍生于屈原《远游》中的一节：

> 唯天地之无穷兮，
> 哀人生之长勤。
> 往者余弗及兮，
> 来者吾不闻。[2]

宇文所安将陈子昂诗与屈原的诗进行详细比较，他说："陈子昂相信《远游》的作者是屈原，通过飞跃天国进入超然状态而摆脱了人类道德困境。陈子昂自己也隐迹索居，痛哭流涕，但其环境的悲怆力是由《远游》的背景所强化的。"[3] 此说触及陈子昂诗之总题的一个重要方面。另一个方面则是笔者刚才详尽分析的包含冲突的那一段话。宇文所安正确地指出，尽管陈诗中四行有三行可追溯到屈原原诗，但陈诗之伟大却丝毫未减。是什么使一首本质上沿袭前人意义的诗如此伟大？笔者以为陈子昂以完全不同的眼光重铸了原诗。结果，两首诗不仅在程度上而且在性质上截然不同。虽然原诗以超然感为特征，但其格调基本上是无助和哀恸。宇宙的永恒与人生的痛苦之间的对比，尤其是由这种鲜明对比所感发的悲痛，意味着诗人无法超越死亡的限制，无论在想象

---

[1] Immanuel Kant, "Analytic of the Sublime," 395.
[2] 《楚辞全译》，贵阳：贵州人民出版社，1984年版，第121页。
[3] Stephan Owen, *The Poetry of Early Tang*, 176.

上还是在情感上都无法超越。这当然没有陈诗中微妙表达的那种崇高感，那种豪放的视野，那种敢于把人的有限力量与宇宙的绝对无限性相媲美的英雄气概。总之，陈诗具有阳刚之美的豪放和崇高。在笔者看来，正是这种崇高把陈诗改造成不同于其原诗的一首诗。当然，并不是说陈诗只具有这种崇高的阳刚之美。相反，完全承认悲怆、婉约和阴柔之美的存在。在天地之无限之下感到自身的渺小，这当然与优美相关，因为这种感觉产生于一种无利害关系的沉思，而这正是美所导向的哲思。陈诗最迷人的地方就是崇高的阳刚之美与婉约的阴柔之美的共存。可被识别为崇高的东西同时也是美的东西。陈诗之所以在审美上比原诗更令人着迷，是因为它保留了原诗的超然状态，同时扩大了容纳两种对立之美的审美光谱。正如它隐约地涵盖了崇高和美的两极一样，它也在读者心中唤起了各种反应，从最豪放的英雄气概到最阴柔的悲怆心态，这取决于特定时代特定状况下个人的精神机制。因此，使陈诗最终为历代读者所喜爱的是其充溢的审美暗示。

形而上之虚空

在中国诗歌传统中，王维（701—761）的诗受到历代高度评价。这有许多原因。其中一个重要理由是其审美内涵，以及伴随而来的诗学赋予王维诗表面上无限的诠释空间。王维是诗人、画家、书法家、音乐家，在某种程度上还是一位哲学家。他擅长所有这些艺术和思想领域。他的诗从这些综合的知识中自然流出，得益于从各种诗歌再现媒介中获取的真知灼见。笔者不打算表明这些知识分支如何对他的诗产生了影响,而希望集中讨论一首短诗,来展示王维诗的审美开放性,探讨其创作诗学。《鹿柴》仅仅是首四行的五言诗,总共20个字,但却迷住了历史上跨越不同文化边界的读者。其永久的魅力在于其开放的诠释空间,引发不同的阐释。

> 空山不见人,
> 但闻人语响。
> 返景入深林,
> 复照青苔上。①

这首诗并未向读者讲述很多。实际上,几乎读不出有什么主题或中心思想。它实际上是虚空的,或如"空"字所表明的,没有清晰表达的思想。在这个意义上,该诗满足笔者在前面某处讨论的审美状态的两个条件:清庙之瑟和祭祀用的大羹。正如清庙之瑟的余音和大羹的遗味,王维的诗由于其虚空而成为充满不确定意义的一次飨宴。我们且来分析一下,从这首诗中能获得哪些可能的解释。

对这首诗的一个公认且简单的解释是看之为对王维住宅附近一个叫"鹿柴"的地方的风景的描写。空山中不见人影,但能听到隐约的人声。黄昏的阳光穿过树林照在青苔上。隐约的人声强

---

① 《全唐诗》,卷128,第1239页。

化了深林中的寂静。这是标准版诗集的解释。① 这种解释再现了该诗的表层意思。由于我们知道王维是笃信禅宗的虔诚佛教徒,一个具有哲理精神的人,那么,这种解释就不过是隔靴搔痒。

王维把其庄园的大部分捐献给了一座佛寺,所以该诗的标题或许具有佛教内涵。文学史告诉我们,王维的确在"鹿柴"这个地方拥有一片土地。尽管不确知这个地方何以以此命名,但有理由相信该诗的标题间接地指印度萨纳特的"鹿野苑",佛祖是在那里做第一次说法的。根据这一指涉,尽管我们不能说王维有意把他住宅附近的鹿柴视同印度鹿野苑,但有理由推断他可能认为这个地方就像佛教圣地一样安宁静谧。按照这一思路,我们甚至可以说王维孕育了他已经获得佛性的想法,而那是许多佛教徒所努力达成的:空山象征着生命和存在之空,而安宁静谧则是获得彻悟之人的心境。

读者可以反对这种解释,指出作为虔诚的佛教徒,王维不会如此傲慢以至于自认为获得了佛性。他充其量会自视达到理想的悟境。在这方面,该诗代表了一次深刻的内心体验。程抱一认为它描写了山里的一次散步,同时也是"一次精神体验,对空的一次体验和与自然冥合的一次体验"。② 抱有相同看法的拉美著名诗人奥克塔维奥·帕斯(Octavio Paz)也认为这是一首佛教自然诗。落日余晖暗指阿弥陀佛。或更确切说,指"极乐世界之光"。因此,该诗的主题是"黄昏时分,佛家坐禅冥想,仿佛于林中青

---

① 《中国历代作家小传》,长沙:湖南人民出版社,1981年版,第110页。
② François Cheng, *Chinese Poetic Writings* (Bloomington: Indiana University Press, 1982), 25.

苔中获得了顿悟"。[1]

我认为该诗从坐禅获得灵感,描写坐禅体验的过程。该诗使用的是公案用词。这一阐释在诗歌内外均能找到支持。就文本外而言,据说王维与许多佛教徒交往甚密。据历史记载,他与道光禅师(689—739)研习禅宗十年,为道光和禅宗六祖慧能写了碑碣。就文本本身而言,该诗与禅宗偈语有多处相像。第一,其内容与佛教偈赞的主题相一致。偈赞是"韵文,用来歌颂佛祖,或简要重申佛教教义"。[2]第二,其风格与禅宗偈赞极为吻合。偈赞总是由四个短句或四行韵文组成,且不论每行有多少文字。回忆一下慧能禅师关于菩提树的传奇偈赞无疑确立了二者之间的近似性:二者都是四行,都是五言诗。第三,与其他禅诗一样,王维诗是由对立项、对仗和否定之否定构成的(空／满,不见人／人语声,去／返,离开／回来等)。第四,全诗格调是普遍性、非个人性和时间之永恒——所有这些属性都导向超然的顿悟状态。

继续沿着宗教的思路,还可以给该诗以另一种解释。由于该诗写于王维晚年,因此可能再现了他对老年的思考。落日常常被视为老年的象征,那么,回归之光就可能代表老人的智慧。据此,"深林"可能象征着无意识的人类精神正在思考生命、社会和宇宙的意义。"山"可能象征着一生之成就。"青苔"原本是一种低级生命形式,象征着人类无足轻重的地位。当智慧进入深深

---

[1] 参见 Eliot Weinberger and Octavio Paz, *Nineteen Ways of Looking at Wang Wei* (Mt. Kisco, NY: Moyer Bell, 1987), 31。
[2] 参见《日本佛教辞典》,第 71 页。

的精神港湾时，诗人突然意识到一个人该是多么渺小。他的世俗成就是空，没有意义，即便在有生之年看似辉煌。

上述所有阐释全依靠我们把该诗放在王维传记所提供的语境之中。如果读者不了解王维的生平，而仅仅依靠对该诗文字的细读，那么，该诗就可能被置入一种完全不同的阅读之中，产生一系列不同的阐释。熟悉城市生活的现代读者会发现这首诗赏心悦目，因为它提供了全新的自然风景，因此视该诗描写的是一次户外旅行，及其对旅行者心灵带来的影响。与城市里充满人与交通的喧嚣形成对比，山空人稀。但山并非空无一人，因为人声意味着游客已来此地，被青山绿树遮掩了身影。黄昏时分的自然景色更加迷人。当落日没入浓密的树林，把最后一线余晖涂在深林之中时，就连青苔也有了自己的生命。

不同于佛教徒视生命为虚空的理解，读者可以给出另一种不同的阐释。山看起来空旷，但却呈现一派繁忙景象。在茂密树木的掩映下，存在着各种生命形式，从食物链上的最高级生物，人类，到最低级的形式，青苔。他们的存在不是随便可以看得到的，但时不时地会显现出来。听到的声音可能是樵夫的伐木声，猎人的吆喝，或农夫的喊叫。如果想要找到他们，就能够找到。甚至青苔这种最低级的生命形式，虽然生长在阴暗潮湿的地方，但当阳光穿透浓密的树林，射入人迹罕至的地方时，也能呈现生命的活力和意义。于是，该诗隐含的主题就是否认世界之空；生命充满了意义。生存的意义只能在正确的时间、正确的地点并在正确的人身上自行呈现。

笔者已经提供了足够的关于该诗的阐释。现在需要做一点总结，谈谈与该诗相关的诗学的构成。我认为在写作这首诗的时候，王维可能以道家和佛教禅宗的生命、存在、艺术观念作为理论基础。写作的技巧是以罕见的方式遣词造句，以至于该诗没有一个总的结构或统一的视野。但恰恰因为这一点，该诗才适合于各种不同的、甚至矛盾的解释。借用当代文学思想来说，王维诗可以说是一个空篮子，一个空架子，一个空格式。该诗的第一个字——"空"，并不仅仅形容山林，也形容该诗自身：它传达的是一条空的信息，因此是开放的。苏轼对诗艺的禅式思考充分地捕捉到了王维诗的玄学之空："欲令诗语妙，无厌空且静。静故了群动，空故纳万镜。"[①]

序列形式与定向开放

达尔文曾经说过："梦是不自觉的诗。"这意味着诗的开放性是无意为之的。笔者对中国诗的研究可以颠倒达尔文的说法："诗是自觉的梦。"这是说，诗的开放性常常是有意为之的。在中国诗的传统中，有许多例子说明诗人从事的是一种自觉的、有指向的创作，因此提供了开放性。苏蕙（334—394）是公元4世纪的一位女性诗人，为了修复与丈夫已经疏远的婚姻，她创作了一首回文诗，用锦帕织就。根据中国历史上唯一女皇帝武则天的

[①]《苏东坡集》，转引自《中国美学史资料选编》，第35页。

说法,"纵横八寸,题诗二百余首"。① 这首针织诗称作《回文璇玑图》。令历代诗人爱不释手的是,这幅图有其自己的生命,能够从现存文字中生发出新诗。有人引用苏蕙的话说:"徘徊宛转,自为语言,非我家人,莫之能解。"② 13世纪女诗人朱淑真认真研读了这首回文诗,对其自生程序曾做如下描述:

处中一方,太微垣也,乃叠字四言诗。其二方,紫微垣也,乃四言回文。二方之外四正,乃五言回文。四维乃四言回文。三方之外四正,乃交首四言诗,其文则不回也。四维乃三言回文。三方之经以至外四经,皆七言回文诗,可周流而读者也。③

就表面来看,该图有二百首诗,但是,由于它可以横读、竖读、从任何方向读,锦帕上的文字就能构成不同坐标,诗的数量也便是原来数量的许多倍了。据说一位道士经过严密解读后,从中获得长度不等的诗有3752首(三言、四言、五言、六言和七言诗)。④ 她的诗不仅成功地修复和巩固了婚姻关系,而且为后世留下了一种了不起的诗歌形式,令人想起后现代的序列诗形

---

① Wu Zetian, "On Su Hui's 'Silk-Woven Palindromic Verse'," in Chang and Saussy, ed., *Women Writers of Traditional China: An Anthology of Poetry and Criticism* (Stanford: Stanford University Press, 1999), 670.
② 转引自 *Women Writers of Traditional China: An Anthology of Poetry and Criticism,* 670。
③ 转引自 *Women Writers of Traditional China: An Anthology of Poetry and Criticism,* 676。
④ 见裔柏荫编《历代女诗词选》,第16页。

式。在当代西方诗歌中,后现代序列诗是定向和自觉生产开放性的一种主要诗歌形式。序列诗基于序列思想,对此,艾柯给予了清晰描述:"一个如同星系的序列是一个生成多元选择的可能性场域。有可能构想一个大的组合链(如斯多克豪森的音乐'群',行为绘画的'物质'总汇;从不同语境抽取出来的、又作为新的表达插入一个话语之中的语言单位,在这种话语中,重要的是在连接中出现的意义,而不是自然语境中组合单位的基本意义;如此等等)——这些组合链作为表达后的例证与其初始表达建立关联。"[1]

约瑟夫·孔特对后现代序列诗进行过精细的研究,他说:"后现代理论家提出一种提供可能性、选择和机会的开放结构。序列思想是一种世界概念的表达,它充分地存在于系统化与无政府之间的各种可能性之中。"[2] 有些学者认为序列诗源自埃兹拉·庞德的《诗章》。罗伯特·封·哈尔博格认为:"威廉斯(在《帕特森》中)所引领的是穿过奥尔森从《诗章》中获取的任意序列结构的一条指点迷津(Ariadne thread)之路。"[3] 由于庞德创作《诗章》的原则严重依赖中国古典诗歌,因此,说后现代序列诗在某种意义上与中国古典诗歌相关并不牵强。实际上,序列诗之许多典型的开放特征也见于中国古典诗歌。如果苏蕙的回文诗

---

[1] Umberto Eco, *The Open Work* (Cambridge, MA: Harvard University Press, 1989), 220.

[2] Joseph M. Conte, *Unending Design: The Forms of Postmodern Poetry* (Ithaca and London: Cornell University Press, 1991), 24.

[3] Robert Von Hallberg, *Charles Olson: The Scholar's Art* (Cambridge, MA: Harvard University Press, 1978), 59.

《璇玑图》是一个例外,不能用来证明中国总体诗歌形式的流动性,那么,下节将讨论几首中国诗,证明中国诗人如何运用诗意的中文创造了一种比西方序列诗更具有内部开放性的诗歌形式。我们看孟浩然的《宿建德江》:

> 移舟泊烟渚,
> 日暮客愁新。
> 野旷天低树,
> 江清月近人。①

诗歌要有意义,序列性是必要的,但是,有些中国古典诗和后现代序列诗超越了序列意指。在中国诗歌游戏中,你可以按任何顺序重组一首诗中的词,而仍然是一首很有意义的诗。孟浩然诗就是一个最好的例子。为节省篇幅,我只需要把诗倒过来读就够了:

> 人近月清江。
> 树低天旷野。
> 新愁客暮日。
> 渚烟泊舟移。

孔特指出:"在古典思想中,这种形式是系统的、等级制的

---

① 《孟浩然集校注》,第282页。

和预先构造的。但是，序列思想，如布莱兹所论，'创造了它所需的客体以及每次有机会表达自身时所需的组织形式'。序列形式瞬间从一组运动和断续的客体中建构了自身；在下一个瞬间又从不同组合的客体中再造了自身。每一次新的组合都产生一个新的意义，作为一个新的审美客体重新确定方向"。[①] 孟浩然的诗歌形式恰恰是这种易变的形式。作为读者，我可以从任何一点上进入该诗，从第一个词，第二个词，第三个词，或任何一个什么词，或从最后一个词读到第一个词。每一次不同的进入都产生一首新的有意义的诗。尽管每次阅读的一般主旨都有相近性，细节却颇不同。这些细节的意义足以生成不同的阐释。这个自由滚动的特征赋予该诗循环的或周期性的结构，具有自我生成的潜力。笔者提出的实验性阅读当然只是一种词语游戏。然而，其目的却是要展示中国诗的流动程度，以及中国诗歌形式在哪些方面与西方后现代的序列形式相似。

上文已经提出中国诗的流动性使得诗人能够以很大程度上的并列结构而非主从结构来构思。通过并列的诗歌结构，中国诗通过序列和数列两种形式获得了开放性。在这方面，中国古代诗的构思原则与后现代序列形式并不相左，后者也大多取决于并列结构。孔特认为主从和并列把数列和序列区别开来：

> 一个数列是主从结构（意义"一个接一个地排列"），这个结构的诸因素从属于或依赖于其他因素而获取意义。……

[①] Conte, *Unending Design*, 24.

而序列则是并列结构（意义"并列排列"），其诸因素虽然事实上与系列相关，但仍然是自治的。比如，每晚六点刚过，街上就停泊一列小汽车，它们自行组合成一个总体。小汽车是由从保险杠到保险杠的相临性及其对这一现象的参与而相关联的。然而，小汽车的牌子和型号却不同，它们沿着路边井栏排列的次序也常常发生变化；它们也不在相同的时间到达和离开。它们的关系是序列或并列的，从属于多元结合的原则。①

孔特以生动有趣的泊车类比解释了序列形式的原理，但我用孟浩然诗说明的重组的易变性将是一个更好的选择。在某种意义上，以中国诗为依据的中国再现模式具有纵横字谜的多样性。与英文字母一样，中文的单音节字在页面上占据一个固定位置，但比起英语词来，却具有更大的自由与其他字构成组合。在纵横字谜中，字母可以横向、纵向、斜对角地与其他字母结合而构成新词。英语写作中近乎相等的是詹姆斯·乔伊斯的《芬尼根守灵夜》的新造词。艾柯这样描述该书："《芬尼根守灵夜》是一部开放之书。因此是一部天方夜谭（游戏、字谜、天方夜谭的故事）、密码设计仪，万花筒，易变形图，二重真理和设计的语尾词。"②乔伊斯充分利用了英语音节的组合造词能力，在某种意义上与中

---

① Conte, *Unending Design,* 22.
② Umberto Eco, *The Aesthetics of Chaosmos: The Middle Ages of James Joyce* (Tulsa, OK: University of Tulsa, 1982), 66.

国诗（尤其是回文诗）一样发挥意指功能，横向的、纵向的、斜对角的、逆向的，用每个词作为开头构成一首新诗。在中国历史上，有许许多多诗是以这种方式写成的。它们常常被当作文字游戏而打发掉，但这种诗却常常传递出重要的信息。

笔者想指出的是，因古汉语而成为可能的这种写作模式在很大程度上促成了中国诗中有意为之的开放性，也可能对序列思想的开放性予以了极大支持。孔特指出："序列思想认识到，客体的每一次接合都有一个意义；客体能够重新排列；后续的排列也具有意义，而且决不'次要于'初始表达的意义。初始表达也不决定这些后续表达的格式或结构。这种重组属性并不否定形式；反而承认形式在扩展的、相对的宇宙中的易变性。"[1] 中国古典诗在页面上常常没有标点符号，其次序与现代阅读范式恰好相反（即从右到左，从上到下）。除了这种形式表现之外，中国古典诗可以说在序列形式发明之前很早就完成了后现代的序列形式。清代著名文人纪昀（1724—1805）有一次给乾隆皇帝抄写了一首诗。这首诗是王之涣著名的《凉州词》：

> 黄河远上白云间，
> 一片孤城万仞山。
> 羌笛何须怨杨柳？
> 春风不度玉门关。[2]

---

[1] Conte, *Unending Design*, 25.
[2] 《唐诗三百首》，贵阳：贵州人民出版社，1984年版，第475页。

他一时不慎漏掉了第一行最后一个字。皇帝发现了，说他犯下了欺君之罪。纪昀灵机一动，说他不是抄写王之涣的诗，而是在写一首词，成功地瞒过了他的笔误。他给该诗重新加标点符号如下：①

> 黄河远上，
> 白云一片，
> 孤城万仞山。
> 羌笛何须怨？
> 杨柳春风
> 不度玉门关。②

这件轶事代代相传。然而，其意义决不在于博人一笑。纪昀聪明的标点决不仅仅保住了他的脑袋；它代表了一种前现代的创作形式和非消费式阅读，一种重新定位的新意义的产生，和对诗歌语言重新组合之可能性的最大化使用。在实践意义上，他涉及法国作曲和指挥大师布莱兹（Pierre Boulez）在谈论音乐创作时提到的序列思想形式："这里（在序列思想内部），不存在预先构思的音阶——就是说，没有可以把特殊思想刻写其上的总体结构。作曲家的思想是根据特定方法运作的，创造它所需要的客

---

① 这件轶事源自纪昀，但还有其他出处。参见陆家骥，《文艺趣谈》，第 294—295 页。
② 同上。

体，以及每次有机会表达自身时所需要的组织形式。"① 布莱兹关于序列思想的提法是与音乐创作相关的。艾柯将其扩展到任何艺术创作，认为它是任何一部开放性作品的基础："关于开放可能性之定向生产的这一假设，涉及经验选择的激励，对既定语法的经常质疑，这是关于'开放作品'之任何理论的基础，在音乐中以及在任何一种艺术样式中都如此。开放作品的理论不过是序列思想之诗学。"②

无独有偶，中国传统诗歌的创作原则与巴特和艾柯识别出的能够进行开放性创造的后现代序列形式非常相像。中国古代诗人也许没有自觉地构思类似于序列思想的东西，但我相信他们有些人一定本能地感觉到了这样一种取向。关于苏蕙《璇玑图》的讨论就是佐证。武则天的评论是，纵横反复，皆为文章。③ 这是关于阅读的真知灼见，把创作冲动从综合轴抛到了选择轴。朱淑真提出的关于璇玑图原理的洞见也证明有一种对范式关系与组合关系的协调："因悟璇玑之理，试以经纬求之，文果流畅。"④ 如苏蕙自己所言：徘徊宛转，自为语言。⑤ 这似乎说明，她是在自觉地试验一种诗歌形式，其中没有可刻写某一特殊思想的预先构思的序列，而只有对活动符号的安排，这些符号的组合是滚动的；特定的符号每一次按某种方法协调组合都会生产出新的意义。

---

① Pierre Boulez, *Relevés d'apprenti,* 297. 英译引自 Eco, *Open Work,* 218。
② Eco, *Open Work,* 218.
③ Chang and Saussy, ed., *Women Writers of Traditional China,* 670.
④ 转引自 Chang and Saussy, ed., *Women Writers of Traditional China,* 676。
⑤ 转引自 Chang and Saussy, ed., *Women Writers of Traditional China,* 670。

当然，在诗歌创作实践中，使得中国诗人完成序列形式的是中国诗歌的一个特征，可以从符号学的角度把中国诗歌描写为这样一种诗歌形式，其符号的组合关系是灵活的、流动的。这个性质非常接近符号的组合想象。巴特提出了这种组合想象而不再依据"深度"（或象征）关系来看待符号，但据其"之前和后续的关联，它把搭建的桥梁伸向了其他符号"。[①] 巴特讨论了符号组合的审美复杂性。像序列这种文学形式是"链条或网络的一种'衍生'想象"。它们负责"对活动的、替代性部分的安排，这些部分的组合产生意义或更一般意义上的新客体"。[②] 中国诗恰恰发挥着生产多价性和多义性的相同功能。

笔者对所选诗的分析表明，形式逻辑是中国诗的弱项。实际上，中国诗不为形式逻辑所控，而为一种组合逻辑所支配。这种逻辑基于一条未言的"规则"：在话语中每一个词可以与任何其他一个词组合，只要这组合在一定语境中具有意义。这个组合逻辑与孔特所举的小汽车在人行道边排列的序列形式：对汽车的牌子、型号、到达和出发的时间没有限制，一辆汽车只是一系列汽车之组合的一部分。"序列既不要求总体也不要求排除。相反，它是一种组合形式，其排列允许各种花色的物质组合。"[③] 正如孔特所说，"序列是一种开放形式，大多是由于它不要求某一外部组织的'机械'控制"，在中国诗中，每一个字都是一个模块，

[①] Barthes, *Critical Essays*, 210.
[②] Barthes, *Critical Essays*, 210.
[③] Conte, *Unending Designs*, 21.

在意指过程中通过与其他字组合而获得自身的位置。中国传统诗的开放性主要基于这些复杂的多面的方法，其中，一个词与其他词构成不同的坐标。这个坐标并不完全是由自觉意图决定的，而常常由无意识的语言过程所决定，这将是下一章讨论的话题。

第八章　语言的开放性与诗的无意识

　　文学是一种语言艺术，诗更是如此。中国学者和诗人朱自清在其研究中恰如其分地指出："其实，诗不过是一种语言，精粹的语言。"① 在这个意义上，理解诗就是理解精粹的语言。当代诠释学理论普遍接受理解的语言性。理解一般被视为阐释，而这种阐释是理解的显在形式。阐释中使用的语言代表了阐释的建构时刻。② 从这个观点出发，理解一个文本就是读者试图把语言建构成有意义的观点的时刻。语言因此而在阅读与阐释中占据核心位置。

　　在对语言本质的形而上学反思中，海德格尔提出了著名论断："语言是存在之家。"③ 根据这一思想，伽达默尔把存在的动

---

① 朱自清，《诗的语言》，《朱自清古典文学论文集》，上海：上海古籍出版社，1982年版，第79页。
② Josef Bleicher, *Contemporary Hermeneutics: Hermeneutics as Method, Philosophy and Critique* (London: Routledge, 1980), 114.
③ Martin Heidegger, "The Way to Language," in *Basic Writings* (New York: Harper Collins 1993), 424.

机构想为"被带给语言",并声称"存在通过敞开自己而到达语言"。① 在其存在主义诠释中,语言已经不再被视为人们通常使用的工具;它本身构成了一个"世界"②的主题,并含蓄地把这个主题公开化:"语言所正当追求的,从一开始就是言语的本质展开,说话的本质展开。语言通过说话而言说;也就是通过展示而言说。"③ 语言的展示和言说构成了语言的本质。在文学中,语言创造的"世界"是一个文本。语言不仅创造了文本的世界,而且已经赋予这个世界展示自身的潜力。此外,它还绘制使读者在阅读过程中被限制和统领的地图。由于语言本身就有揭示的潜能,所以诠释经验排除了封闭性,而鼓励新的经验的展开。如伽达默尔所说,诠释经验"自身的完成不在于明确的知识,而在于由经验本身所激励的向经验的展开"。④ 本章将探讨语言何以有意无意地建构了我们对文本的创造和认知,又如何把文本变成诠释的开放空间。

开放性与诗的语言

前一章讨论王维"鹿柴"诗之各种可能的阐释,并没有详尽分析其语言含混性或不确定性对诠释空间大小的影响。如果聚焦于这个方面,我们可能会有一些新的解读。比如,该诗展示了

---

① 英译转引自 Josef Bleicher, *Contemporary Hermeneutics*, 115。
② Martin Heidegger, "The Way to Language," in *Basic Writings*, 404.
③ Martin Heidegger, "The Way to Language," in *Basic Writings*, 410.
④ Hans-Georg Gadamer, *Truth and Method* (New York: continuum, 1999), 338.

中国抒情诗中人称代词省略的典型特征。程抱一认为这种省略是"有意为之",并说这是创作过程的一个哲学维度:"产生了一种把个人主体置于与存在和事物之特殊关系中的一种语言。在抹除自身或选择暗示自身在场时,主体把外在元素内化了。"① 笔者完全赞同程抱一的说法,但想从纯粹语言学的观点来看这个问题,看中国诗歌语言的含混性在何种程度上扩大了诠释空间。对该诗的传统阐释一致认为,诗中指诗人本人的第一人称代词"我"被省略了。所以,对该诗的阐释和翻译应该把"我"恢复。程抱一有不同的意见。他认为代词的省略表明诗人已经与山相认同。他还说,在第三行,诗人就是"返景入深林"的落日余晖。但在对该诗的实际解读中,程抱一又撤回了这个勇敢的提议,再次落入代词省略的俗套:"从内容来看,前两行呈现诗人处于'未见'状态;他听到了回响的人声。后两行围绕'看'的主题:看到了落日照在青苔上的金色效果。"②

笔者想要超越把诗人与自然景物相认同的存在主义解释,而提出一种新的解读。诗的语言能使读者从拟人化的角度来理解诗。简单地说,我说的不是诗人与自然景物相认同,而是诗人把自然景物的因素视为人化的和个人化的主体。山没有眼睛,因此山看不见居于其中的人类。山没有耳朵,但能感觉人声的回响。前两行可解作对山与居住者之间亲密关系的展示。在这方面,山实际上是以转喻的方法再现自然、自然母亲或虚空之道。山是空

---

① François Cheng, *Chinese Poetic Writings* (Bloomington: Indiana University Press, 1982), 24.
② François Cheng, *Chinese Poetic Writings*, 25.

的，但却生万物，包括人类。后两行描写相互依赖的过程，返照的影子与返照的光呼应，于是，影与光构成了互补的对立。句法上说，二者是通过对"上"字的解释而被并置的。彼得·布德伯格认为，该诗最后一个词"上"是动词，意为"起来"，尽管学者们通常解释为"在上、在顶端或顶端"。[①] 因此，我们可以将最后一行读作"复照上青苔"。这里，"复照"不是动词词组，而是名词词组。从诗法上看，这种解读是非常可能的，因为为了让"上"与"响"押韵，诗人颠倒了词序。自然词序的恢复会使后两行完美地平行。此外，新的解读也给予最后一行以动感：越来越近的影子伴随着返照之光，逐渐登上了青苔覆盖的台阶或山坡。

笔者的新解读进一步打开了该诗的诠释空间。它并非全部是非自然的。至少，它表面上看起来与众所接受的解读一样自然，如果不说更自然的话。使这一解读为人接受的不是文化或语境的含混性，而是语言的含混性。从本节起，笔者将变换焦点，从诗的语言与符号的三种想象的关系来探讨开放的诠释空间。这三种想象在本书开头已经提到过了。中国古典诗的开放性，尤其是律诗的开放性，在很大程度上取决于诗的语言的不确定性。要充分探讨中国诗的开放性和开放诗学，我们不可避免地要讨论中国诗的明显特征。在《中国诗艺》中，刘若愚断言："中文使用最少词语表达思想和情感的可能性成为现实。诗人可以用一个词表达

---

① Peter Boodberg, "Philology in Translation Land," Cedules from a Berkeley Workshop in Asiatic Philology, 1954–1955.

几种不同的意思，读者不得不选择最可能与诗人所想相一致的意思，以及可能沉淀的意义，同时指出该词可能适合别的场合但在此处并不相关的意思。这当然在英语中也时有发生，但决没有达到中文的程度。在这方面，中文是最适于写诗的。"①

在此之前，厄尼斯特·费诺罗萨（Ernest Fenollosa）和艾兹拉·庞德曾表达过这种观点。他们都认为中文是比欧洲屈折语言更好的写诗工具。② 这一观点受到中西学者的严重质疑。比如，华生（Burton Watson）就中文写诗是否比其他语言有优势的问题向刘若愚提出挑战。华生特别指出中文诗语言的两个特征：没有数和时态指称，并就此论述了中文诗歌语言的优势和劣势。华生做此选择是为了回应刘若愚的主张。在《中国诗学》中，刘若愚指出："正如中文并不需要数的表指，诗人并不关心这种不相关的细节，因此可以集中呈现山中春天静谧的精神。此外，中文没有时态，诗人不必从特定的时间，而几乎从永恒的视角来呈现景物：诗人并非在呈现某个特定的人在特定的时间观赏某个特定的春夜，而是在感觉春夜的本质。"③ 华生承认刘若愚的主张有部分合理性，但同时提出 20 世纪读者受意象派和 W. C. 威廉斯（William Carlos Williams）的名言"没有脱离事物的思想"的影响，因而才把普遍置于特殊之上。华生说："读者会提出反对意见，除非他能'看到那个画面'，否则就不会知道诗人所要表达

---

① James Liu, *The Art of Chinese Poetry* (Chicago: University of Chicago Press, 1962), 8.
② Ernest Fenollosa, *The Chinese Written Character as a Medium for Poetry* (San Francisco: City Light, 1968), 25–32.
③ James Liu, *The Art of Chinese Poetry*, 30.

的是什么情绪或思想;'鸟'是单数还是复数的确至关重要,因为一只鸟意味着孤独,一群鸟则可能意味着恐惧或快乐,取决于人对鸟如何感觉。"①

华生的反对意见基于这样一种关怀:"本来纯属语言偶然性的东西,不能错误地被挑选出来作为文学缺点的缘由或某种非凡表达的源出。"②华生的意见有两个问题。首先,如果某诗中有些词的使用不是纯粹偶然,而是故意用来取得某种特殊效果的,那么情况就完全不同了。其次,仅就读者反应而言,性别、数目、时态、人称等的含混性无疑会扩大特定诗歌的诠释空间。不赞成中文名词比西方语言中的名词更有诗意的说法也许是正确的,这些是语言学研究的特殊问题,但是,也可以同样正确地说,没有特别明确的性、数、时态的一首诗会比具有明确性、数、时态标识的诗具有更大的诠释空间。当然,把诠释空间的大小与艺术优劣等同起来是有问题的,但我们必须承认诠释空间的大小是一个独特的艺术特征,因而可以说明审美质量。有鉴于此,我必须指出,华生的下列论证不足以驳斥刘若愚的主张:"而如果我们说中文名词在品质上比英语更具诗意,是因为它们没有性、数,因此更为普遍的话,我们必须以同样的理由说英语名词比法语或意大利语等没有性别的语言更具诗意,几乎没有哪个法国人或意大利人会同意这种说法。"③性别的含混在诗歌创作中当然重要。如

---

① Burton Watson, *Chinese Lyricism: Shih Poetry from the Second to the Twelfth Century* (New York: Columbia University Press, 1971), 7.
② Burton Watson, *Chinese Lyricism*, 8.
③ Burton Watson, *Chinese Lyricism*, 8.

笔者在解释辛弃疾诗时所表明的，把"他"视为男性指称的观点与视为女性指代将产生大相径庭的两种解读。通过用性别作为论点，华生实际上是承认了带有性别含混的一首诗比具有明确性别指向的诗具有更大的诠释空间。

检验中国语言（古代汉语或诗歌语言）是写诗的更好媒介这个主张时，我们必须看到这个主张的另一方面。刘若愚承认古代汉语"在书写说明文字时有一严重不足"。[1]也可以说古代汉语作为法律语言绝没有英语或法语那样精细准确。所以，一种屈折语言在诠释开放性方面没有优势，但却具有准确性和明晰性。当然，刘若愚的论证具有把普遍置于特殊之上的缺憾。一种较少引起争议的看待所论问题的方式或许是：语言准确性的缺失——即没有明确的性、数、语气、时态、性别、语态，在中文诗中可能会把词语变成追寻该诗主题的一系列线索。读者会从不同视点看待这些线索，再从不同主体立场阐释这首诗。这些线索可以视为单数或复数、男性或女性、过去、现在或未来、主动或被动、虚拟或直陈，取决于每个人读诗时的心境。这样，诗就成为一个相当开放的诠释空间，涵盖普遍与特殊、直义与比喻、超验与具体、准确与含混等。在这方面，华生根据与绘画的类比看待中国诗的观点是合适的：用文言写的一首诗是"一块空白画布……在适当的地方画上'树'、'鸟'、'山'、'水'，诗人让我们自己把这些元素排列成画面"。[2]

---

[1] James Liu, *The Art of Chinese Poetry*, 8.
[2] Burton Watson, *Chinese Lyricism*, 8.

如果仍然不相信用文言写的诗比英文或法文诗具有更大的诠释空间的话，可以用中国诗中的一个文字游戏来做进一步支撑。在这种游戏中，我们随意选择几首中国古代诗，把每首诗切割成若干字，然后将所有纸片放到一个包里。如果你随意根据特定诗体的要求从包里取出一定数量的字，比如四言诗，然后给所选的字加上标点符号，你就有了一首四言诗了。当然，解释和提供词语变化依据的重担都交给了读者。换言之，字与字之间只有范式关系，而每个字与其他字的组合关系必须由读者来提供。在这种游戏中，装字的袋子可以看作索绪尔所说的"语言内在仓库"的缩影，[1] 在那个有限空间里，词在相互关联的空间中漂浮，可能有各种不同的组合方式，就好比万花筒的一块块碎玻璃片，每摇动一次都会产生新奇的画面。在实际诗歌创作中，所谓的回文诗是中文诗典型特征之最大用法的最激进的例子。一首英文回文诗只能持续一两行。但中文回文诗能持续很多行。此外，在读文言回文诗时，读者可以从任何一个地方进入，向前读或向后读均可。从任何地方进入，读者将走上不同的旅途，因而产生完全不同的意义，获得惊人的发现。同一首诗的不同入口会产生不同的视野。

在某种意义上，这种阅读近似于巴特提出的阅读方法。这也许是巴特所谓"分隔式阅读"的最彻底、最激进的形式。在《S/Z》一书中，巴特发明了阅读经典叙事作品的方法，他称之为区隔。他把文本切割成称作"语义单位"（lexias）的一系列碎片，构成

---

[1] Ferdinand de Saussure, *Course in General Linguistics* (London: Peter Owen, 1960), 123.

了基本阅读单位。接着他把这些碎片或语义单位自由组合,以便使其不同于切割前的旧文本那样进行意指和再现。他打开旧文本,释放出被压抑的符码、声音和意义,强调每一个文本碎片的相对独立性,并允许文本内的一切文化表达说话。① 分隔式阅读打开了一个全新的意指领域,这些新的意义也许始终都在那里,但它们的存在却始终隐藏在文本的线性组织背后。从读者角度看,分隔与文本的封闭相对立,把读者从预先决定的主体位置上解放出来。巴特对叙事形作品所做的阅读,中国人已经用回文诗做过了,也在较小的程度上用抒情诗做过了。如笔者对王维诗的阐释性阅读所示,又如下一节中的辅助阅读所示,中文的分隔式阅读,如果我可以用这个概念的话,是由中国文字相对独立或自由的属性,以及刘若愚、② 程抱一③ 等语言学家讨论的特征所造成的:即摆脱诸如冠词、数、性、语气、语态、情态、动词变位等词形束缚;通过省略人称代词、介词、比较词和动词而导致的最小句法要求;词序颠倒、时间补充、用虚词代替动词的经常使用。毋庸赘言,这些特征只有在中文诗歌中才是可用的。

开放性与句法含混性

在符号的三种想象中,笔者迄今只注重象征性想象。从本节

---

① Roland Barthes, *S/Z: An Essay* (New York: Hill and Wang, 1974), 13–14.

② James Liu, *The Art of Chinese Poetry*, 39–42.

③ 参见 François Cheng, *Chinese Poetic Writings*, 23–42。

开始,将把重点放在范式想象和组合想象上。在论近体唐诗的三篇优秀文章中,梅祖麟和高友工就唐诗中句法、措辞、意象、意义、隐喻和典故之间的关系进行了比较广泛的研究。《唐诗中的句法、措辞和意象》一文主要关注句法在诗中的功能是什么?在结论中,他们检验了四种西方传统观点:休姆(T. E. Hulme)视句法为非诗意的观点,厄内斯特·费诺罗萨(Fenollosa)视句法为行动的观点,苏珊·朗格(Susan Langer)视句法为音乐的观点,和唐纳德·戴维(Donald Davie)视句法为话语表达工具的观点。[①] 在检验了与唐诗的关系之后,他们结论声称,他们的研究证实了西方学者的观点。令我惊奇的是,他们并没有说句法是诗中的另一明显功能:诗的句法可以有意或无意地用来创造含混性,扩大诠释空间。对这一明显功能的忽视更令人惊奇之处在于,高友工和梅祖麟如许多其他学者一样都注意到唐代诗人常常借助所谓"诗的特许"而在诗歌创作中破坏正常词序:"近体唐诗的语言在形式和语法结构上享有相当大的特许权。"从我所探究的观点来看,特许权是中国诗中促成开放诠释空间之建构的因素之一。从语言学上看,特许权不仅是诗的特许,而且是中国诗中句法规则的特许,因为为了作诗而破坏语法建构的许多例子实际上与其说是诗的特许所允许的,不如说是句法流动性和语法结构的凝练所促成的。下文将重新检验梅祖麟和高友工分析过的几个例子,并在重新检验的过程中展示句法含混性何以不仅促进了

[①] Kao and Mei, "Syntax, Diction and Imagery in Tang Poetry," *Harvard Journal of Asiatic Studies* 31 (1971): 132–133.

中国古典诗的开放性,而且揭示了诗(无)意识的精神功能。

就其对杜甫《江汉》一诗的句法分析,梅祖麟和高友工对前四行诗进行了大量句法解读,现将该诗的英语直译摘录如下:

江汉思归客,　　Jiang Han/think/returning guest
乾坤一腐儒。　　Heaven earth/one rotten scholar
片云天共远,　　a streak of cloud/heaven/share distance
永夜月同孤。　　Lasting night/moon/share solitude

在对第一、二行的解读中,他们拒绝两种"自然"阐释:(1)"在扬子江和汉江边,一个思乡的陌生人",在这种情况下,"扬子江和汉江"成了地点条件;(2)"扬子江和汉江边的一位陌生人",在这种情况下,中文中"扬子江和汉江"成了"陌生人"的前修饰语。相反,他们把前几行诗视为两个形象的并置,在其中,读者可以看到两个简单的形象、两条大河之间的鲜明对比以及渺小的人之形象。① 我们不确切知道他们为何抵制两种"自然"的解读。在我看来,这两种解读都是可能的。此外,笔者想提供另一种解读。我认为第一、二行构成了并置,这相当于基于一个普通命名述语建构起来的一个完整句子:A 者,B 也。因此,这两行可以读作:扬子江和汉江边上思乡的客人是天地间的一位腐儒。这种解读有道理,因为"思乡的客人"和"腐

---

① Kao and Mei, "Syntax, Diction and Imagery in Tang Poetry," 57.

儒"是同一个人——即是说，诗人本身。在我的解读中，前两行基本上与呈现形象不相关，而与造句，以及诗人对自己的认知和评价相关。

他们认为第三、四行有句法连接，但句法被搅乱了。这两行本该读作"片云共天远，永夜同月孤"。为了展示其观点，梅祖麟和高友工提供了两种解读：（1）"片云与天一样远"；（2）"天下，我像片云一样（离家）远"。从语言学上，可以通过恢复被略去的"我"来提供另一种解读。由于第一和第二行把诗人呈现为扬子江和汉江边的思乡者和天地间一位衰微的腐儒，我们可以想象他有多么孤独。这种孤独感在第三和第四行中得到回应和强化。为此，笔者提供一个不同的解读：片云之天／共（余）远，永夜之月／同（余）孤。可以译作：天上的一片云分享了我的远离家乡；无尽之夜的月亮分享了我的孤独。从这一观点出发，可见含混性是省略的结果，而不是混乱句法造成的。同样，第三行的第二种解读包括"断续、含混和错位"的说法似乎太过严苛，因为这低估了诗的句法所具有的力量。

在对另一行诗"孤舟一系故园心"的解读中，梅祖麟和高友工把这行诗视为两个独立短语的并置或作为一个连续的句子："在一种情况下，语法结构强调了被拴住的舟与飞向家乡的思绪之间的对比，在另一种情况下，两种不动之间的随意关联，舟已停泊，诗人也随之维系于船上。"[1] 他们认为"把'故园心'解作

---

[1] Tsu-lin Mei and Yu-kung Kao, "Tu Fu's 'Autumn Meditations'," *Harvard Journal of Asiatic Studies*, 28 (1968), 54.

'系'的直接宾语是完全自然而然的"。为了补充这两种解读,笔者愿意提供另一种语言上合理、审美上深刻的解读。解作:"孤舟一(叶)系(着)故园心。"换言之,孤舟也许没有系着,它可能在远处漂浮。诗人把他的思乡感投射到漂浮的船上,所以他想象那船可以带着他的故园心回家。梅祖麟和高友工的解读强调静止,暗示诗人无力改变困境;笔者的解读强调运动,表明诗人动意已决,尽管只能在想象中。句法含混性支持这两种阐释。

对以上例子的分析表明,中国古代诗的含混性往往是由于小品词或代词的省略造成的。在短小而解构浓缩的抒情诗中,每一个词都重要。小品词和代词常常被略去以便给传达信息的词留有空间。省略导致句法含混,但使诗歌结构简洁,充满含义。在许多情况下,诗人可能故意利用句法含混扩大诗歌空间。"白云明月吊湘娥"一句就是一例。我们不清楚白云和明月是否在凭吊湘娥,或有人或使人在白云和明月下凭吊她。我认为诗人故意创造这种含混以便赋予本诗行以更丰富的意义。第一种解读把这句诗变成了人化的例子,甚至变成了修辞学的"感情误置"。当诗人调动白云和明月凭吊湘娥时,这个境况真的弥漫着悲怆的精神。如果我们从语言分析过渡到文学分析,这句诗就可能产生另一些意义。"白云"是天的一部分,因此代表天堂。"白"在中国文化中是吊唁死者的颜色。"明月"悬于夜空,因此可能是作为夜空的转喻。当白天的天空和夜晚的天空都来凭吊湘娥时,这句诗可以说有了另一个世俗维度:湘娥日夜受到宇宙的哀悼。

笔者所讨论的诗的开放性大多成就于句法的极简化。极简句法是一种诗歌创作理论,由意象派之父休姆提出。[1]1910年到1930年英美发表的意象诗和法国发表的象征派和后象征派的诗都明显具有这个特征。值得注意的是中国古代诗与法国象征派诗为取得特殊效果而操纵句法方面的相似性,如余宝琳所指出的:"象征派和后象征派诗人……除了运用艰深的句法阻碍向前的运动外,还喜欢使用系词和并置,二者都不限定时间或因果关系,常常把含混和对立搁置一旁,依赖等值原则而非逻辑序列。此外,他们的诗往往偏重名词,以创造总体的共时性效果。"[2]

极简句法的提法可在柏格森对时间的哲学探讨和对梦的心理学探讨中找到支持。许多学者注意到诗与梦在想象资源方面的相似性,此外,还有严格的句法结构的缺乏。在某种程度上,意象派和象征派诗歌自觉地朝向梦境努力。如果我能颠倒达尔文所说的"梦是不自觉的诗"这句话,我们就可以说,诗是自觉的梦。梦与诗的亲和性在现代派诗歌中尤其明显,其以混乱的句法构成,往往赢得梦呓的恶名。中国古代诗的句法与现代派诗的非传统句法非常相似,这使人想到弗洛伊德在《释梦》中发现的梦的意指机制:梦使用一种没有日间语言之句法规则的语言。梦的唯一一种构成规则是并置,这代表日间语言的全部句法规则,包括逻辑、序列、协调和从属。[3] 并置引起含混,但给予梦以极大的

---

[1] T. E. Hulme, *Speculations* (Minneapolis: University of Minnesota Press, 1955), 134–135.
[2] Pauline Yu, *The Poetry of Wang Wei* (Bloomington, IN: Indiana University Press, 1980), 25.
[3] 参见 Freud, *The Interpretation of Dreams* (New York: Avon, 1965), 344–374。

阐释可能性。同样，诗中的并置也赋予诗以更大的潜在空间，以便让读者自行想象。

梦的语言和诗无意识

讨论了中国诗的句法含混对开放性的促进之后，笔者斗胆提出，具有开放诠释空间的中国诗以一种近似梦的形式进行意指和再现。这一提法可能会使一些学者感到惊讶，但是把梦的意指机制与具有开放空间的诗歌的再现机制加以比较，就会给这一提法以坚实的基础，进而可以探讨开放性之根源。梦通过与梦中意象并置而获得再现性。大多数具有开放诠释空间的中国诗都以类似手法运用并置：以极简句法并列的名词、名词短语和动词短语。它们具有空间属性，一种模糊的句法关系，一种不确定感——所有这些恰恰是我们从梦中获得的印象。不言而喻，一首诗是一个压缩的话语。中国诗当然有助于这一压缩过程，但把各种不同因素压缩一个诗歌话语的诗人心中的机制，笔者称之为诗歌无意识，或"开放之魂"，这可以与"开放之眼"相一致。近年来，学者们一般不接受弗洛伊德的静止无意识观念，即视无意识为各种欲望所驱动的沸腾的大锅，而接受无意识的能动观，即视之为"一种抽象，大脑中的一个隐蔽之'所'，或在意识之外流动的一股看不见的能量系统"。[①] 这个能量系统有其自己的趋向意识或无意识、表现或压抑的动力和能源。在提倡回归弗洛伊德时，拉康

---

① François Meltzer, "Unconscious," in *Critical Terms for Literary Study*, 161–162.

提出:"精神分析经验在无意识中发现的是一整个语言结构。"[1] 他进一步把这个观点发展为一种详尽的无意识理论,其概要可归结为他的名言:"无意识是一个像语言那样的结构。"[2] 这句名言的意思是,无意识的运作像语言一样遵循综合轴和选择轴。在拉康的观念中,我们不仅看到语言学对他的影响,而更重要的是语言与无意识的紧密关系。他表明如果无意识像弗洛伊德所描述的那样的确存在,那它就发挥语言功能,而不是像一些学者所认为的那样发挥象征的或本能的功能。对拉康产生重要影响的列维-斯特劳斯认为,无意识把结构法则强加于基本的未言表的因素之上,如情感、记忆和冲动——即诗的原材料。[3] 据弗洛伊德、列维-斯特劳斯和拉康的精神分析学说,笔者意欲把诗歌无意识与无意识等同起来。当然,这不是要探讨诗歌无意识与无意识之间的关系,而是通过探讨语言与无意识的关系,更好地理解把诗的话语压缩成浓缩诠释空间的诗的精神。此外,通过把精神分析学、语言学和符号学综合起来,我们或许可以回答高友工和梅祖麟在应用雅各布逊的等值论研究就中国诗提出的几个发人深省的问题。

无意识是意识的对立面,其逻辑从根本上不同于笛卡尔的理性和自我认同的逻辑。它以未知的、不可知的和不可总体化的东西为特征。然而,无意识也可以间接地通过无意识的心理活动表现出来:如口误、笔误、笑话、双关语、语言的诗歌表达、无

---

[1] Jacques Lacan, *Écrits: A Selection* (London: Tavistock, 1977), 147.
[2] 参见 Lacan, *Écrits: A Selection*, 81–82, 159–164, 234, 293–294, 509–515。
[3] Claudé Levi-Strauss, *Anthropologie Structuale* (Paris: Plon, 1958), 224–245.

意义的形式、最后但同样重要的就是梦。弗洛伊德曾发表著名论断说:"释梦是了解内心无意识活动的康庄大道。"① 在对弗洛伊德无意识语言之发现的评论中,拉康再度证实了弗洛伊德的观点:"因此在《释梦》中,每一页都涉及我所说的话语的文字,其内在肌理,其用法,其所论问题的内在性。正是从这部著作开始,弗洛伊德的工作开始向无意识的康庄大道敞开。"② 诸如威廉·莎士比亚、威廉·布莱克、奥斯卡·王尔德、保尔·瓦雷利、斯蒂芬·马拉美和理查德·瓦格纳等创造性作家,诸如查尔斯·达尔文、弗雷德里希·尼采、西格蒙德·弗洛伊德、卡尔·G. 荣格、厄恩斯特·卡西尔、罗曼·雅各布逊和雅克·拉康等思想家,诸如诺斯罗普·弗莱、欧文·白壁德、约翰·C. 兰瑟姆、莱昂内尔·特里林和诺曼·霍兰德等批评家——都同意梦与创造性之间的内在联系。拉康更加明确地强调了诗、梦与无意识的亲缘关系。在他看来,读诗是接近无意识的最佳捷径。他也认为,诗是一种梦境,诗人通过这个梦境接近他的无意识欲望。诗给诗人的不是意义,而是多余的能指,诗人用这些能指建构自己意义的画谜,即描画一幅伪装的、混乱的无意识肖像。③

拉康的诗歌观与创造性作家的诗歌观是一致的。华兹华斯把诗定义为"强大情感的自发流溢"。④ 这种从无意识中充溢而出的

---

① Freud, *The Interpretation of Dreams*, 647.
② Jacques Lacan, *Écrits: A Selection*, 159.
③ 参见拉康的详细分析, Jacques Lacan, *Écrits: A Selection*, 147–161。
④ William Wordsworth, "Preface to Lyrical Ballads," in *Critical Theory since Plato* (San Diego: Harcourt Brace Jovanovich, 1971), 435.

自发情感无视理性、逻辑、序列、因果关系和日常交际之清晰表达所要求的所有其他必要因素。它们无法用准确的词语来描述。在某种意义上，中国诗性语言复制了梦境的思维过程，因为它不像高度屈折语言那样需要中介。同样，中国诗性语言是适合于表达诗意思想的工具，因为它含有意识流，因此是模糊的、含混的、无逻辑的和多元决定的。中国诗的极简形态和句法似乎与梦境语言的意指过程相似。

梦境语言与日常语言的不同在于它缺乏公认的语法规则和逻辑顺序。诗性的汉语与梦境语言的相似之处在于其缺乏固定的句法，在于其逻辑顺序的松散，也在于其不同阐释的开放性。在《释梦》中，弗洛伊德提出这样一个问题：梦的表征为"如果"、"因为"、"正如"、"尽管"、"要么……要么"等连接方式提供了什么？没有这些连接方式我们就无法理解句子或言语。他的回答是："梦决不在梦思之间表达这些逻辑关系。就大部分而言，梦无视所有这些关联，只有梦思的实质性内容才是梦所接管和操纵的。把梦的工作所破坏的关联恢复过来则是阐释过程必须承担的一项任务。"①

研究中国文学的学者也得出了类似结论，尽管这个结论只与中国抒情诗相关。孙康宜对中国诗词的卓越研究表明并列而非从属的句法何以主控中国词的创作。② 这里我只想引用华生的观点：

---

① Freud, *The Interpretation of Dreams*, 347.
② Kang-I Sun Chang, *The Evolution of Chinese T'zu Poetry: From Late T'ang to Northern Sung*, Princeton: Princeton University Press, 1980.

"[中国]诗几乎完全是用这些一行字词的单位或建筑材料建构的；只有极为罕见的时候，一般在最后一联，诗人才用连写句。此外，继续延用建筑的隐喻说，这些建筑材料几乎无需语法的灰泥就能严丝合缝；并列而非从属就是规则。偶尔插入一个'尽管'或'此外'，但就大部分而言逻辑连接词必须由读者来填充。在英语中常见到从头到尾只有一句话的诗，或像日语中整个句法一直被悬置起来，直到最后一个音节的情况，在汉语诗中并不存在。"①

如果这个比较仍不能说服读者相信诗性汉语与梦境语言的相似性，那么，笔者将提供二者间的一种直接关联，而且是精神分析学研究所证实了的。在对梦的研究中，弗洛伊德发现了梦的语言与中国古代汉语和埃及象形文字之间的内在关系。他注意到古代语言与梦境语言之间的一个共同特征是缺乏句法连接词，而这些句法连接词是用来解释词与词、象与象之间关系的。② 尽管弗洛伊德对中文的理解非常有限，而且是片面的，但他的观察触及到中国古代诗歌语言的一个有趣的方面。诗性汉语与梦境语言极为相像，这表现在高度抽象和逻辑关系上，比如是 / 否、如果 / 那么、由于、尽管、正如以及与时间相关的连接词，都没有明显的标识，而意欲表达的逻辑内涵往往是在阐释中识别出来的。

诗性汉语可以在几方面与梦境语言相比较。最具决定性的是诗性汉语的材料被赋予了梦境象征的特征。梦境象征是听觉和意象符号。一个梦境象征的多元意义是由声音和意象联想产生的。

---

① Burton Watson, *Chinese Lyricism*, 16.
② Freud, *The Interpretation of Dreams*, 353–354, 尤其是注释 3。

从声音上说，一个梦境象征往往是几个意义浓缩成一个声音，即所谓的克朗联想（声音联想）。中文是高度拟声的语言。古代汉语尤其如此。所谓"六书"（造字法）之一就是基于声音联想的，"六曰假借：假借者，本无其字，依声托事，'令'、'长'是也。"[1] 在诗歌创作中，有些诗人自觉地使用声音联想创造双关语和词语游戏以表达双重或多元意义。一个著名的例子是刘禹锡的《竹枝词》："道是无情却有晴（情）。"[2] 这行诗的直义解释是：他说没有爱情了，但有晴天。但中文中爱情的"情"与"晴天"的"晴"是同音，因此可以解作：他说没有爱情了，但爱情还在。在我出于另一目的讨论过的李商隐的《无题》中，词语游戏构成了其艺术的主要部分。明显的词语游戏是"丝"与"思"构成双关。程抱一甚至把那整首诗视作依声音联想构思的。[3]

视觉上，诗性汉语像梦境语言一样依其意象表达意思。所谓"意象"，并不是说每一个中文字都是象形文字，或如费诺罗萨和庞德所声称的都具有图像性质。我说中国文字是意象性的，意思是说每个词都像图像那样是自立而又自在的，并不像屈折语言那样受数、冠词、格、性、时态、语态和词形变化的束缚。在某种程度上，用这些自由自在的字创作的诗就像用形象构建图画那样操作。前面提到华生把中国诗类比于绘画，较为准确地把握住了中国诗的一点特异性。中国诗中字与字的关系是松散地决定

---

[1] 许慎，《说文解字》，北京：中华书局，1999年版，卷15a，第314b页。
[2] 《刘禹锡集》，上海：上海人民出版社，1975年版，第253页。
[3] 参见 François Cheng, *Chinese Poetic Writings*, 165。

的，常常取决于读者的努力。弗洛伊德特别提到了中国诗的这个特征，并将其与梦境语言进行了比较："[梦的象征]常常不止一种或几种意思，正如中国字一样，每一个正确的阐释只能来自语境。象征的这种含混性与梦的特征联系起来，以至于有'多元阐释'——在一个单一内容里再现许多性质大相径庭的思想和愿望。"① 在这段话里，弗洛伊德以中国文字为例，表明它是如何用一系列被压抑的思想构成的，因此可以用各种方式来阐释。笔者颠倒了这个类比以表明诗歌无意识何以把不同的欲望线索浓缩成一首诗，并赋予其更大的诠释空间。

并置和多元决定

笔者主张诗性汉语接近梦的语言，具有开放空间的一首中国诗像梦一样表征，并不是说一首中国诗像梦一样玄奥；我的目的也不是用神秘的面纱把中国抒情诗包裹起来。恰恰相反，我想要揭开谜一样的面纱，以揭示其多维度的意指机制，并在产生多价和多义的过程中提出一种阅读方法。没有什么能比具体的例子更有说服力了。请以马致远（1250？—1324？）的名作《天净沙——秋思》为例：

枯藤老树昏鸦。
小桥流水人家。

---

① Freud, *The Interpretation of Dreams*, 388–389.

> 古道西风瘦马。
> 夕阳西下。
> 断肠人在天涯。①

马致远现存诗歌有一百多首,但正是这首小令使他广为人知。王国维在《人间词话》中评论道:"《天净沙》小令也。寥寥数语,深得唐人绝句妙境。有元一代词家,皆不能办此也。"②在《宋元戏曲史》中,他同意以前学者的评价,赞扬此作为戏曲抒情诗之的佼佼者。③笔者读过一些评论,但令我失望的是,几乎没有哪位学者能充分地解释《秋思》何以有如此经久的魅力。事实上,几乎没有人在乎它为什么是首好事。王国维的评论等于说该诗是好诗仅仅因为它是好诗。

笔者认为《秋思》具有如此经久的魅力是因为它是以类似于王维的《鹿柴》的构思原则创作的。它具有开放的想象空间,几乎完全用意象词构成,近似于梦境的意指机制。有位学者的分析强调《秋思》的重名词的特征:"前三句以九事设境,全属静词,后二句除了'下'字和'在'字外,其余皆为静词,诗中句法与:'鸡声茅店月,人迹板桥霜'的句法相似。"④虽然这位学者没有具体说明句法何以促进了《秋思》的属性,但与另一位著名诗人温庭筠的一首名诗《商山早行》的比较却触及中国古代诗歌句

---

① 《马致远散曲注》,北京:书目文献出版社,1989年版,第22页。
② 《人间词话新注》,济南:齐鲁书社,1981年版,第104页。
③ 王国维,《宋元戏曲史》,上海:商务印书馆,1930年版,第131页。
④ 罗锦堂,《中国散曲史》,台北:中华文化出版事业委员会,1956年版,1:第57页。

法的一个特征。一系列名词的并置而无具体句法关系,这复制了梦境的意指过程,在梦境中,一系列梦的象征被毫无逻辑地罗列在一起,使梦境具有了多元决定的意义。

在对梦的研究中,弗洛伊德区别了梦的内容和梦思。梦的内容不过是人在梦中看见的不断变换的图像。梦思指的是梦的内容背后的思维过程:"其主导因素是被压抑的冲动,这种冲动和当时的刺激以及与前一天的经验互相结合而得一化装的表示,也许掩盖了思想。"① 梦的内容是显在的,而梦思是隐在的。它们之间的关系是译文与原文的关系:"梦思和梦的内容像同一个主题在两种不同语言中的不同版本一样呈现给我们。或更确切说,梦的内容似乎把梦思转译成另一种表达方式,其文字和句法法则要由我们通过比较原文和译文来发现。"② 梦的内容和梦思紧密相关,但又有相当大的区别,不仅在形式上,而且在空间的大小上:"与丰富的梦思相比,梦是短暂的、贫乏的、简洁的。如果那一场梦写出来,也许有半页的篇幅。但对作为梦之基础的梦思的分析却可能是梦的篇幅的六倍、八倍或十几倍。"③ 因此,梦境仅仅是宽敞的梦思的压缩。

一切伟大的文学本质上都是浓缩的写作形式。中国古代诗歌则更甚。弗洛伊德喜欢把真实的梦比作冰山一角,而把宽敞的梦思比作被水淹没的冰山之体。同样,我们可以说。写在页面上的

---

① Freud, *New Introductory Lectures on Psychoanalysis*, 转引自 *Dictionary of Psychoananlysis* (New York: Premier, 1965), 52。
② Freud, *The Interpretation of Dreams*, 311–312.
③ Freud, *The Interpretation of Dreams*, 313.

一首中国诗的词语不过是冰山一角，而在字里行间寻找意义的冰山之体则是读者的事。温庭筠的两行诗可以有几种解释。'鸡声'和'茅店'之间是什么关系？可以说鸡属于这家店；其作用是在黎明时分唤醒客人。在这个语境中，这行诗的意思是：客人起床了，在鸡叫前就开始了旅行。还有另一种可能性，因为鸡叫并没有具体说明。它可能是公鸡叫，也可能是母鸡叫。在这种情况下，可以说母鸡叫是因为它们被早起的旅客惊醒了。因此鸡叫就是不情愿的送行，进一步强化了凌晨出发的孤独感。鸡叫也可能仅仅是诗人清晨出发时观察到的一个现象；他并不想具体说明个中关系。我们还需注意外两种没有说明的关系：月亮与茅店的关系，月亮与公鸡的关系。月亮与茅店有关系是因为她照在茅店上，或因为诗人离开茅店时看到了月亮？至于公鸡和月亮，他们有关系是因为诗人想要表明公鸡叫时月亮还未落下，或因为二者都被用作一次早发的见证呢？至于"人迹"、"板桥"和"霜"之间的关系，有许多可能的解释，而不同的解释则有不同的含义。

温庭筠两句诗中的不同成分不是由句法而是由并置粘合在一起的。在短抒情诗中，并置不仅是写作捕捉无形思想之丰富性的一个普通技巧，也促进阅读中符号的三个想象的激活。对李白《送友人》诗中一联的检验揭示并置何以能在字间隐藏象征的、形式的和功能的符号关系："浮云游子意，落日故人情。"[①] 学者们一致同意，这两句诗的每一句都是两个意象的并置，而暗含的比较却略去了。沿着这个线索，程抱一的精彩阅读揭示了潜在

---

① 《李太白全集》，北京：中华书局，1977年版，卷2，第837页。

的比较关系。[1] 但程抱一的阐释只涵盖了四个并置意象之可能关系的一个方面。笔者想提出另一种方式来看待所谓的比较关系。我认为一个具有明显标志的句法关系的省略在并置意象之间创造了一个真正的裂隙，它反过来构成了进行其他解读的潜在空间。并置的意象当然暗示一种比较（一种隐喻关系），但他们也许隐藏着其他可能破坏众所接受之解读的其他关系。比如，我们可以用"相像"之外的动词填补这个裂隙，把这两句诗改为："浮云激发／启发／强化游子意"，"落日削弱／抚平／驱散故人情"。这种解读是合理的，因为我们可以把这两句诗解作：当浮云的无拘无束坚定了游子野游的决心时，落日以其温柔之光抚平了故人离别时的伤心之感。这里，"浮云"的意象和"落日"的意象不仅作为比兴或刺激物，而且暗示一种象征关系。诗人选择它们是为了具化他的情感。正是人的感觉把不同范畴对应起来。诗歌无意识使得比兴的意象在隐喻与象征之间摇摆，从而使隐喻和象征解读成为可能。"浮云"和"游子"之间没有任何自然关系；诗人的"意"指的是对云之自由飘浮与人之自由旅行之间的相似性的思考。"落日"与"故人情"之间也没有任何逻辑的或自然的关系。它们相互关联是因为诗人在它们身上看到了一种等值：落日在西边天际的徘徊不去就如同故人不情愿地离他而去。

在象征关系中，"浮云"和"落日"至少预示了一种微弱的功能性关联。如果我们视之为普通象征，那么，"浮云"当指传统象征主义中的"人生"（正所谓人生如浮云）或指"财富"（正

---

[1] 参见 Cheng, *Chinese Poetic Writings*, 37。

所谓财富如过眼烟云);"落日"指"逝去的光辉"(正所谓落日余晖)或"人生的最后阶段"(正所谓"晚霞无限好,只是近黄昏")。在象征的解读中,第一句可以读作:由于生命就像浮云,所以斯人被游荡的欲望所困。第二句可以解作:由于落日象征人生之短暂,所以故人情也被缩短了。但这种象征的解读并不十分适于诗的语境。因此,我们必须用符号的另外两种想象(或关系)来读这两句诗:范式的阅读和并列的阅读。

在范式和并列关系中,两个意象的意指既是纵向的又是横向的。在纵向的意指内,"浮云"可以用"居无定所"或"漫无目的"来代替;"落日"可以用"转瞬即逝"和"残留之物"来代替。在横向的意指内,它们与其他能指结合而产生一条偏移的转喻链,意指一系列隐喻的循序渐进的创造。除了笔者所说的隐喻关联外,还可能有其他隐喻关联。云漫无目的地飘浮,它们可能被视为与游子的漫游相近。因此,"浮云"就可被解作暗示,即游子的目的地是不确定的;或游子不知道朝哪里走。"落日"此时即将消失,可以解作故人不情愿的离去最终也将随时间逝去。这种解读符合诗的语境,尤其是把两句结尾诗联系起来的话:"挥手自兹去,萧萧班马鸣。"这两句诗意味着,由于向故人道了别,斯人独自登上了旅途,只有马陪伴着他。这个解读直接与众所接受的解读相左,因此可以说完成了一次解构的转向。最后,通过一种并列关系,第一句诗的隐喻意义"难以满足的游荡欲望"便与第二句诗的隐喻意义"故人不情愿的离去"构成了范式关系,因而实现了诗的等值。结果,又出现了一个新的隐喻关系:"故人难以满足的游荡欲望和我不愿让他离去的愿望一样强烈。"可能还会发现（创造）另一些关系。在所发现的全部关系中，有些在选择轴，来自范式意识；另一些在结合轴，是并列意识的结果。

隐喻、转喻和意指实践

笔者对李白的两行诗的讨论意味着看待中国诗歌意象的一种新方式。我认为，并列诗行中的诗歌意象具有从范式和组合两个视角来研究的潜力。由于并列而非主从句法，所以词语关系是含混的。结果，诗歌意象可以进入相互间不同的关系序列，并根据读者的主体立场而被理解为象征、隐喻或转喻。这种研究方式可以解释高友工和梅祖麟就雅各布逊的诗歌功能理论提出的令人深思的问题："诗的功能把等值原则从选择轴投射到了组合轴。"[1]在对雅各布逊理论的应用中，高友工和梅祖麟认为，由诗的功能得出的等值原则是按组合轴运作的，这意味着等值局限于所说和所写的话语或文本。但在他们对中国诗的研究中，他们发现了属于近体诗核心的两个现象，不能仅仅通过检验文本就能解释的现象：

> 第一个是个别词与其语义范畴的关系。词出现在诗中，但其范畴只以代理身份出现。……第二个是经常出现隐蔽的

---

[1] Roman Jacobson, "Closing Statement: Linguistics and Poetics," in *Style in Language* (Cambridge, MA: MIT Press, 1960), 358.

隐喻和典故。隐喻和典故都包含与等值相关的两个条件。在隐蔽的形式中，只有一个条件在诗中出现，另一个仅仅被暗示。但与作者属于同一传统的读者显然能捕捉到这一比较。然而，如果让等值关系的范围扩大到诗歌之外，我们就从文本移到语境，结果，就抛弃了通常所理解的新批评和结构主义语言学的核心教条。[1]

高友工和梅祖麟的研究是在新批评和结构主义文学批评和文本概念开始受到后结构主义理论挑战之时进行的，这表明两位学者当时已经意识到结构主义语言学和文本观的局限性，即把文本视为封闭的、自治的、自动的统一和和谐的空间。如果他们不是被迫忠实于"结构主义语言学的精神"，他们会超越结构主义诗歌研究，而走上后结构主义之路，把文本看作是开放的空间，含有不同观点、声音、价值和视角。他们引入传统，视之为对雅各布逊理论之不足的弥补，这事实上已经是后结构主义理论家所倡导的部分内容了。但是，即便我们只研究书面文字，我们仍然能在一首诗中找到各种因素之间的等值吗？笔者的回答是肯定的。然而，这个肯定的回答要求我们从精神分析学、语言学和符号学的综合视角看待一个文本，尤其是从拉康重新定义的隐喻和转喻的有利视点。

根据索绪尔语言学对弗洛伊德梦之浓缩和移位理论进行修改之后，拉康重新定义了转喻和隐喻："转喻基于词与词的连

---

[1] Kao and Mei, "Syntax, Diction and Imagery in Tang Poetry," 347–348.

接",① "一个词代替另一个词：这是隐喻的公式"。② 拉康对隐喻和转喻的重新定义不仅彻底革新了我们对隐喻和转喻的传统理解，而且改变了我们对中国诗中意象的理解。他把我们从根据话语中主旨与工具之关系来定义隐喻和转喻的局限中解放出来。就隐喻的情况看，我们不再局限于亚里士多德在不相似事物中寻找相似的做法了。就转喻的情况看，我们不再局限于寻找代表整体的部分或代表部分的整体这种做法了。只要是一个词代表另一个词，我们就视之为隐喻；只要遇到一个词与另一个词并置，我们就视之为转喻。这样，拉康的重新定义就为笔者研究中国诗中并置意象的新方法提供了理论支持。

　　拉康的玄奥理论对于理解中国诗歌意象的意义最好用对马致远诗的分析来说明，这是笔者一直推迟未做的一件事。这首诗最迷人的地方在于，即使字面的翻译也能传达原诗的本质精神。该诗以极简的语法限制呈现一种电报式风格，提供了解释笔者观点的最简洁的方式。我曾把该诗分解成相当于索绪尔所说的语言单位而不是单个词。第一行诗"枯藤/老树/昏鸦"中，每一个意象都代表一种隐喻关系，因为斜杠两边的意象隐含一种等值关系：枯藤与老树可以相互替代，因为二者都表示衰老。老树和昏鸦具有等值意义：荒芜感。第二行诗"小桥/流水/人家"，两个斜杠代表等值，但这次是正面的，因为每一个词都与家相关。第三、四、五行亦可进行类似的分析。在第三行中，等值属性是

---

① Lacan, *Écrits: A Selection*, 156.
② Lacan, *Écrits: A Selection*, 157.

一种荒凉感；第四行中，是向下运动；第五行中，是痛苦感。至此，笔者的分析仍然局限于雅各布逊的等值观念。然而，在下面的分析中，笔者将依据拉康对隐喻和转喻的重新定义。该诗的主题是忧郁和思乡。根据拉康所谓"一个词代替另一个词"的定义，可以说诗中每一个单位或条件都可看成是对诗人思乡的隐喻。"思乡"是个朴素的词，可以传达诗人的精神状态，但该词并没有任何诗意的启发。它被一系列词组取代，在中国文化语境中，每一个词组都能使人想到诗人/读者忧郁和思乡的精神状态。在词与词的替换中，我们可以把一个词组解作："枯藤（老树，昏鸦……天涯）代表我的思乡。"另一方面，所有词组都通过未予言表的关系而建立词对词的关系。通过临近性和建构性，这些词组暗示一种未表述的组合关系。如果把这种关系表述出来，这些词组就可以读作："枯藤就是老树；老树上落着昏鸦。小桥下流着溪水，小溪旁是吾家。"如此等等。

于是，该诗中的意象就可看作既是隐喻又是转喻，既是拉康所说的征候又是欲望，表现了不同的诗歌冲动：即抒情和叙事。在隐喻轴上，所有意象都是诗人忧郁和思乡的隐喻和征候。在转喻轴上，一系列意象表明欲望从一个意象向另一个意象的换位，隐含一种叙事冲动。该诗也非常有助于我们理解拉康据其效果而区分的隐喻和转喻："不管喜欢不喜欢，征候是隐喻，就像欲望是转喻一样，人们发现理论的这一点真实有趣极了。"[①] 根据这个观点，笔者认为隐喻含蓄说明诗人已经发现了 T. S. 艾略特所说

---

① Lacan, *Écrits: A Selection*, 175.

的"客观对应物",并据此把他的欲望具化了。这种客观对应物是"可以用作那个特殊情感之公式的一系列物体,一种环境和一连串事件"。① 而转喻则暗示一个物体或一种环境仅仅是诗人欲望的"他者",而非欲望的实现;因此他必须替换它,从一个能指转到另一个能指,从一个场景转到另一个场景,从一个片段转到另一个片段。因此,该诗似乎呈现了一幅静止的图画,但正如梦境内容在梦的场景之间隐藏了逻辑连接一样,该诗也用隐含的叙事冲动隐藏了一系列场景的动态运动。

当然,叙事冲动受到了诗歌意识的压抑,这种诗歌意识在诗歌创作时也压抑诗行之间的词语、短语和逻辑关联。与中国传统中的任何诗歌相比,这首诗更接近书面表达的梦境。梦是以图像表现的变换场景。作为词语建构,一首诗不能直接呈现页面上可见的图像,但马致远的诗接近视觉表现。为此目的,他把中国文字之图像性推向极致。他使用的一个方法就是前文提及的对句法和逻辑关联的压抑。另一个措施就是避免使用表示线性时间进展的词,尤其是动词。动词通常表达过程和时间进程。但在该诗中,只有两个动词"下"和"在"。严格说来,只有一个动词"下",因为"在"是与动词的合成成分或介词。因此,可以把该诗视为由名词和名词短语构成的诗,这些名词和短语通过认识的视觉化而呈现视觉形象。众所接受的解读展现了一个视觉场景:一棵老树悬挂着枯萎的藤蔓。一只乌鸦落在老树的枝头。

---

① T. S. Eliot, "Hamlet and His Problems," in *Selected Essays* (New York: Harcourt Brace, 1932), 124–125.

一条安静的小溪从旁边流过，小溪上有一座小桥。一幢房子就矗立在小桥旁。诗人骑一匹瘦马走在一条古道上。强劲的西风吹来，太阳正在落山。他来到了这样一个遥远的地方，心中充满了惆怅。

这种解读无疑充实而具有美感。然而，这是一种静止的阅读，压抑了叙事冲动、变换的主体立场和各种不同的细节。在另一种解读中，笔者建议以释梦的方式看待这首诗，因为该诗呈现了一系列以不确定的关系并置的视觉形象。自相矛盾的是，表面上时间的线性进展被压抑了，但并没有给人一种静止图画的印象。这种蒙太奇般的并置技巧传达了一种能动感，使人感到他在看一系列电影镜头。这种动力表现模式要求我们进入字里行间，思考众所接受的解读都略掉了什么。

在能动性阅读中，该诗也许并非想要表现一幅静止画面，而是一系列移动的画面。这意味着诗中的意象并不属于单一的指涉框架，我们不应该满足于把该诗视为一幅二维绘画。相反，我们应该将其诠释空间视为一个多维空间。它不仅是以三维建构的，而且还有时间或叙事的维度，以及焦点的不断转换。从这一视角，我们不应该像对待中国山水画那样对待这首诗，而应该像看电影中的一系列场景一样。能动性阅读可以在文本证据中找到支持。笔者对诗行间等值的分析说明，构成这五行诗的意象不必组合成一个单一范畴，以象征悲伤和思乡。事实上，这些意象的差异性和分裂性意味着我们可以据其外延（传统意义）和内涵（启发式联想）把它们分成两三个或更多的范畴。"枯藤老树昏鸦"的形象可以构成一个组合，因为它们都具有相同的外延和内涵意义。"小桥流水人家"构成另一个组合,因为它们都能勾起令人愉悦的联想。"古道西风瘦马"构成第三种形象,因为它们相互接近。"落日"是另一个不同的景象,可以与上述三种之任何一种相关;但也可以是独立的范畴。同样,"断肠人在天涯"也可以与上述四行相关,或视为一个独立景象。

笔者的分类使我们能够看到诗歌艺术的碎片化及其主体立场的变换。这就仿佛诗人像电影摄像和电影剪辑一样指引观者从一个角度换向另一个角度。第一行令读者看到"枯藤老树昏鸦"的场景。第二行变换到"小桥流水人家"。第三行回到第一行的场景,或展示"古道西风瘦马"的另一场景。第四行回到第二行的场景,或指向另一个场景。最后一行把视点转向第一和第三行,或开启一个完全不同的场景。在这些诗行内部也有中心的转换。第一行中"枯藤"是一个近景,"老树"是远景,而"昏鸦"则是快照。由于"昏鸦"没有具体数量,既可以是一只,也可以是多只。也没有说鸦在飞还是落在树上。如果鸦在飞,那就是远景。对其他诗行也可进行同样的分析。一行中的形象放在一起就好比从同一个角度看到的一系列镜头,表明诗歌功能在发挥寻找等值的作用。

六百多年来,学者们一般认为所有这些形象只属于一个场景。但笔者根据诗歌无意识之功能进行的重新分析也同样有效、也许是更有趣味的一种解读。诗歌无意识把意识削减为形象碎片,然后把它们并置起来以构成新的原始的建构形象和场景,就好像梦的工作把记忆碎片化,然后再重组一个梦境。S. T. 柯勒律治把这种诗歌功能称为"第二想象",它为了"再创造而削减、散发和淡化"。① 就马致远的诗而言,所有形象再现的都是思想碎片,其连接有待读者去恢复。有几种方法能够把这些形象组成一个有意义的句法关系。最明显的就是把该诗读作中国古代诗中避免使用动词的极简句法的典型。语言学上说,我们可以在诗的开头加上"有……",这样该诗就成了一个冗繁的句子和一个完美的语法结构。

但这是传统阅读的基础。另一种方法是恢复名词短语之间被压抑的连接词,进而衍生出一些非传统的解读。如果我们把诗人视作诗中说话者,那么解读就是:"看到一棵老树的枯藤和一只昏鸦,我就想起了小桥边上我的家,桥下流着溪水。迎着西风,我骑着一匹瘦马走在一条古道上。落日时分,我突然产生一种强烈的思乡感。"或把该诗视为一系列变换的场景。这次,这位断肠人不是诗人,而是家人、爱人或朋友。这种解读有其副标题的支撑:"秋思"。如果是关于相思,那么,诗中人就可能是别人。即便没有副标题,这种新的解读也是可能的,因为并不清楚"断肠人"究竟是诗人还是别人。

该诗表现了一系列对照的形象:一方面是枯藤、老树和鸦,另一方面是小桥、流水和家。这些形象的对比使诗人想象到有人在古道上骑一匹瘦马。落日以其归家的联想构成了另一个对比:远离家乡的游客。日落时,每一头牛羊都回到圈里去,但游客却浪迹天涯,无家可归。至此笔者已经把注意力转向了该诗的

---

① Coleridge, "Biographia Literaria," in *Critical Theory since Plato* (San Diego: Harcourt Brace Jovanovich, 1971), 471.

流动形式。因为它没有预先构造的形式（或没有表明哪种特殊的形式），因此可以称之为无形的形式。由于它能够为特定视角创造必要的形式，产生开放的可能性，所以它颇像后现代的序列形式。再者，这种准序列形式不可能产生于自觉的序列思想，但可能产生于有诗歌语言建构的诗歌无意识。我的解读仅仅涉及填充不同话语因素之间缝隙的语言的砂浆。如果要根据特殊的历史语境和文化联想来阐释诗中的形象，该诗会有许多种阐释。

开放性之"魂"

马致远的诗不单单是根据并置原则建构的。笔者的分析中揭示的其词语之间的潜在关系例示了我所说的"语言缝合"这一诗歌技巧。汉字的象形性，汉字少有的词形限制，以及诗行的句法自由，使得中国古代诗人能够创造语言缝合，这种缝合接近于电影场景的缝合。在普通语言中，"缝合"指"用缝或如同缝的方式把两个表面或边缘接合在一起的过程"。[①] 在电影研究中，"缝合"指把电影镜头接合在一起构成电影文本的过程，这个文本反过来赋予观者以主体性。电影缝合的理论家们告诉我们，电影是通过连锁镜头制作的，各不相同的形象的并置产生蒙太奇效果，致使观者有更大的潜在空间发挥其想象力。在电影制作中，镜头关系被视为相等于语言话语中的句法关系，据此意义得以产生，通过操纵镜头关系而为观者建构主体立场。

[①] *The American Heritage Dictionary of the English Languages*, 1810.

在中国诗歌写作中，词语关系是通过代表形象的语言符码的并置获得的，而读者的主体立场则通过语言缝合而获得，即有意或无意建构起来的短语、意群、诗行和诗节之间的关系。中国古代诗歌中的语言缝合，由于把各不相同纷繁复杂的词语、形象和话语因素汇集起来的激进手法，而完全不同于电影的缝合。电影缝合，如电影理论家所界定的，指主体以能指为伪装插入象征场域的时刻，此时他以存在为代价获得意义。[①]这意味着缝合给观者强加了一种主体立场。在分析马致远诗时，笔者已经展示了语言缝合并不必然给读者强加一个主体立场，尽管读者可能是这样认为的，众所接受的解读已经证实了这一点。我所说的语言缝合暗含许多主体立场，从而使诗中的诠释空间变得不确定了，在某种意义上是一种自行滚动的意义生成。

一首诗的语言结构只构成诗歌开放性的一个层面。另一个层面是涉及诗人和读者之心理活动的主题建构。从诗人的观点看，一首具有开放含义的诗歌源自于一种写作方式，可以称作揭示和隐藏的共存，即诗人心中的幻想与防御机制的妥协建构：即在要表达郁积情感的强烈欲望与同样强烈的要压抑这些情感的欲望之间达到平衡。沈德潜（1673—1769）对这种欲望冲突持有卓见，立意要满足这种欲望："古人意中有不得不言之隐，值有韵语以传之。"[②]

诗歌是传达冲突之情感、欲望和意图的最好工具。通过妥

[①] Jacques-Alain Miller, "Suture (elements of the logic of the signifier)," *Screen* 18:4: 25–26.
[②] 沈德潜，《说诗晬语》，北京：人民文学出版社，1979年版，卷1，第5节。

协，一首诗被赋予了开放性，可以比作一座冰山的顶端，而其意义则是潜伏于水中的冰山的主体，只能在字里行间读出。从读者的观点看，诗中词语不过是符号，通过与其指涉（符号所指的物体）和阐释体（符号在精神中产生的观念）的连接而浮现出来。按皮尔斯的观点，一个阐释元是符号与物体间关系生成的精神效果或思想。它本身是符号，可能在阐释过程中产生深度符号和深度阐释元。[1] 艾柯称新的阐释元的连续生产为"无限指号过程"，它们限定阐释的意义。笔者对所选诗歌的解读表明这种无限指号过程是读者视角下开放性的根源。页面上的文字把作者和读者置于一种对话之中，产生了伽达默尔所说的"视界的融合"。将作者之再现与读者之阐释融合起来的诗歌语言的机制是无限意义的源泉，因此也构成了开放性的"灵魂"。

---

[1] 参见 *The Collected Papers of Charles Sander Peirce* (Cambridge, MA: Harvard University Press, 1931), 1:171。

结论　走向自觉的读写开放诗学

"条条大路通罗马。"本书证明了序言中提出的假设：中国诠释理论与西方的诠释理论发展相似，走过了从封闭性诠释到开放性阐释的发展之路。然而，这一发展揭示了中国诠释传统与西方诠释传统是殊途同归的。西方的诠释开放性从概念探讨进入阅读与阐释的本质和功能，始终受到现代语言学、符号学、精神分析学、再现和交际理论的激励，而中国诠释开放性的出现却是一系列美学关怀的结果，其关注的对象包括文学艺术的含蓄性，对语言之于再现和交际之不充分性的形而上思考，批评规范与批评实践之间的错位，以及对中国语言之多元含义的自觉利用。

尽管有许多不同，笔者的研究证实了伽达默尔的卓见，即诠释的经验绝对是开放的。这一证实必然要引出两个重要问题：一种开放性阅读在何种程度上才是可接受的？诠释开放性是正面的还是负面的美学范畴？在本结论中，通过检验中国历史上的一些文学探究和诗歌创作的一些神奇案例，进而把中国文学思想与当代阅读和写作理论联系起来，笔者试图澄清迄今为止后现代理论对诠释开放性的本质、功能和价值的探讨中一些模糊和富有争议的问题,进而探讨对诠释开放性的自觉意识可以使我们获得哪些益处。

文学文本可以开放到何种程度?

笔者的研究已经表明,一个文本不是统一、和谐、甚至对立平衡的封闭空间,而是不同观点、声音、价值、态度和意识形态杂糅、容许不同和矛盾性阐释的开放性空间。这样的认识有助于我们打开文学文本,对旧文本进行新解读,同时又迫使我们追问:一个文学文本何以是开放的?在过去的半个世纪中,文本开放性的观念已经把读者从包括新批评之细读在内的传统阅读理论的桎梏中解放出来。新批评摒弃了文学文本研究中的一切外在因素:作者、读者、社会和历史,所有这些必须扫地出门,所能讨论的对象是文本,而且只能是文本。热衷于开放性的大多数理论家支持新批评把作为意义之唯一生产者的作者排除在外的做法,但批评其排除读者、社会和历史。他们把文本重新置于一个特殊的社会和历史语境内,重申了读者作为文学研究之正当主体的身份。

有些以读者为指向的理论家迄今仍然把读者摆在史无前例的位置上,视之为全部意义的唯一生产者。"作家是读者……读者已经推翻了老板,自己掌了权。"[1]威廉·燕卜逊《含混七型》中

---

[1] Terry Eagleton, *Literary Theory: An Introduction* (Oxford: Basil and Balckwell, 1983), 85.

所预示的东西，现已演变成文学开放性的不同发展路线。现在，文学文本不再是构思完美的物体，而是由不确定性构成的一个空间，充满了影响读者阐释的各种因素，而这些因素可以用许多不同、有时是相互冲突的方法加以阐释。依据这样的构思，一个文本就只能给读者提供一系列"线索"，读者把一段语言建构成意义。在最激进的情况下，有些理论家甚至认为，一个文本仅仅是一次野餐，作者只带来了词语，而读者则使词语具有意义。[1] 在这股激进的潮流中，斯坦利·费希（Stanley Fish）拒不承认意义是客观主义者幻想的"内在于"文本语言中的观点，坚持认为文本自身"之内"不存在任何东西。[2] 他的推理似乎意味着文本是无限开放的，读者想要文本具有什么意义就会有什么意义。

阅读和阐释理论的这场革命引起了来自最意想不到的阵营的反弹。首倡"开放诗学"的理论家艾柯，在其最近的著述中对当今一些占据主导地位的文学理论表示担心，尤其是解构主义批评学派，认为这些理论允许读者生产无限度的、不可控制的解读。他把最激进的、以读者为指向的阅读理论说成是"炼金术士的方法"，[3] 并直截了当地宣布"无限制的符号意义生产并不能得出阐

---

[1] 转引自 E. D. Hirsch, *Validity in Interpretation* (New Haven: Yale University Press, 1967), 1。Tzvetan Todorov 也提出过这一观点；参见他的 "Viaggio nella critica Americana," *Lettera* 4 (1987):12。

[2] Stanley Fish, *Is There a Text in This Class?* (Cambridge, MA: Harvard University Press, 1980), 322-327.

[3] Umberto Eco, *Interpretation and Overinterpretation* (Cambridge: Cambridge University Press, 1992), 23–84, 38–40.

释无标准的结论"。①

在笔者看来,仅就开放诗学而言,艾柯的理论最有意思,也最有益于诠释开放性的探讨。他的理论之所以有趣和有益,因为他不仅是"开放诗学"的首倡者,而且是一位创造性作家,其小说就是其开放理论的具体化。使艾柯"开放诗学"更有魅力的是,他的理论建树中存在着一系列含混的线索。首先,他认为一件艺术品同时既是开放的又是封闭的。"因此,一件艺术品就其平衡的有机整体的独特性而言是一个完整和封闭的形式,同时就其易于生成无限的不同阐释而言又构成了一件开放产品,而这些阐释并不侵犯其不可动摇的明确性。"② 其次,作为首次使我们注意到阅读中读者之作用的理论家,他并没有完全把作者驱逐出去,而坚持视阅读为读者与文本的互动过程,赋予作者一定的角色:"我们必须尊重文本,而不是某某作者。然而,把作者作为与阐释的故事毫不相关的东西而置之不顾,也是相当粗暴的做法。"③ 一些理论家满怀信心地宣布作者已死,而艾柯则与 E. D. 赫希(1967,1976)和诺曼·霍兰德(1992)一样,又复活了作者的精神(1992)。

在《阐释与过度阐释》一书中,艾柯详细讨论了作者阐释"自己"的作品是否具有优势的问题。他接受新批评关于作者的前文本意图是谬误的教条,即认为可能会导致作家写出某一特殊

---

① Umberto Eco, *Interpretation and Overinterpretation*, 23.

② Umberto Eco, *The Open Work* (Cambridge, MA: Harvard University Press, 1989), 4.

③ Umberto Eco, *Interpretation and Overinterpretation*, 66.

作品的诸种目的不能用作阐释标准，甚至无关于或误导对作品意义的理解。然而，他论证说，必须允许实际存在的作者去除一些阐释。在当今文学理论的语境中，艾柯的立场似乎相当保守，甚至似乎超过新批评派，因为早在20世纪40年代中期，新批评派就已经宣布文学作品一旦发表，就成了公共财产，不再为作者所控制了。[1] 但艾柯的保守立场有其合理之处，对无所顾忌的牵强阅读起到了抑制作用。在学术界，无所顾忌的阐释也许是一场无害的游戏，你可以沉浸其中，但在现实世界，毫无顾忌的开放阅读将造成许多问题。我们且来想象一下没有"第一修正案"保证的国家吧！在这样的国家里，以开放方式阐释诗人的一首诗，随心所欲的解读必然会给诗人带来麻烦。

中国历史上，文字狱的例子比比皆是。最后一个王朝清朝则尤其严重。[2] 作为征服了大明朝的一个小族群，清统治者对其蛮夷地位非常敏感，对两个汉字"明"和"清"的外延和内涵表现出偏执式的关注。令人惊诧的是，清代审查官用以制造文字狱案的方法恰恰是激进的读者反应阅读方法。比如，一位文人只因为写了这样两行诗"清风不识字，何必乱翻书"就受到了严重惩罚。这个对句被误读为对清代统治者的讽刺，含蓄地描写他们是没文化的蛮夷，却伪装成文学趣味的仲裁者。对这两个字的曲解

---

[1] W. K. Wimsatt and Monroe C. Beardsley, *The Verbal Icon* (New York: Noonday Press, 1954), 5.

[2] 研究这一主题的读物有：郭成康和林铁军，《清朝文字狱》，北京：群众出版社，1990年），以及 Luther Goodrich, *The Literary Inquisition of Ch'ien-Lung* (Baltimore: Waverly Press, 1935)。

甚至令一个士大夫官员在死后很久还牵累其家人遭受迫害。指控之一是他写出了这样两行诗："对明月而为良友，吸清风而为醉侯。"同样，"明月"被误读为对明朝一代明君的敬仰，而"清风"则被误读为清代的不良影响。而对这位已故士大夫的家人更为不利的是，其曾孙听说有人将其曾祖父犯上作乱的诗句报告给朝廷后，便偷偷地把这几句诗从诗集中删掉了。这一先发制人的行为似乎坐实其曾祖父的罪行。但出于一个戏剧性转折，受牵连的家人和一些官员才免于遭受最严重的惩罚。乾隆皇帝曾经亲手制造了许多文字狱，但这次却改变了主意。为巩固清代统治，在晚年赢得文人学士的支持，他放宽了文字狱的审查。在给负责此案的大臣的诏书中，他写道："'清风'、'明月'乃系诗文中通用之词，岂能将'清'、'明'二字避而不用？"由于他改变了主意，这位学者的家人才免于危难。①

　　文学审查使用的最有力武器就是曲解开放阅读的技巧。然而，这个武器是把双刃剑。它既可以伤害别人，也可以被别人所利用。在电视剧《宰相刘罗锅》中，有乾隆皇帝积极追查文字狱的一段插曲。宰相刘罗锅指着金銮殿上横挂的"正大光明"四个字而扭转了局面。刘宰相告诉皇帝，后面两个字"光明"可以直义解作"光复明朝"。于是，成功地使皇帝认识到文字狱的荒唐。② 笔者对中国历史上几场文字狱案的分析，目的不只是想要表明开放阅读与文字狱之间方法的雷同，而是关注下列问题：写

---

① 杨凤城，《千古文字狱——清代纪实》，海口：南海出版社，1992年版，第401—406页。
② 参见电视剧《宰相刘罗锅》，1996年版。

作的权威性在哪里？如何建构赋予阅读以权威的合理原则？在何种程度上开放阅读是可以接受的，即便是对学术界？在文学圈子中，极端的开放阅读可以用于诡辩和似是而非的理论。尽管有些学者指摘解构主义为恐怖武器是毫无道理的，但在一些情况下，它的确可以用来迫害好人或解救坏人。文字狱的官吏无疑看重他们自己的解读而忽视受害者的意图。同样，以读者为指向的激进的阅读理论强调了读者的权利，却完全忽视了作者的意图。笔者对文字狱案和激进阅读的分析清楚地表明，我们也应该给作者的权利以应有的尊重。在观察了过去几十年的当代阅读理论之后，艾柯对过分强调读者权利表示担心。[1]

如果要说艾柯的开放理论与其他理论家的理论有什么区别的话，可以说，艾柯的开放诗学强调作者的意图而把作品中的某些组成部分留给读者或机缘，而其他理论家的开放诗学则大多让读者自己发明阅读策略，按自己意愿安排文本中的意指因素。我相信这两种开放诗学都有其长处和短处。以读者为指向的开放性能使我们处于这个自觉追求新意的社会和学术界产生无限的新阐释，但同时会有"过度阐释"的风险，而这种"过度阐释"被证明是牵强的和难以令人信服的。产生于读者与文本之间协商的互动开放性有时看起来不那么开放，但可以克服无所顾忌的阐释开放性的弱点。在强调作者作用的时候，互动开放性使我们注意到文本的意指机制，因而可以探讨文本是如何产生的。思考创作的问题或许可以削弱无所顾忌的开放性。除了强调作者的作

---

[1] Eco, *The Limits of Interpretation*, 6.

用，也就是强调创作的重要性外，互动开放性实际上与现行文学理论争论中涉及的所有关键问题是相交叉的：包括意义、创作、作者、读者、文本、语境等。它可以是传统与后现代的妥协之地。

纯粹以读者为指向的开放性有一个最大弱点，就是难以决定是什么构成了一部好作品，是什么构成了一次优秀的解读。在极端例子中，以极端开放的精神进行的解读会肆无忌惮，给当代理论带来坏名声。此外，从艺术创作的角度，笔者不赞同以读者为指向的激进的开放性。当我们从语言艺术的角度看待文学文本时，纯粹以读者为指向的激进开放性会产生一种与其说是作者的艺术，毋宁说是读者的艺术。如果一部作品被阐释为伟大的作品，其成就不完全是作者的，而是读者的。由于这个原因，我们不应该无视作者在作品创作中的作用。毕竟，不是读者的创作，而是作者的创作决定一个文本是否会成为艺术品。读者的创作只能发现而不是创造文本的艺术。否则读者与作者、艺术家与鉴赏家之间就没有分别了。

辞达而已与不尽之意

政治、法律和其他务实领域中的无限制的诠释开放性会给人类生活带来灾难，但在文学艺术等创造性活动中，这种诠释开放性却是积极的。但仍可以认为，超越词语之外的意义也许不总是诗歌或其他创造性活动的目标，在历史上，有时所强调的恰恰是相反的冲动。清代学者方薰（1736—1799）曾说："诗贵有不尽意，然亦须达意。"① 这与孔子"辞达而已矣"的说法无异。② 这也与法语中的"达词"相同。因此，在诗歌写作中，有各种创造动机控制着不同的审美冲动。有两种审美冲动源自于相对立的方向。一个是寻找正确的词语，以充分表达一个场景、物体、情绪或情感。另一个是寻找可以作为结点的词语，以连接不同思路，其中有些不总是相容的，甚或是相冲突的。由于不同的意识冲动，作家必须自觉寻找适当的词句以满足不同的冲动。结果，诗人对词句和意象的选择就是对相互冲突的冲动进行妥协建构。由于这种妥协，一首特定的诗就由于深思熟虑的设计而超越词语本身的意义了。

这种深思熟虑的遣词造句方法在中文中叫"推敲"，在中国文学思想中是诗歌艺术的自觉创造。"推敲"的字面意思是"推门或敲门"。其所源自的著名的文学传说常被举为中国古代诗人精心选词造句的例子。③ 如果根据语言艺术创作来检验这个传说，我们将看到它代表了中国人把暗示与创作集于一身的观点。它不仅体现了古代诗人要满足不同冲动的欲望，也揭示出他们要把文本变成开放性意指空间的自觉愿望。

推敲源自唐代诗人贾岛（779—843）的一句诗："僧推月下门。"他对此句不太满意，就改为"僧敲月下门"。但不知道哪句更有艺术性，于是就去找另一位诗人韩愈（768—824），经过一

---

① 方薰，《山静居诗话》，载《清诗话》，上海：上海古籍出版社，1991年版，第964页。
② 引自 Arthur Waley 译《论语》，201，译文稍有改变。
③ 参见《韵语阳秋》，卷3，《历代诗话》，北京：中华书局1981年版，第502页。

番思考，韩愈推荐用第二句。学者们曾就第二句何以优于第一句而发表过很多见解。笔者认为，第二句在艺术上更胜一筹是因为它赋予该句以更大的想象空间。在第一句中，月光下，一个和尚回到住所，可能是一座庙。他推开了门，这说明他住在这里。第二句中，他是住在这里还是寄寓在这里都不清楚。事实上，地方本身是不确定的。他敲门意味着许多可能性。和尚可能很晚才回到自己的庙宇或住地；他可能去别人家拜访；他可能是个游僧，想找个地方过夜；如果考虑此对句中第一句诗的话："鸟宿池边树"，他可能是个象征性人物，寻求进入存在之家。"推敲"是一个自觉制造开放性的典型例子。而在中国诗歌史和诗歌批评史上这样的例子举不胜举，这些例子可以对理解语言艺术创造之开放性的本质和功能有所启发。

关于推敲的故事说明古代诗人自觉创作的两个方向。一个是他们向往的"言有尽而意无穷"的审美境界；另一个是他们努力要发现的表达复杂意图和情感的确切词语。笔者的分析表明，"推"和"敲"是根据具体情况做出的恰当选择。这也许是可以把这两个字合为"自觉"的理由之一。在"推敲"的故事中，"推"和"敲"不能同时出现在一句诗中。"敲"虽然有更大的诠释潜能，但其被选用仍不可能涵盖只能用"推"来表达的意思。

然而，有时强烈自觉的深思熟虑会使诗人找到能满足一切冲动的恰当的词。王安石（1021—1086）在其名诗《泊船瓜洲》中就费尽心机选择恰当的词。由于不满意第四行诗中的一个字，他尝试了若干个字，直到最后才找到了令他满意的字，这就是"春风又绿江南岸"中的"绿"字。据诗华记述，一位学者保存了初稿，显示王安石开始用的是"到"，然后又用"过"、"入"、"满"等字连续替换，最后才定为"绿"，从而赋予该诗以永久的魅力。[1] 最后的选择优于其他选择，不仅因为这个字比其他字生动，充分表达了他目睹春景产生的印象，还因为其赋予诗篇以文外之意。将"绿"字用作动词，春风便被人格化，被赋予一个开放的身份。可以说它是带来温暖季节的使者；也可以是为某位控制四季的大神服务的天使；或是以大地为画布并将其描画成一片绿色风景的绘画巨匠。

在传统诗话中，自觉反思导致"一字师"的出现（大师教导学生选词）。在大多数情况下，这些文学轶事和故事都表明诗人如何施展浑身解数，去寻找正确的词句或诗行以捕捉景色、形象和心境。此时，他们的不懈努力都证明是在有限词句中寻找无限含义的深思熟虑。这种深思熟虑构成了中国文学思想中关于开放性讨论的一个非常有趣的方面。袁枚在《随园诗话》中举了一个例子：

> 诗改一字，界判人天，非个中人不解。齐己《早梅》云："前村深雪里，昨夜几枝开。"郑谷曰："改'几'字为'一'字，方是早梅。"齐乃下拜。[2]

现代著名学者和诗人郭沫若不同意袁枚的看法。他有几个

---

[1] 参见袁枚，《随园诗法丛话》，台北：清流出版社，1976年版，卷3,15b。
[2] 《笺注随园诗话》，台北：鼎文书局，1974年版，卷12,7；491。

理由质疑前者，但最重要的理由是，在他看来，把"几"改成"一"使该诗失去了一些审美性。

> "几"字有两种解释。一是发问，一是纪实。如为前者，则改"几"为"一"是改疑问为肯定，改活为死了。开否尚未确知，何能断定为"一"？如是后者，则作者曾踏雪寻梅，目击到有"几枝"花开。"几枝"亦不失早梅，何能改窜为"一"？①

更有趣的是，郭沫若后来发现袁枚记错了原诗行中的关键词。据《十国春秋》，那个词不是"几"而是"数"。②虽然袁枚记忆出了闪失，但他选择的"几"给郭沫若从不同角度阐释该诗的机会。袁枚的改写和郭沫若的解读把该诗变成了具有多种阐释可能性的一首诗：对事实的观察，对一真实场景的直观反应，想象的推论，等等。一个字的变化模糊了已经发生的与可能发生的、事实与虚构、历史与想象之间的界限。"几"的含混性令人不能确定早梅的状况：它们开花了吗？开了多少朵？一朵，两朵，几朵还是多朵？尽管袁枚和郭沫若都没有意识到一字之变造成的开放性，但关于这个关键词的讨论却给我们提供了颇有价值的洞见，窥见了自觉创造开放性阐释的意义。

---

① 郭沫若，《读随园诗话札记》，北京：作家出版社，1962年版，第38—39页。
② 同上。

诠释开放性是正面意义的审美范畴

本研究中，除了叙事传统以外，笔者涉及概念性、批评性和创作性的材料。叙事批评中，诠释开放性的洞见也是到处可见。有些叙事学者甚至自觉地意识到诠释开放性之于叙述作品创作的重要性。张竹坡（1670—1698）就是其中之一。在对《东游记》的点评中，他写道：

> 文章有入笔有出笔，入者入吾意，出者出吾意也。入要曲而别，出要脱而矫，务使人观其所以入，不知其所以出；观其所以出，不知其所以入。于意所在，往往灭其迹，隐其形，或错以乱之，或囫囵以溷之，务使仿佛莫定，疑似不能甚解。人乐其悬河注水酌之不竭，词锋俊发排逐百家也。但见汪洋纵恣，不觉经营。[1]

这段话值得我们注意之处是，张竹坡提倡有意识的努力以隐藏和揭示作者意图，把叙述因素置于不确定的含混状态，以及建构阐释之复杂网络。整体而言，这段话预示了艾柯提倡的"自觉的开放诗学"。[2] 特别是搅乱叙述线索致使文本看起来混乱不堪的提

---

[1] 张竹坡，"东游记评语"，载《金瓶梅资料汇编》，北京：北京大学出版社，1985年版，第208页。

[2] Umberto Eco, *The Open Work*, 8.

法，使我们想到艾柯把詹姆斯·乔伊斯的著作视为混沌宇宙，或"对无序的原创性组织"。①

　　文学艺术的诠释开放性是一个积极的审美范畴。对阅读和写作、创作和欣赏都很有裨益。笔者想重申本研究中反复出现的洞见：对诠释开放性的自觉意识不仅有助于读者产生充分和有趣的解读，而且有助于作家创作具有永久艺术价值的杰作。伽达默尔曾把诠释的任务界定为"连接不同心灵间个人或历史的桥梁"。本书除了这项任务外，笔者还试图完成另一维度的任务：连接中国和西方的诠释思想。无论是否成功地达到了这个目标，都可以乐观地预言，一种跨文化的诠释学和读写开放诗学并非是不可实现的。

---

① Umberto Eco, *The Open Work*, 63.

征引书目

中文和日文著作

白居易,《白居易选集》,上海,上海古籍出版社,1980.
《白居易诗集导读》,成都,巴蜀书社,1988.
蔡尚思,《周易思想要论》,长沙,湖南教育出版社,1991.
蔡钟翔等,《中国文学理论史》,5卷,北京,北京出版社,1987.
曹丕,《典论·论文》,见萧统(编)《文选》,719-720.
陈奂,《诗毛氏传疏》,台北,学生书局,1981.
陈骙,《文则》,北京,人民文学出版社,1962.
陈良运,《中国诗学体系论》,北京,中国社会科学出版社,1992.
陈梦雷,《周易浅述》,上海,上海古籍出版社,1983.
陈乔枞,《鲁诗遗说考》,见《皇清经解续编》,台北,艺文印书馆,1965.
陈寿,《三国志》,北京,中华书局,1981.
陈延焯,《白雨斋诗话》,北京,人民文学出版社,1959.
陈炜湛和唐钰明,《古文字学纲要》,广州,中山大学出版社,1988.
陈子展,《国风选译》,上海,春明出版社,1955.
陈子展和杜月村,《诗经导读》,成都,巴蜀书社,1990.
程俊英,《诗经赏析集》,成都,巴蜀书社,1989.
程颐和程颢,《二程全书》,见四部备要.
《楚辞全译》,贵阳,贵州人民出版社,1984.
《辞源》,北京,商务印书馆,1988.
《丛书集成》,上海,商务印书馆,1935-1937.
崔述,《读风偶识》,载《崔东壁遗书》,卷10,上海,亚东图书馆,1936.
丁福保,《续历代诗话》,北京,中华书局,1983.
董仲舒,《春秋繁露》,载《二十二子》.

钱谦益,《钱注杜诗》,上海,上海古籍出版社,1979.
《二十二子》,上海,上海古籍出版社,1986.
范文澜,《文心雕龙注》,香港,商务印书馆,1960.
房玄龄等,《晋书》,北京,中华书局,1974.
方玉润,《诗经原始》,2卷,北京,中华书局,1986.
冯友兰,《新理学》,长沙,商务印书馆,1939.
葛兆光,《中国思想史·导论》,上海,复旦大学出版社,2001.
宫玉海,《诗经新论》,长春,吉林人民出版社,1985.
顾颉刚(编),《古史辨》,卷3,北京,朴社,1935.
——《论易系辞传中观象制器的故事》,载《古史辨》,卷3,45-69.
郭成康和林铁钧,《清朝文字狱》,北京,群众出版社,1990.
《国风集说》,张树波(编),2卷,石家庄,河北人民出版社,1993.
郭沫若,《读随园诗话札记》,北京,作家出版社,1962.
郭绍虞(编),《清诗话续编》,4卷,上海,上海古籍出版社,1983.
——《诗品集解》,香港,商务印书馆,1965.
郭石山等,《中国古代文学讲座》,长春,吉林大学出版社,1987.
郭雍,《郭氏传家易说》,载文渊阁四库全书,13: 1-273.
韩永贤,《周易经源》,呼和浩特,内蒙古人民出版社,1991.
——《周易探源》,北京,华侨出版社,1990.
《韩昌黎文集校注》,香港,中华书局,1972.
《韩诗外传》,台北,商务印书馆,1972.
郝懿行,《诗问》,载《郝氏遗书》,光绪壬午刊本.
赫志达(编),《国风诗旨纂解》,天津,南开大学出版社,1990.
胡奇光,《中国小学史》,上海,上海人民出版社,1987.
胡适,《论观象制器的学说书》,载顾颉刚(编),《古史辨》,3: 84-88.
——《发刊宣言》,载《国学季刊》,1.1(1923年1月).
黄典诚,《诗经通释新诠》,上海,华东师范大学出版社,1992.
《皇清经解》,广州,学海堂,1829.
《皇清经解续编》,台北,艺文印书馆,1965.
黄櫄,《原诗》,载《毛诗集解》,载《通志堂经解》,31函.
黄泽,《易学滥觞》,载文渊阁四库全书,24: 1-15.
《日英佛教辞典》,大东出版社,1965.
季本,《诗说解颐》,载文渊阁四库全书,79: 1-504.
皎然,《诗式》,载《历代诗话》,25-36.
加藤常贤,《汉字的起源》,东京,角川书店,1970.

孔颖达，《毛诗正义》，北京，中华书局，1957.
——《周易正义序》，载《周易注疏》，台北，中华书局．
孔子，《论语》，上海，上海古籍出版社，1987.
——《论语注疏》，载《十三经注疏》，2453-2536.
蓝菊荪，《诗经国风今译》，成都，四川人民出版社，1982.
老子，《道德经》，王弼注，上海，上海古籍出版社，1995.
李白，《李太白全集》，北京，中华书局，1977.
李长之，《诗经试译》，上海，古典文学出版社，1956.
《历代诗话》，何文焕（编），2卷，北京，中华书局，1981.
李鼎祚，《周易集解》，北京，中华书局，1984.
李镜池，《周易探源》，北京，中华书局，1978.
《李商隐诗歌集解》，北京，中华书局，1988.
《礼记正义》，载《十三经注疏》，1221-1696.
林叶连，《中国历代诗经学》，台北，学生书局，1993.
刘大钧，《周易概论》，济南，齐鲁书社，1986.
刘师培，《刘申叔先生遗书》，台北，大新书局，1965.
刘勰，《文心雕龙》，见《文心雕龙译注》，陆侃如、牟世金译注，济南，齐鲁书社，1995.
———《文心雕龙注》，范文澜注，香港，商务印书馆，1960.
刘熙载，《艺概》，上海，上海古籍出版社，1978.
刘玉建，《两汉象数学研究》，2卷，南宁，广西教育出版社，1996.
刘禹锡，《刘禹锡集》，1975.
刘知几，《史通》，四部丛刊单行本，上海，中华书局，无出版日期．
卢弼（编），《三国志集解》，北京，中华书局，1982.
陆德明，《经典释文》，四部丛刊经部，上海，涵芬楼，无出版日期．
陆玑，《毛诗草木鸟兽虫鱼疏》，上海，聚珍印书局，无出版日期．
陆机，《文赋》，载萧统《文选》，224-228.
陆家骥，《文艺趣谈》，台北，无出版机构，1978.
鲁迅（周树人），《鲁迅论文学与艺术》，2卷，北京，人民文学出版社，1980.
陆宗达和王宁，《训诂与训诂学》，太原，山西教育出版社，1994.
吕祖谦，《吕氏家塾读诗记》，上海，商务印书馆，1934.
骆宾基，《经新解与古史新论》，太原，山西人民出版社，1985.
罗锦堂，《中国散曲史》，台北，中华文化出版事业委员会，1956.
罗泌，《路史·高辛氏》，载文渊阁四库全书，383: 156-174.
马叙纶，《中国文字之源流与研究方法之新倾向》，香港，龙门书店，1969.

《马致远散曲校注》,刘义国校注,北京,书目文献出版社,1989.
毛亨,《毛诗故训传》,四部丛刊本.
毛奇龄,《春秋占筮书》,《皇清经解续编》,第1函第3册.
——《仲氏易》,载《易学精华》.
《毛诗正义》,载《十三经注疏》,1: 259-629.
《毛诗注疏》,载文渊阁四库全书,6: 943-991.
《孟然集校注》,北京,人民文学出版社,1989.
《孟子注疏》,载《十三经注疏》,2: 2659-2684.
敏泽,《中国文学理论批评史》,北京,人民文学出版社,1981.
牟应振,《毛诗质疑》,济南,齐鲁书社,1991.
莫俭溥,《周易明象:王弼明象集说》,香港,敦梅中学,1962.
欧阳修,《诗本意》,四部丛刊本.
钱钟书,《管锥编》,5卷,北京,中华书局,1979.
——《谈艺录》(增订本),北京,中华书局,1984.
乔力,《二十四诗品探微》,济南,齐鲁书社,1983.
《清诗话》,王夫之等撰,2卷,上海,上海古籍出版社,1978.
屈万里,《诗经诠释》,台北,联经出版公司,1983.
《全唐诗》,台北,红叶书局,1977.
珊泉和陈建军,《中华周易》,北京,北京师范大学出版社,1993.
尚秉和,《周易尚氏学》,北京,中华书局,1980.
《尚书正义》,载《十三经注疏》,1:109-257.
邵雍,《皇极经世书》,文渊阁四库全书,803: 29-1088.
沈德潜,《说诗晬语》,北京,人民文学出版社,1979.
——(编),《唐诗别裁》,4卷,北京,中华书局,1964.
申培,《鲁诗故》,载玉函山房辑佚书,台北,文海出版社,1967.
《十三经注疏》,阮元(编),2卷,北京,中华书局,1980.
《四部备要》,北京,中华书局重刊本.
《四部丛刊》,上海,商务印书馆,1919-1936.
《四库全书总目》,北京,中华书局,1965.
司马迁,《史记》,10卷,北京,中华书局,1959.
苏东天,《诗经辩义》,杭州,浙江古籍出版社,1992.
《隋唐五代文学批评资料汇编》,台北,成文出版社,1978.
孙联葵,《诗品臆说》,载《司空图诗品解说二种》,济南,齐鲁书社,1980.
孙星衍,《周易集解》,上海,商务印书馆,1927.
谭献,《复堂词话》,载心园丛刻一集,无出版机构,无出版日期.

唐明邦（编），《周易评注》，北京，中华书局，1995.
《唐宋名家词欣赏》，台北，草叶出版社，1977.
《唐诗三百首》，贵阳，贵州人民出版社，1988.
《陶渊明集校笺》，上海，上海古籍出版社，1996.
《通志堂经解》，纳兰成德，广州，粤东书局，1873.
《王弼集校释》，2卷，北京，中华书局，1980.
王国维，《宋元戏曲史》，上海，商务印书馆，1930.
———《人间词话新注》，滕咸惠注，济南，齐鲁书社，1981.
王炎，《读易笔记序》，文渊阁四库全书，1155. 722-724.
王应麟，《困学纪闻》，上海，商务印书馆，1935.
———《诗考》，丛书集成本.
王振复，《周易的美学智慧》，长沙，湖南人民出版社，1991.
魏伯阳，《参同契》，上海，上海翻译出版公司，1990.
魏源，《诗古微》，载《黄清经解续编》，第42-44函.
魏子云，《诗经吟诵与解说》，台北巨流图书出版公司，1986.
闻一多，《古典新义》，北京，北京古籍出版社，1955.
———《诗经通义》，长春，时代文艺出版社，1996.
———《闻一多全集》，武汉，湖北人民出版社，1990.
翁方纲，《神韵论》，载《中国历代文论选》，3: 67-71.
《文渊阁四库全书》，台北，商务印书馆，1983-1986.
夏傅才，《诗经研究史概要》，河南，中州书画社，1982.
萧统（编），《文选》，台北，启明书局，1950.
辛弃疾，《稼轩集》，武汉，长江文艺出版社，1990.
徐陵，《玉台新咏》，四部丛刊本.
许谦，《集传名物钞》，文渊阁四库全书，76:1-259.
许慎，《说文解字》，徐铉（编），北京，中华书局，1963.
薛雪，《一瓢诗话》，北京，人民文学出版社，1979.
《荀子新注》，北京，中华书局，1978.
严粲，《诗辑》，台北，广文书局重刊，1950.
扬风城等，《千古文字狱—清代记实》，海口，南海出版社，1992.
杨廷之，《二十四诗品浅解》，载《司空图诗品解说二种》，济南，齐鲁书社，1980.
杨万里，《诚斋诗话》，载《历代诗话续编》，北京，中华书局，1983.
姚际恒，《诗经通论》，北京，中华书局，1958.
姚配中，《周易姚氏学》，上海，商务印书馆，1935.
叶燮，《原诗》，北京，人民文学出版社，1979.

裔柏荫（编），《历代女诗词选》，台北，当代书局，1971.
《易纬》，见武英殿聚珍版全书，第3函，第20册，光绪版《易学精华》，2卷，济南，齐鲁书社，1990.
余冠英，《诗经选》，北京，人民文学出版社，1990.
袁枚，《随园诗法丛话》，台北，清流出版社，1976.
———《笺注随园诗话》，台北，鼎文书局，1974.
《玉函山房辑佚书》，台北，文海出版社，1967.
詹幼馨，《司图诗品衍绎》，香港，华风书局，1983.
张岱年，《中国哲学大纲》，北京，中国社会科学出版社，1982.
张慧言，《周易虞氏学》，台北，广文书局，1960.
张善文，《周易辞典》，上海，上海古籍出版社，1992.
章太炎，《疏证古文八事》，载《太炎文录续编》，武汉，武汉印书馆，1938, 1: 65-70.
章学诚，《易教》，载《文史通义》，北京，商务印书馆，1963.
张政烺，《试释周初青铜器铭文中的易卦》，载《考古学报》4(1980): 403-416.
张竹坡，《东游记评语》，载《金瓶梅资料汇编》，侯忠义和王汝梅，北京，北京大学出版社，1985. 208-209.
赵汝梅，《易雅》，载《通志堂经解》，第10函．
赵制阳，《诗经赋比兴综论》，新竹，凤城出版社，1974.
郑樵，《六经奥论》，载《通志堂经解》，第79函．
———《诗辩妄》，北京，景山书社，1930.
郑玄，《毛诗傅笺》，四部丛刊本．
———《郑氏易赞易论》，载《周易郑氏注笺释》，无出版机构，1911, 第1函，第1册, 1-6.
钟嵘，《诗品》，载《历代诗话》，1: 1-24.
《中国历代文论选》，3卷，上海，中华书局，1962.
《中国历代作家小传》，长沙，湖南人民出版社，1981.
《中国美学史资料选编》，2卷，北京，中华书局，1985.
周敦颐，《周濂溪集》，上海，商务印书馆，1937.
周山，《周易文化论》，上海，上海社会科学院出版社，1994.
《周易研究论文集》，黄寿祺和张善文（编），4卷，北京，北京师范大学出版社，1989-1990.
《周易正义》，孔颖达注疏，四部备要单行本，上海，中华书局，无出版日期．
朱伯昆，《易学哲学史》，4卷，北京，北京大学出版社，1988.
———《易学与中国文化》,《论中国统文化》，北京，三联书店，1988.

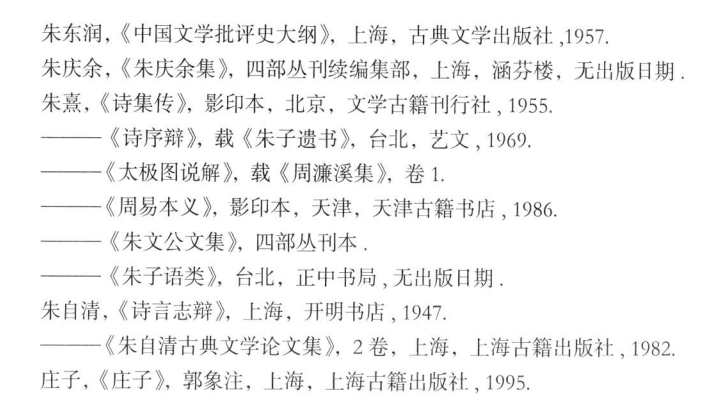

朱东润,《中国文学批评史大纲》,上海,古典文学出版社,1957.
朱庆余,《朱庆余集》,四部丛刊续编集部,上海,涵芬楼,无出版日期.
朱熹,《诗集传》,影印本,北京,文学古籍刊行社,1955.
——《诗序辩》,载《朱子遗书》,台北,艺文,1969.
——《太极图说解》,载《周濂溪集》,卷1.
——《周易本义》,影印本,天津,天津古籍书店,1986.
——《朱文公文集》,四部丛刊本.
——《朱子语类》,台北,正中书局,无出版日期.
朱自清,《诗言志辩》,上海,开明书店,1947.
——《朱自清古典文学论文集》,2卷,上海,上海古籍出版社,1982.
庄子,《庄子》,郭象注,上海,上海古籍出版社,1995.
祖保泉,《白居易释》,香港,商务印书馆,1966.

英文著作

Ames, Roger and Wimal Dissanayake, eds. *Self and Deception: A Cross-Cultural Philosophical Inquiry*. Albany: State University of New York Press, 1996.

Anthology of Chinese Literature: From Early Times to the Fourteenth Century. vol. 1. Ed. Cyril Birch. New York: Grove Press, 1965.

Aristotle. *Complete Works of Aristotle*. Princeton: Princeton University Press, 1984.

Barthes, Roland. *Critical Essays*. Trans. Richard Howard. Evanston, IL: Northwestern University Press, 1972.

———. *Elements of Semiology*. Trans. Annette Lavers and Colin Smith. New York: Hill and Wang, 1967.

———. *Empire of Signs*. Trans. Richard Howard. New York: Hill and Wang, 1982.

———. *Image Music Text*. Trans. Stephen Heath. New York: Hill and Wang, 1977.

———. *Mythologies*. Trans. Annette Lavers. New York: The Noonday Press, 1972.

———. *The Pleasure of the Text*. Trans. Richard Miller. New York: Hill and Wang, 1974.

———. *S/Z: An Essay*. Trans. Richard Miller. New York: Hill and Wang, 1974.

Benveniste, Emile. *Problems in General Linguistics*. Coral Gables: University of Miami Press, 1971.

Birch, Cyril. Ed. *Studies in Chinese Literary Genres*. Berkeley: University of California Press, 1974.

Bleicher, Josef. *Contemporary Hermeneutics: Hermeneutics as Method, Philosophy and Critique.* London and New York: Routledge, 1980.

Boulez, Pierre. *Relevés d'apprenti.* Paris: Seuil, 1966.

Brooks, Cleanth. *The Well-Wrought Urn.* New York: Harcourt, Brace, 1947.

Bush, Susan and Christian Murck, eds. *Theories of the Arts in China.* Princeton: Princeton University Press, 1983.

Carlyle, Thomas. *Sator Resartus.* Oxford and New York: Oxford University Press, 1987.

Chan, Wing-tsit, comp. and trans. *A Source Book in Chinese Philosophy.* Princeton: Princeton University Press, 1963.

Chang, Kang-i Sun. *The Evolution of Chinese Tz'u Poetry: From Late T'ang to North- ern Sung.* Princeton: Princeton University Press, 1980.

Chang, Kang-i Sun, and Haun Saussy, eds. *Women Writers of Traditional China: An Anthology of Poetry and Criticism.* Stanford: Stanford University Press, 1999.

Cheng, François. *Chinese Poetic Writing.* Translated from the French by Donald A. Riggs and Jerome P. Seaton. Bloomington: Indiana University Press, 1982.

Chow, Tse-tsung. "The Early History of the Chinese Word *Shih* (Poetry)." In *Wen-lin: Studies in the Chinese Humanities.* Madison: University of Wisconsin Press, 1968, 151–209.

Coleridge, S. T. "Biographia Literaria." In *Critical Theory since Plato*, 468–71.

Connery, Christopher L. *The Empire of the Text: Writing and Authority in Early Impe-rial China.* New York: Rowman and Littlefield, 1998.

Conrady, August. "Yih-king-Studien." *Asia Major* 7 (1932): 409–68.

Conte, Joseph M. *Unending Design: The Forms of Postmodern Poetry.* Ithaca and London: Cornell University Press, 1991.

Critical Terms for Literary Study. Ed. Frank Lentricchia and Thomas McLaughlin. Chicago: University of Chicago Press, 1990.

Critical Theory since Plato. Ed. Hazard Adam. San Diego: Harcourt Brace Jovanovich, 1971. Revised edition, 1996.

Culler, Jonathan. *Structuralist Poetics: Structuralism, Linguistics, and the Study of Lit- erature.* Ithaca: Cornell University Press, 1975.

Cunningham, Valentine. *Reading after Theory.* Oxford: Blackwell, 2002.

De Bary, Wm. Theodore, comp. *Sources of Chinese Tradition.* 2 vols. New York: Columbia University Press, 1960.

De Man, Paul. *Blindness and Insight: Essays in the Rhetoric of Contemporary Criticism.* New

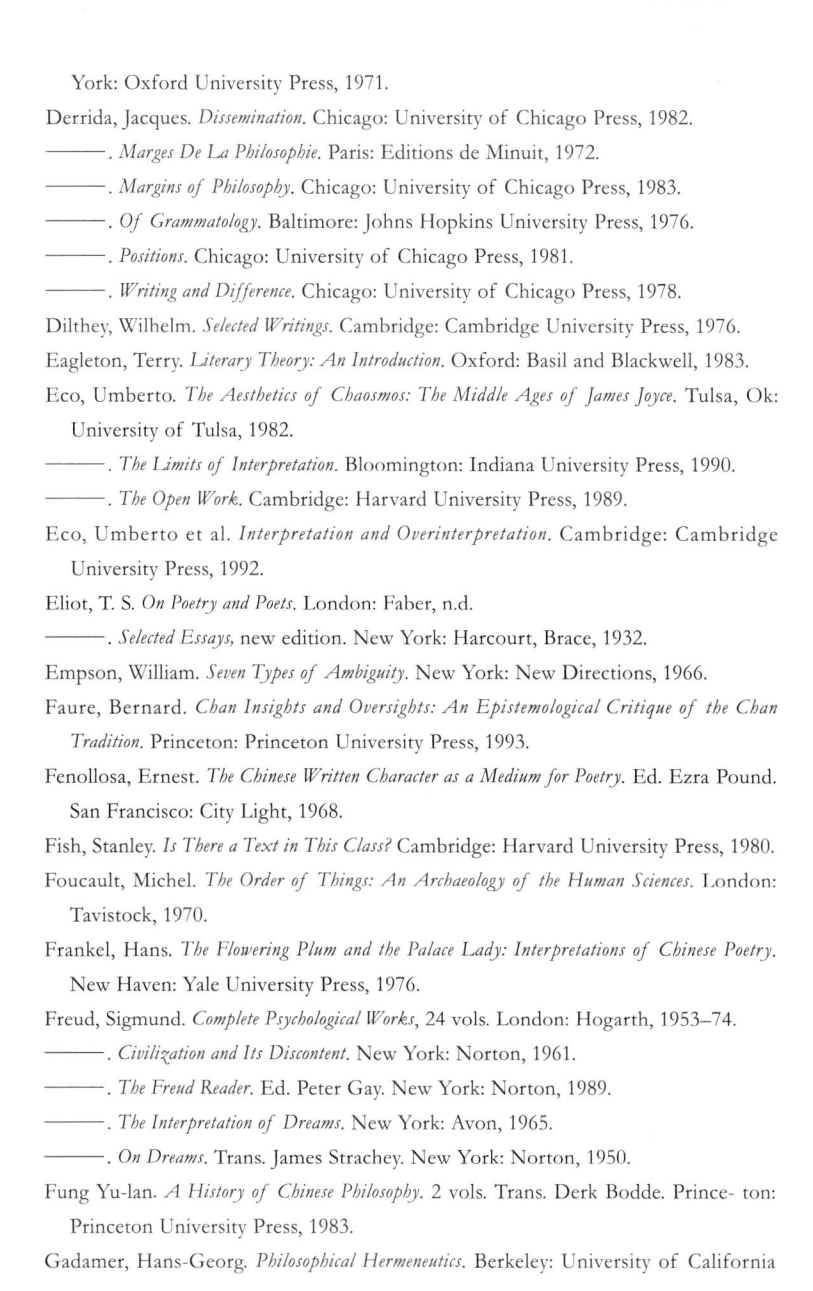

York: Oxford University Press, 1971.

Derrida, Jacques. *Dissemination*. Chicago: University of Chicago Press, 1982.

———. *Marges De La Philosophie*. Paris: Editions de Minuit, 1972.

———. *Margins of Philosophy*. Chicago: University of Chicago Press, 1983.

———. *Of Grammatology*. Baltimore: Johns Hopkins University Press, 1976.

———. *Positions*. Chicago: University of Chicago Press, 1981.

———. *Writing and Difference*. Chicago: University of Chicago Press, 1978.

Dilthey, Wilhelm. *Selected Writings*. Cambridge: Cambridge University Press, 1976.

Eagleton, Terry. *Literary Theory: An Introduction*. Oxford: Basil and Blackwell, 1983.

Eco, Umberto. *The Aesthetics of Chaosmos: The Middle Ages of James Joyce*. Tulsa, Ok: University of Tulsa, 1982.

———. *The Limits of Interpretation*. Bloomington: Indiana University Press, 1990.

———. *The Open Work*. Cambridge: Harvard University Press, 1989.

Eco, Umberto et al. *Interpretation and Overinterpretation*. Cambridge: Cambridge University Press, 1992.

Eliot, T. S. *On Poetry and Poets*. London: Faber, n.d.

———. *Selected Essays*, new edition. New York: Harcourt, Brace, 1932.

Empson, William. *Seven Types of Ambiguity*. New York: New Directions, 1966.

Faure, Bernard. *Chan Insights and Oversights: An Epistemological Critique of the Chan Tradition*. Princeton: Princeton University Press, 1993.

Fenollosa, Ernest. *The Chinese Written Character as a Medium for Poetry*. Ed. Ezra Pound. San Francisco: City Light, 1968.

Fish, Stanley. *Is There a Text in This Class?* Cambridge: Harvard University Press, 1980.

Foucault, Michel. *The Order of Things: An Archaeology of the Human Sciences*. London: Tavistock, 1970.

Frankel, Hans. *The Flowering Plum and the Palace Lady: Interpretations of Chinese Poetry*. New Haven: Yale University Press, 1976.

Freud, Sigmund. *Complete Psychological Works*, 24 vols. London: Hogarth, 1953–74.

———. *Civilization and Its Discontent*. New York: Norton, 1961.

———. *The Freud Reader*. Ed. Peter Gay. New York: Norton, 1989.

———. *The Interpretation of Dreams*. New York: Avon, 1965.

———. *On Dreams*. Trans. James Strachey. New York: Norton, 1950.

Fung Yu-lan. *A History of Chinese Philosophy*. 2 vols. Trans. Derk Bodde. Princeton: Princeton University Press, 1983.

Gadamer, Hans-Georg. *Philosophical Hermeneutics*. Berkeley: University of California

Press, 1976.

———. "Text and Interpretation," in *Hermeneutics and Modern Philosophy*. Albany: State University of New York Press, 1986. 377–96.

———. *Truth and Method*. 2nd edition. New York: Continuum, 1999.

Giles, Herbert. *A History of Chinese Literature*. New York: Appleton, 1923.

Goodrich, Luther. *The Literary Inquisition of Ch'ien-lung*. Baltimore: Waverley Press, 1935.

Granet, Marcel. *Festivals and Songs of Ancient China*. London: Routelege, 1932.

Gu, Ming Dong. "*Fu-bi-xing*: A Metatheory of Poetry-Making." *Chinese Litera-ture: Essays, Articles, Reviews* 19 (1997): 1–22.

———. "Literary Openness: A Bridge across the Divide between Chinese and Western Literary Thought." *Comparative Literature* 55.2 (2003): 112–29.

———. "Reconceptualizing the Linguistic Divide: Chinese and Western Theories of the Written Sign." *Comparative Literature Studies* 37.2 (2000): 101–24.

———. "Suggestiveness in Chinese Literary Thought: Symphony of Metaphysics and Aesthetics." *Philosophy East and West* 53.4 (2003): 490–513.

Hall, David, and Roger Ames. *Anticipating China: Thinking through the Narratives of Chinese and Western Culture*. Albany: State University of New York Press, 1995.

Hansen, Chad. *Language and Logic in Ancient China*. Ann Arbor: University of Michigan Press, 1983.

Heidegger, Martin. *Basic Writings*. Revised edition. New York: Harper Collins, 1993.

———. *Being and Time*. New York: Harper and Row, 1962.

———. *Poetry, Language, Thought*. New York: Harper & Row, 1971.

Hermeneutics and Modern Philosophy. Ed. Brice R. Wachterhauser. Albany: State University of New York Press, 1986.

The Hermeneutics Reader: Text of the German Tradition from the Enlightenment to the Present. Ed. Kurt Mueller-Vollmer. New York: Continuum, 1985.

Hightower, James Robert. *The Poetry of T'ao Ch'ien*. Oxford: Clarendon, 1970.

Hirsch, E. D. *The Aims of Interpretation*. Chicago: University of Chicago Press, 1976.

———. *Validity in Interpretation*. New Haven: Yale University Press, 1967.

Holland, Norman. *The Critical I*. New York: Columbia University Press, 1992.

Hulme, T. E. *Speculations*. Ed. Sam Hynes. Minneapolis: University of Minnesota Press, 1955.

Husserl, Edmund. *The Idea of Phenomenology*. The Hague: Martinus, 1970.

Iser, Wolfgang. *The Act of Reading: A Theory of Aesthetic Response*. Baltimore: Johns

Hopkins University Press, 1978.

Jakobson, Roman. "Closing Statement: Linguistics and Poetics." In T. A. Sebeok, ed, *Style in Language*. Cambridge, MA: MIT Press, 1960.

———. *Language in Literature*. Cambridge: Harvard University Press, 1987. Johnson, Barbara. "Translator's Introduction" to *Dissemination*. Chicago: Univer-sity of Chicago Press, 1981.

Kao, Yu-kung, and Tsu-lin Mei. "Meaning, Metaphor, and Allusion in T'ang Poetry." *The Harvard Journal of Asiatic Studies* 38.2 (1978): 281–356.

———. "Syntax, Diction, and Imagery in T'ang Poetry." *The Harvard Journal of Asiatic Studies* 31 (1971): 51–136.

Kant, Immanuel. "Analytic of the Sublime." In *Critical Theory Since Plato*. 391–99.

Karlgren, Bernard, trans. *The Book of Odes*. Stockholm: Museum of Far Eastern Antiquities, 1950.

Keats, John. *The Poems of John Keats*. Cambridge: Harvard University Press, 1978.

Kristeva, Julia. *Recherches pour une sémanalyse*. Paris: Seuil, 1969.

———. *Revolution in Poetic Language*. New York: Columbia University Press, 1984.

Kunst, Richard A. "The Original 'Yijing': A Text, Phonetic Transcription, and Indexes, with Sample Glosses." Ph.D. Dissertation. University of Califor- nia, Berkeley, 1985.

Lacan, Jacques. *Écrits: A Selection*. London: Tavistock, 1977.

———. *The Four Fundamental Concepts of Psycho-analysis*. London: Tavistock, 1977.

Lacan, Jacques, and Anthony Wilden. *Speech and Language in Psychoanalysis*. Baltimore and London: Johns Hopkins University Press, 1981.

Lao Tzu. *Tao Te Ching*. Translated by D. C. Lau. Harmondsworth: Penguin Books, 1962.

Legge, James, trans. *The She King*. In *The Chinese Classics*, vol. 4. Reprint. Hong Kong: Hong Kong University Press, 1960.

Leibniz, G. W. *Writings on China*. Trans. Daniel J. Cook and Henry Rosemont. Chicago: Open Court, 1994.

Levi-Strauss, Claudé. *Anthropologie Structurale*. Paris: Plon, 1958.

Lewis, Mark E. *Writing and Authority in Early China*. Albany: State University of New York Press, 1999.

Lin, Shuen-fu, and Stephen Owen, eds. *The Vitality of the Lyric Voice: Shih Poetry from the Late Han to the T'ang*. Princeton: Princeton University Press, 1986.

Liu, James J. Y. *The Art of Chinese Poetry*. Chicago. University of Chicago Press, 1962.

---. *Chinese Theories of Literature*. Chicago. University of Chicago Press, 1975.

---. *Language—Paradox—Poetics: A Chinese Perspective*. Ed. Richard John Lynn. Princeton: Princeton University Press, 1988.

---. *The Poetry of Li Shang-yin: Ninth-Century Baroque Chinese Poet*. Chicago: University of Chicago Press, 1969.

Liu Hsieh. *The Literary Mind and the Carving of Dragons*. Trans. Vincent Yu-chung Shih. Taipei: Chung Hwa Book Co. 1975.

Lu, Xun. *Lu Xun: Selected Works*, 4 vols. Trans. Yang Xianyi and Gladys Yang. Peking: Foreign Languages Press, 1956.

Mei, Tsu-lin, and Yu-kung Kao. "Tu Fu's 'Autumn Meditations': An Exercise in Linguistic Criticism." *Harvard Journal of Asiatic Studies* 28 (1968): 44–80.

Meltzer, François. "Unconscious." In *Critical Terms for Literary Study*, 147–62.

Miao, Ronald C. *Studies in Chinese Poetry and Poetics*. San Francisco: Chinese Material Center, 1978.

Miller, Jacques-Alain. "Suture (elements of the logic of the signifier)," *Screen* 18.4 (1977/78).

Mitchell, W. J. T. "Representation." In *Critical Terms for Literary Study*, 11–22.

Muller J. P. and W. J. Richardson. *Lacan and Langauge: A Reader's Guide to Écrits*. Madison, CT: International University Press, 1982.

Olson, Charles. *Human Universe*. Ed. Donald Allen. New York: Grove Press, 1967.

Owen, Stephen. *The Poetry of the Early Tang*. New Haven: Yale University Press, 1977.

---. *Readings in Chinese Literary Thought*. Cambridge: Harvard Council on East Asian Studies, 1992.

---. *Traditional Chinese Poetry and Poetics: Omen of the World*. Madison: University of Wisconsin Press, 1985.

Peirce, Charles Sanders. *Collected Papers of Charles Sanders Peirce*. 8 vols. Cambridge: Harvard University Press, 1931–58.

---. *Peirce on Signs*. Chapel Hill: University of North Carolina Press, 1991.

Plaks, Andrew. *Archetype and Allegory in the "Dream of the Red Chamber."* Prince-ton: Princeton University Press, 1976.

Plato. *The Collected Dialogues of Plato*. Princeton: Princeton University Press, 1963.

Preminger, Alex et al., eds. *The Princeton Encyclopedia of Poetry and Poetics*. Prince-ton: Princeton University Press, 1993.

Puett, Michael. *The Ambivalence of Creation: Debates Concerning Innovation and Artifice in Early China*. Stanford: Stanford University Press, 2001.

Ransom, John Crowe. *The New Criticism*. Reprint. Westport, CT: Greenwood Press, 1979.

Richards, I. A. *Practical Criticism*. Reprint. London: Routledge and Kegan Paul, 1964.

Said, Edward. *Beginnings: Intention and Method*. New York: Basic, 1975.

Saussure, Ferdinand de. *Course in General Linguistics*. London: Peter Owen, 1960.

Saussy, Haun. *The Problem of a Chinese Aesthetic*. Stanford: Stanford University Press, 1993.

Sebeok, Thomas A. *A Sign Is Just a Sign*. Bloomington: Indiana University Press, 1991.

Shchutskii, Iulian K. *Researches on the I Ching*. London: Routledge and Kegan Paul, 1980.

Sidney, Philip. "An Apology for Poetry." In *Critical Theory since Plato*, 154–77.

Silverman, Kaja. *The Subject Of Semiotics*. New York: Oxford University Press, 1983.

Smith, Barbara Herrnstein. *Poetic Closure: A Study of How Poems End*. Chicago: University of Chicago Press, 1968.

Spaeth, David. *Mies Van Der Rohe*. New York: Rizzoli, 1985.

Todorov, Tzvetan. *The Fantastic: A Structural Approach to a Literary Genre*. Trans. Richard Howard. Ithaca and New York: Cornell University Press, 1975.

Van Zoeren, Steven. *Poetry and Personality: Reading, Exegesis, and Hermeneutics in Traditional China*. Stanford: Stanford University Press, 1991.

Von Hallberg, Robert. *Charles Olson: The Scholars's Art*. Cambridge: Harvard University Press, 1978.

Waley, Arthur, trans. *The Analects of Confucius*. New York: Vintage, 1938.

———, trans. *The Book of Songs*. New York: Grove Press, 1960.

Wang, C. H. *The Bell and the Drum: Shih Ching as Formulaic Poetry in an Oral Tradition*. Berkeley: University of California Press, 1974.

Warnke, Georgia. *Gadamer: Hermeneutics, Tradition and Reason*. Stanford: Stanford University Press, 1987.

Watson, Burton. *Chinese Lyricism: Shih Poetry from the Second to the Twelfth Century*. New York: Columbia University Press, 1971.

Weinberger, Eliot, and Octovio Paz. *Nineteen Ways of Looking at Wang Wei*. Mt. Kisco, NY: Moyer Bell, 1987.

Wilhelm, Richard. *The I Ching or Book of Changes*. Trans. Cary F. Baynes. Prince- ton: Princeton University Press, 1967.

Wimsatt, W. K., and Monroe C. Beardsley. *The Verbal Icon*. New York: Noonday

Press, 1954.

Wordsworth, William. "Preface to the Second Edition of *Lyrical Ballads*." in *Critical Theory since Plato*, 433–43.

Yang, Hsien-yi and Gladys Yang, trans. "The Twenty-Four Modes of Poetry." *Chinese Literature* 7 (1963): 65–77.

Yu, Pauline. "Allegory, Allegoresis, and the *Classic of Poetry*." *Harvard Journal of Asiatic Studies* 43.2 (1983): 377–412.

———. *The Poetry of Wang Wei: New Translations and Commentary*. Bloomington: Indiana University Press, 1980.

———. *The Reading of Imagery in the Chinese Poetic Tradition*. Princeton: Princeton University Press, 1987.

Zhang, Longxi. "The Letter or the Spirit: The *Song of Songs*, Allegorisis, and the *Book of Poetry*." *Comparative Literature* 39 (1987): 193–217.

———. *The Tao and the Logos: Literary Hermeneutics, East and West*. Durham and London: Duke University Press, 1992.

索 引

本索引所标页码为英文版页码，参见中文本的边码

A

acoustic image 声音意象, 52–53
acoustics 声学, 49
addressee 收话人, 20, 67, 123, 129, 147
addresser 发话人, 20, 67, 123, 129, 147
aesthetics 美学, 46, 47; open aesthetics 开放性美学, 150; aesthetic agendas 美学议程, 82; aesthetic condition 审美境况, 77, 269; aesthetic edifice 美学大厦, 210; aesthetic equivalence between architecture and poetry 建筑与诗歌的审美对等, 210; aesthetic feelings 审美情感, 220–223; aesthetic impulse 审美冲动, 268; aesthetic issue 美学问题, 1; aesthetic object 审美客体, 230; aesthetic openness 审美开放, 224; aesthetic pleasure 审美愉悦, 220; aesthetic principle 美学原则, 64; aesthetic suggestiveness 审美暗示, 72, 76, 77, 78, 149, 223
agnosticism 不可知论, 32

allegory 寓言, 57, 128, 193, 194; allegorical exegeses 寓言性阐释, 6; allegorical intention 讽喻意图, 214; allegorical interpretation 寓言性解读, 5; allegorical methodology 寓言方法论, 185; allegorical reading 寓言阅读, 6, 193; allegorization 寓言化, 6, 194
allusion 暗指, 48, 75, 199, 241, 254
ambiguity 含混, 6, 12, 39, 56, 67, 87, 238, 239, 241, 244, 243, 271; contextual 语境含混, 237; linguistic 语言含混, 236, 237; syntactic 句法含混, 12, 242
ambivalence 矛盾, 52
Ames, Roger 安乐哲, xii
analogy 类比, 68, 69, 75, 136, 175; GRE analogy GRE 类比, 175
anshi (suggestion) 暗示, 47
aporia 难点, 158–159, 161, 163, 166, 169, 170, 171, 212, 213
apotheosis 神化, 59, 62, 178
architecture 建筑, 210

Aristotle 亚里士多德, 48, 102, 158, 195, 255, 291n40; view on metaphor 隐喻观, 255; distinction between history and poetry 历史与诗歌之别, 102; "law of probability" 或然律, 195

art 艺术, 1, 3, 6, 9, 44, 46, 47, 64, 101, 204, 235, 248, 265; verbal, 14, 209, 216, 268, 289; poetic 诗歌艺术, 269

artistry 艺术性, 64, 71, 209, 211, 239

association 关联, 43, 51, 62, 71, 86, 87, 89, 111, 161, 193; acoustic 声学关联, 248; affective 情感关联, 50; cultural 文化关联, 259; imagistic 意象关联, 248; inspired 起兴关联, 258; readerly 可读性关联, 62; sound 声音关联, 248; symbolic 象征关联, 89

Audi, Robert 罗伯特·奥迪, 275n20

author 作者, xi, 2, 12, 13, 17, 21, 22, 25, 27, 31, 39, 41, 140, 146, 163, 171, 172, 182, 195, 264, 268; death of 作者已死, 22, 27, 143, 145; author-centered interpretation 作者中心解读, 150; authorial intentions 创作意图, 63, 138, 143; author-oriented paradigm 作者导向范式, 116; author's intention 作者意图, 8, 19, 20, 21–22, 25, 27, 31, 41, 63, 138, 139, 142, 146, 148, 172; author's locatedness 作者的定位, 30; author's pretextual intention 作者的前文本意图, 265; author's representation 作者表现, 130, 261; author's unconscious 作者无意识, 63; author-centered exegesis 作者中心阐释, 139; authorial intention 作者意图, 19, 21, 272; empirical 经验的作者, 265; implied 隐含的作者, 172; original meanings of 作者原初之意, 143; role of 作者功能, 265, 268; shift of emphasis from author to reader 重心从作者转向读者, 130

authority of writing 写作的权威, 267

axis of combination 组合轴, 70–71, 76, 232, 253, 254

axis of selection 选择轴, 70–71, 76, 232, 253, 254

B

Babbit, Ervin 欧文·白璧德, 246

bagua (eight trigrams) 八卦, 84–86, 114, 129

Bai Juyi 白居易 (772—846), 50, 220; "Pipa xing"《琵琶行》, 50, 58

Ban Gu 班固 (32—92), 81

Barthes, Roland 罗兰·巴特, 9, 119, 140, 233, 240–241; "The Death of the Author" "作者之死", 22, 143, 145; "empire of signs"《符号帝国》, 9; "segmentational reading" 分隔式阅读, 240–241; "syntagmatic imagination" 组合想象, 233; *S/Z*, 240

Beardsley, Monroe C. 门罗·C.比厄斯利, 6, 145

beauty 美, 54, 55, 59, 64, 223; concealed 隐秀, 54–55; sublime (*yanggang*) 阳刚之美, 223; delicate (*yinrou*) 阴柔之美, 223

Being 存在, 29, 30, 42, 235

Benveniste, Emile 埃米尔·本维尼斯特, 24–25; *Problems in General Linguistics*《普通语言学问题》, 24

Bergson, Henri Louis 亨利-路易·柏

格森, 244

bi (metaphor) 比, 102, 166, 202, 203, 204

Bible《圣经》, 5;

Biblical story 圣经故事, 123

biequ (interests other than stated) 别趣, 77

binary oppositions 二元对立, 61, 75

Blake, William 威廉·布莱克, 246

Bleicher, Josef 约瑟夫·布莱希尔, 274n30, 299n2

blindness 盲点, 13, 111, 187, 188; and insight 洞见, 101, 188

Bodhidharma 菩提达摩, 112

Book of Changes《易经》, 39, 48, 74, 76, 85, 104, 105, 118, 148

Book of Documents《尚书》, 101

Book of Poetry《诗经》, 4, 5–6

Book of Songs《诗经》, 19, 101, 102, 153

Boulez, Pierre 皮埃尔·布列兹, 229, 232

Bouvet, Joachim 白晋, 84

Brooks, Cleanth 克利昂斯·布鲁克斯, 6

Buddha 佛, 112, 225; Amida 阿弥陀佛, 225

Buddhahood 佛性, 225

Buddhism 佛教, 225; Buddhist conception of life 佛教生命观, being 佛教存在, and art 佛教艺术, 227;

Buddhist view of life 佛教生命观, 226

bujin zhiyi (endless meaning) 不尽之意, 4, 7, 43, 54, 78, 268

C

Cai Shangsi 蔡尚思, 286n95

Cai Zhongxiang 蔡忠祥, 295n47

Cang Jie 仓颉, 83

canon 经典, 3, 6, 9; canonicity 经典性, 6; canonical texts 经典文本, 1, 2, 3; Confucian 儒家经典, 7

Cantongqi《参同契》, 106

Cao Pi 曹丕 (187—226), 206; "Discourse on Literature"《典论·论文》, 206

Carlyle, Thomas 托马斯·卡莱尔, 50–51

Cartesian reason 笛卡尔的理性, 246

Cassirer, Ernest 恩斯特·卡西尔, 246

Chan: Buddhism 禅宗, 23, 224, 225; *jiyu* (Buddhist hymn) 禅宗偈语, 225; legend of wordless communication 禅宗无言传播传奇, 112; masters 禅宗大师, 112, 225

Chan, Wing-tsit 陈荣捷, 281n112

Chang, Kang-I Sun 孙康宜, 247

chao yi xiangwai (to rise above the image) 超以象外, 77

Chen Feng 陈沣 (1810—1882), 146, 148

Chen Huan 陈奂, 156

Chen Jianjun 陈建军, 282n5

Chen Liangyun 陈良运, 280n74

Chen Menglei 陈梦雷 (1650—1741), 107

Chen Qiaozong 陈乔枞, 292n83

Chen, Shih-hsiang 陈世骧, 277n13, 278n28

Chen Weizhan 陈炜湛, 84

Chen Zi'ang 陈子昂 (659—700), 220–223

Chen Zizhan 陈子展, 157, 166, 187, 188

Cheng, François 程抱一, 225, 236–237, 241, 248

Cheng Junying 程俊英, 157

Cheng Yi 程颐 (1033—1101), 93, 95, 101, 102, 103, 146, 156, 164, 283n24

China 中国, 2, 5, 7, 9, 17, 46, 81, 197

Chinese aesthetics 中国美学, 46; Chinese aesthetic suggestiveness 中国美学暗示, 76; Chinese aesthetic thought 中国美学思想, 10, 45

Chinese and Western hermeneutic thought 中西阐释思想, xii, 263, 272

Chinese hermeneutics 中国阐释学, 9, 10, 12; Chinese hermeneutic system 中国阐释系统, 81; Chinese hermeneutic theories 中国阐释理论, 263; Chinese hermeneutic thought 中国阐释思想 18; Chinese hermeneutic tradition 中国阐释传统, 7, 9

Chinese literary thought 中国文学思想, 206

Chinese model of reading and writing 中国阅读和书写模式, 43–44

Chinese poetics 中国诗学, 4, 46, 209, 210

Chinese system of literary openness 中国文学开放系统, 78

Chinese system of reading and writing theories 中国阅读和书写理论体系, 9–10

Chinese theories of reading and interpretation 中国阅读和解读理论, 9

Chinese tradition 中国传统, xii, 2, 4, 7, 8, 10, 11, 13, 198

Chinese writing 中国写作, 83

Chow Tse-tsung 周策纵, 295n58

Christ 基督, 5; Christian allegorization 基督寓言化, 6; Christian classics 基督教经典, 9

Chunqiu fanlu (*The Luxuriant Dew of Spring and Autumn*) 《春秋繁露》, 4

ci (words/language) 辞, 21, 27; *guaci* (hexagram statements) 卦辞, 114; *yaoci* (line statements) 爻辞 114

Cihai (*Sea of Words*) 《辞海》, 72

Cixous, Hélène 爱莲·西苏, 6

Ciyuan (*Origins of Words*) 《辞源》, 191

Classic of Poetry 《诗经》, 193

close reading 细读, xii, 115, 159

closed entity 封闭体, 4

closure 封闭, 68, 72, 206, 236; exegetical 阐释封闭, 9, 13; formal 形式封闭, 216; interpretive 解读封闭, 11, 115, 199

coda 终曲, 216–217; absence of 终止的缺场, 217

code 符码, 20, 21, 27, 29, 43, 67, 123, 211, 260

collage 拼贴, 110

communication 传播, 6, 21, 24, 25, 32, 34, 36, 43, 112, 123, 125, 128, 263, 247, 263; complete process of 传播的完全过程, 123; as a process of conveyance 传达过程, 139; context of 传播语境, 111; ideal model of 传播的理想模式, 34; mass 大众传播, 6, 17; paradoxical nature of language communication 语言传播的悖论性, 42; verbal 语言传播, 20, 33, 119; wordless 无言传播, 34, 35, 112

compromise formation 妥协作用, 261, 269

concealment 隐匿, 51, 261

condensation and displacement 凝缩和移置, 135, 136

conflation of creative and interpretive processes 创造性与解释性过程的混合, 132

Confucius 孔子, 3, 10, 21, 32, 36, 37, 74, 75, 76, 83, 103, 105, 114, 123, 136, 148, 153, 155, 177, 191, 204; Confucian allegorical exegeses 儒家讽喻性阐述, 6; *Confucian Analects*《论语》, 103, 191; Confucian annotation 儒家注疏, 166; Confucian canons 儒家正典, 7; Confucian classics 儒家经典, 9; Confucian moralism 儒家伦理, 8; Confucian saying 儒家话语, 268; Confucian scholars 儒家学者, 166; Confucianists 儒家, 24

congzhi 重旨 (double intention), 4, 55

Connery, Christopher L. 克里斯托弗·L. 康利, 274n29; "empire of texts" 文本帝国, 9

Connotation 内涵, 51, 54, 57, 62, 64, 88, 95, 106, 110, 125, 165, 176, 178, 200, 211, 224, 258, 266

Conrady, August 孔好古, 84

Conte, Joseph 约瑟夫·康蒂, 228, 229, 230, 233

context 语境, xii, 8, 13, 17, 19–20, 26, 27, 44, 95, 100, 105, 113, 116, 139, 140, 154, 168, 169, 171, 174, 176, 178, 182, 194, 211, 212; compositional 组合语境, 183; of interpretation 解读语境, 132; of signification and representation 指涉和表征的语境, 130; contextualization 语境化, 19, 155, 194; historical 历史语境, 28, 155, 165, 259; implied 隐含语境, 172; "inner" 内在语境 169; local 局部语境, 27; loss of original 原语境损失, 140; of communication 传播语境, 111; "outer" 外在语境, 168; possible and impossible 可能与不可能的语境, 116, 195; recontextualization 再语境化, 4; social 社会语境, 31

Cook, Daniel J. 丹尼尔·J.库克, 282n9

correlation 相关性, 136, 164

correlative function 相关功能, 176

correspondence 对应, 89, 176; natural, 89–90, 102, 103

creation 创造, 12, 68, 69, 78, 130, 132, 133, 136, 148, 272

creativity 创造性, 62, 63, 68

critical standards 批评标准, 60

criticism 批评, xi, 2, 57, 62, 75, 76, 182, 197, 205, 211, 271; reader response criticism 读者反映批评, 2, 195 metacriticism 元批评, 65

cross-cultural studies 跨文化研究, 9

crossword puzzle 填字游戏, 230

Cui Shu 崔述, 157, 164, 184, 187

Culler, Jonathan 乔纳森·卡勒, 7, 140

culture 文化, 6, 44, 46, 73, 74, 78, 82, 112, 167, 172, 193

Cunningham, Valentine 瓦伦丁·坎宁汉, xii; *Reading after Theory*《理论之后的阅读》, xii

D

Dai Jun'en 戴君恩 (c. 1613), 166

Dao 道, 2, 5, 22, 23, 24, 25, 32, 33, 34,

35, 51, 53, 68, 72, 73, 74, 75
Daode jing (*Classic of the Way and Its Virtue*) 《道德经》, 75, 77
Daoguang 道光 (689—739), 225
Daoism 道教, 72, 73, 74–75, 77, 119
Daozang (Treasure of Daoism)《道藏》, 74
Darwin, Charles 查尔斯·达尔文, 227, 244, 246
Davie, Donald 唐纳德·大卫, 241
daydream 白日梦, 163, 167–168
De Man, Paul 保罗·德曼, 3, 13, 159
Blindness and Insight《盲点与洞见》, 3
death of the author 作者之死, 142–143, 145
Deconstruction 解构, 8, 25, 109, 267; deconstructive criticism 解构批评, 159, 183, 265; deconstructive turn 解构转向, 168; deconstructive tendency 解构趋向, 205; premodern deconstructionist 前现代解构主义者, 44
Deer Park 鹿苑, 224–225
delicate restraint (*wanyue*) 婉约, 223
denotation 外延, 54, 88, 106, 110, 124–125, 136, 178, 258, 266
Derrida, Jacques 雅克·德里达, 69, 70, 140, 171; "différance" 延异, 69–70; "trace" 痕迹, 70; "seminal adventure of the trace" 痕迹的原生性历程, 171
Dharma 达摩, 112
diction 措辞, 49, 241
Dilthey, Wilhelm 威廉·狄尔泰, 10, 44, 139
dissemination 散播, intertextual 互文散播, 11, 196–206

distanciation 间离化, 28, 30, 131
divination 占卜, 4, 82, 83, 84, 95–96, 101, 146
Dong Zhongshu 董仲舒 (c.179-c.104 BC), 2, 4, 273n6
dream 梦, 6, 66, 244, 257; content 梦的内容, 250–251; image 梦的意象, 245; language 梦的语言, 245–248, 249; symbols 梦的象征, 248; thought 梦思, 247, 250–251; poem as an involuntary 梦为无意识诗歌, 244; signifying mechanism of 梦的意指机制, 250
Du Fu 杜甫 (712–770), 61, 77, 242
Duke of Zhou 周公, 83, 148, 162, 171

E

Eagleton, Terry 特里·伊格尔顿, 142, 264, 275n24
East 东方, 1, 17
Eco, Umberto 翁贝托·艾柯, xii, 2, 6, 7, 25, 140, 228, 231, 232, 264, 265, 267, 272, 273n3; "a conscious poetics of the open work" 开放性作品的自觉诗学, 272; *Interpretation and Overinterpretation*《诠释与过度诠释》, 7, 265; *Limits of Interpretation*《诠释的限制》, 7; *Opera aperta*《开放作品》(the Open Work), 2, 6; "poetics of openness" 开放诗学, 264–265
eight trigrams 八卦, 84; as a semiotic system 八卦的符号系统, 85
Eliot, T. S. T. S. 艾略特, 63
Emperor Qianlong 乾隆皇帝 (r. 1735—1795), 266–267

Emperor Wu of the Liang 梁武帝 (r. 502—549), 112

Empson, William 威廉·燕卜逊, 6; *Seven Types of Ambiguity*《合混七型》, 6, 264

emptiness 空, 227; empty objects 空的物体, 101, 102

epistemology 认识论, of reading 阅读认识论, 18; epistemological perception 认识论感知, 73; epistemological principle 认识论原则, 78; epistemological rationale 认识论原理, 115

Ershisi shipin (*Twenty-four Modes of Poetry*)《二十四诗品》, 65, 67

Exegesis 阐释, xi, 1, 7, 9, 11, 13, 81, 92, 93, 100, 102, 103, 112, 117, 140, 141, 142, 146, 153, 156, 159, 171, 182, 184, 185, 194, 195; exegetical trend 阐释倾向, 8; exegetical closure 阐释封闭, 13; exegetical desire 阐释欲望, 5

F

Fan Wenlan 范文澜, 55

Fang Xun 方薰 (1736—1799), 268

Fang Yurun 方玉润 (1811—1883), 157, 163, 169, 184, 185, 187, 188, 189

Faure, Bernard 贝尔纳·福雷, 112

Feixu pai《非序派》(Anti-Preface school), 181, 183, 196

Feng Fang 丰坊 (fl. 1523), 171, 189

Fenollosa, Ernest 厄内斯特·费诺罗萨, 238, 241, 248

fiction 虚构, 271

Fish, Stanley 斯坦利·费希, 139, 264

fish-trap and rabbit-snare 鱼荃和兔蹄, 33–34, 119, 124, 125–126, 128

Foucault, Michel 米歇尔·福柯, 31; conception of the author as a discursive function 作者作为话语功能的构想, 31

Freud, Sigmund 西格蒙德·弗洛伊德, 66, 69, 167, 244, 245, 246; concept of condensation and displacement 凝缩和移置观, 135; relationship between dream language and ancient languages 梦幻语言与古代语言的关系, 248; *Interpretation of Dreams*《梦的解析》, 66, 244, 247; "memory trace" 记忆痕迹, 69; "nodal point" 节点, 212; "oceanic feeling" 海洋感, 219; theory of interpretation 解读理论, 212; use of Chinese language to illustrate dream language 用汉语阐释梦语言, 249

Frye, Northrop 诺思罗普·弗莱, 246

Fu Xi (Bao Shi) 伏羲, 74, 75, 83, 84, 85, 91, 148

Fung Yu-lan (Feng Youlan) 冯友兰, 46, 47, 74

fuyi (multiple meanings) 复义, 4, 55–56

G

Gadamer, Hans-Georg 汉斯-格奥尔格·伽达默尔, 1, 10, 28, 44, 235–236, 263, 272, 273n2; "fusion of horizons" 视域融合, 1, 28–29, 44, 261; "bridging of personal or historical distance between minds" 心灵间的个人或历史距离的对接, 272; "openness to experience" 经验开放, 236

Ge Lifang 葛立方 (d. 1164), 57, 58
Ge Zhaoguang 葛兆光, 39
Gennette, Gerard 热拉尔·热奈特, 6
Giles, H. A. H. A. 翟理斯, 64, 193
Golden Mean《中庸》, 39, 124
Gong Yuhai 宫玉海, 291n60
Gongsun Chou 公孙丑, 20
Gongsun Long 公孙龙, 103, 123
Granet, Marcel 马塞尔·葛兰言, 185, 186, 193
GRE analogy GRE 类比, 175
Great Preface 大序 (Mao Preface 毛序), 11, 153, 156, 181, 184, 185, 195, 196–206
Gu Jiegang 顾颉刚, 91, 172, 176, 184, 186, 188
Gu, Ming Dong 顾明栋, 175, 286n105, 293n88
Gu Zhen 顾镇, 27
guabian (trigram change) 卦变, 91, 137
guaci (hexagram and line statements) 卦辞 88, 92, 100
"Guanju"《关雎》, 3, 75, 76, 155–176, 187, 188, 200, 201, 204–205, 206; as an open poem《关雎》作为开放诗歌, 158; different reading of《关雎》的不同阅读, 166–68; open textuality of《关雎》的开放文本性, 158–168
guaxiang (hexagram image) 卦象, 88, 92, 114, 129, 132
Guo Chengkang 郭成康, 301n9
Guo Moruo 郭沫若, 271
Guo Shaoyu 郭绍虞, 68
Guo Xiang 郭象, 42
Guo Yong 郭雍 (1091—1187), 90, 118, 124, 126, 150
Guoyu《国语》(Discourses of the States), 154, 283n24
Gushibian school 古史辨派, 194

H

Hall, David 郝大维, xii
Hamlet 哈姆雷特, 301n59
Han Kangbo 韩康伯 (332—380), 105, 106
Han Ying 韩婴, 290n16
Han Yu 韩愈 (768—824), 56, 269
Hanshi waizhuan《韩诗外传》, 75, 155
hanxu (subtle reserve) 含蓄, 38, 47, 59, 63–72, 78, 210, 216
Hao Yixing 郝懿行 (1757—1825), 156, 164, 189
Hao Zhida 郝志达, 291n33
Haupt, J. T. J. T. 豪普特, 81
Heidegger, Martin 马丁·海德格尔, 10, 25, 30, 34, 44, 128, 139, 210; *Being and Time*《存在与时间》, 29, 30; concept of "reserve" "储备" 概念, 210; existential model of understanding 存在主义理解模式, 29; language philosophy 语言哲学, 25; Heideggerian hermeneutics 海德格尔式阐释学, 29–31; Heideggerians 海德格尔式, 138, 139; "language is the house of being" 语言是存在之家, 235; metameditation on the nature of language 语言本质的元思考, 128; notion of inquiry as a "knowing search" 探究作为已知搜索的概念, 30
hermeneutic openness 阐释开放性, xi,

xii, 1, 8, 9, 10, 12, 13, 45, 150, 209, 263, 271; emergence of 阐释开放性的出现, 3; hermeneutic openness in literature and art is a positive aesthetic category 文学艺术中的阐释开放性是积极的美学范畴, 272; postmodern inquiry into the nature, function, and value of 对于阐释开放性的本质、功能和价值的后现代追问, 12, 263–264; self-conscious awareness of 阐释开放的自觉意识, 264, 272; unrestrained hermeneutic openness 无限制的诠释学开放, 268

hermeneutics 诠释学, xi, 1, 3, 9, 28, 44, 114; central ideas of 诠释学中心思想, 28; critical 批判诠释学, 12; goal of hermeneutic understanding 诠释理解的目标, 130; hermeneutic circle 诠释循环, 28, 30, 42; hermeneutic experience 诠释体验, 1, 263; hermeneutic hegemony 诠释霸权, 114; hermeneutic impulse 诠释冲动, 7; hermeneutic philosophy 诠释哲学, 12; multidimensional hermeneutic space 多维度诠释空间, 257; hermeneutics of openness 开放性诠释, 14; hermeneutic space 诠释空间, xii, 1, 99, 149, 179, 195, 236, 239, 241, 242, 257, 260; hermeneutic theory 诠释理论, xii, 12, 130; hermeneutic thought 诠释思想, xi, 8; hermeneutic understanding 诠释理解, 28; openness of hermeneutic space 诠释空间的开放性, 210; philosophical hermeneutics 哲学诠释, 1; transcultural hermeneutics 跨文化诠释, 272

Hermeticism 赫耳墨斯神智学, 23; Hermetic legacy 赫尔墨斯遗产, 23; Hermetic approach to texts 赫尔墨斯文本解读法, 23

heroic abandon (*haofang*) 豪放, 223

hexagram 六十四卦, 55, 87, 88, 89, 90, 91, 92, 93, 96, 97, 98, 100, 102, 111, 113, 115, 118, 124, 125, 126, 127, 129, 132, 133, 134, 137, 138, 140, 141, 142, 144

Hirsch, E. D. E. D. 赫希, 8, 10, 21, 29, 134, 139, 265; distinction between meaning and significance 意与义之分别, 134, 138, 139

historicity 历史性, 1, 29, 271

historicization 历史化, 155

Holland, Norman 诺曼·霍兰德, 139, 246, 265

Hongloumeng (*A Dream of Red Mansions*)《红楼梦》, 54; *Hongloumeng* scholarship 红学, 200

Hu Shi 胡适, 91, 157, 172, 184, 195

Huang Diancheng 黄典诚, 157

Huang Xun 黄櫄 (c.1177), 154

Huang Ze 黄泽 (1260—1346), 145–146

Huang Ziyun 黄子芸 (1691—1754), 73–74, 76

Hui Dong 惠栋, 283n24

Huike 慧可 (487—593), 112

Huineng 慧能 (638—713), 225

Hulme, T. E. T. E. 休姆, 241, 244

Husserl, Edmund 埃德蒙德·胡塞尔, 8, 21, 23, 25, 30, 31, 41, 139; Husserlian hermeneutics 胡塞尔阐

释学, 31; Husserlians 胡塞尔派, 138, 139; "intentional object" 意向客体, 142; intentionalist theory 意向论, 23; notion of meaning 意义观, 139, 142

huti (internal trigram) 互体, 91, 137

hypotaxis 从属结构, 230, 247

I

I Ching (Book of Changes)《易经》, 81

icon 图像, 98, 99, 110, 132, 248; iconic signs 图像符号, 149; iconic representation 图像表征, 90, 110, 116, 118, 150

idea 思想, 29, 31, 34, 37, 40, 42, 100, 120–122, 127–128, 133–134, 140, 146–147; relationship between idea and meaning 思想和意义之间的关系, 146–147; relationship between idea and symbol 思想和象征的关系, 144

ideogrammic method 表意文字法, 110

ideology 意识形态, xi, 210, 264

image 形象, 51, 53, 54, 60, 61, 67, 71, 83, 85, 86, 97, 98, 108, 113, 114, 118, 120, 122, 123, 125, 126, 129–130, 133, 135–136, 138, 177, 214, 249; composite 混合形象, 99, 258; iconic 图像形象, 99; imagistic language 形象语言, 66; imagistic representation 形象表征, 136, 248; imagistic thinking 形象思维, 65; juxtaposed image 并置意象, 252, 255, 257; model image 宪象, 85–86; relationship between idea and 思想与想象的关系, 117–118, 121–122, 125, 127, 138

Image-Number school 象数派, 115–117

imagery 意象, 54, 166, 241, 255

imagination 想象, 5, 43, 49, 53, 245, 271; symbolic 象征想象, 211, 252; formal 形式想象, 211, 252; functional 功能想象, 211, 252

imagism 意象主义, 238, 244

imitation 模仿, 33, 88, 108

indeterminacy 不确定性, 97, 105, 140, 174, 236, 237, 245, 264; extratextual 文本外的不确定性, 168; of poetic language 诗歌语言的不确定性, 237, 245

index 索引, 98, 99, 110, 132; indexical representation 索引表征, 90, 110, 118

insight 洞见, xii, 3, 18, 45, 83, 103, 181, 188; blindness and 盲点与洞见, 3, 18, 200; conscious 有意识洞见, 3; critical 批判的洞见, 209, 212, 224, 271; intuitive 直觉的洞见, 8; of openness 开放的洞见, 13; theoretical 理论的洞见, xi

intellectual thought 智性思想, Chinese and Asian 中国和亚洲的智性思想, xii

intention 意图, xii, 1, 3, 25, 29–30, 31, 41, 42, 140, 139–142, 143, 148–149, 171, 269, 272; authorial intention 作者意图, 172, 187, 272; intentional fallacy 意图谬误, 62, 145, 172; intentional object 意图客体, 8, 31; in-text intention 文本内意图, 99, 146; original intentions 原意, 3, 8,

11, 21, 25, 29, 138, 140, 142, 144, 179, 185, 188, 195, 199; pretextual intention 语篇意图, 172, 183
intentionalism 意向论, 8; intentionalist theory 意向论, 8, 9, 21, 23, 29; intentionalist tradition 意向主义传统, 150
intentionality 意向性, 1, 29, 30, 139
interpretation 阐释, xii, 1, 2, 3, 7, 8, 9, 11, 12, 18, 21, 25, 29, 30, 57, 65, 71, 82, 92, 95, 96, 97, 104, 115, 116, 130–131, 137, 140–141, 147, 148, 155, 165, 172, 197, 215, 224, 226, 230, 235, 259, 265; aim of 阐释意旨, 13, 29; author-centered 作者中心的阐释, 150; breakthrough in 阐释的突破, 29; canonical 经典的阐释, 185; Chinese theories of reading and 中国阅读理论与阐释, 9; correct 正确的解读, 7, 139; far-fetched 牵强的解读, 186; 265; as a form of representation 作为一种表现形式的解读, 130; as negotiation 作为协商的解读, 146; as re-creation 作为再创造的解读, 137; of canonical works 经典作品解读, 2; of dreams 梦的解读, 246; interpretive closure 阐释封闭, 199; modes of 阐释模式, 8; multiple 多重解读, 2, 5, 11, 56, 176; multiplicity of 多重性阐释, 3; nature and function of reading and 阅读与阐释的本质和功能, 263; overinterpretation 过度解读, 7; Peirce's conception of 皮尔士的阐释概念, 261; possible and impossible 可能和不可能的解读, 195–196; scheme of 阐释设计, 161; textual 文本阐释, 1; theory of 阐释理论, 132–133, 146; unlimited 无限阐释, 7
intertextuality 互文性, 62, 199–120, 205
irony 反讽, 6, 7, 168, 199
Iser, Wolfgang 沃尔夫冈·伊瑟尔, 139
Israel 以色列, 5

J

Jacobson, Roman 罗曼·雅各布逊, 10, 20, 67, 71, 211, 246, 254; model of verbal communication 语言交流模型, 20, 67, 123; "poetic function" 诗学功能, 71, 254; notion of poetic language 诗歌语言观, 70, 211
Ji Ben 季本 (1485—1563), 177, 192
Ji Yun 纪昀 (1724—1805), 231–232
Jia Dao 贾岛 (779—843), 269
Jia Gongyan 贾公彦 (fl. 650), 104–105
Jiang Kui 姜夔 (c.1155—1221), 57, 58, 60, 62
Jiaoran 皎然 (730—799), 56
Jin Ping Mei (Plum in the Golden Vase)《金瓶梅》200
jing sheng xiangwai (scenes rise beyond images) 境生象外, 77
jingjie (idea-scene) 境界, 8
jingwai zhi jing (scenes beyond the represented scene) 境外之境, 77
Joyce, James 詹姆斯·乔伊斯, 155, 272; *Finnegans Wake*《芬尼根守灵夜》, 231; *Ulysses*《尤利西斯》, 155
Jung, C. G. C. G. 荣格, 81, 246
juxtaposition 并置, 110, 242, 244–245,

251, 252, 257, 260, 260

K

Kant, Immanuel 伊曼努尔·康德, 222; "negative pleasure" "消极快乐", 222, 297n32

Kao Yu-kung 高友工, 212, 218, 241, 242–243

Kasyapa 迦叶, 111

Keats, John 约翰·济慈, 50; "Ode on a Grecian Urn"《希腊古瓮颂》, 50–51.

King Wen 文王, 83, 104, 148, 149, 156, 157, 162, 169, 170, 171, 172

King Yao 尧帝, 19

Kong Yingda 孔颖达 (574—648), 50, 93, 104, 105, 117, 156, 160, 162, 163, 169, 171, 183, 191, 192, 202, 283n24

kongling (empty deftness) 空灵, 77

Kristeva, Julia 朱丽娅·克里斯蒂娃, 63, 199, 210, 211; intertextuality as a permutation of texts 作为文本转换的互文性, 199; notion of poetic language 诗意语言观, 211; "transposition" 换位, 199–200

Kunst, Richard 理查德·昆斯特, 94

L

Lacan, Jacques 雅克·拉康, 66, 136; kinship of poetry, dreams, and the unconscious 诗、梦与无意识的血缘关系, 246; linguistic notion of the unconscious 无意识的语言观, 245–246; Mirror Stage 镜像阶段, 219; model of the linguistic sign 语言符号模型, 121; psycholinguistic redefinition of metaphor and metonymy 隐喻与转喻的心理语言学再定义, 135, 255–256; "the unconscious is structured like a language" 无意识的结构就像一种语言, 245; view of poetry 诗观, 247

Lai Zhide 来知德, *Zhouyi jizhu*《周易集注》, 283n24

Lan Jusun 蓝菊荪, 157, 187

Langer, Susan 苏珊·朗格, 241

language 语言, 20–21, 23–25, 32–35, 43, 122; gap between thought and 思想与语言间的沟壑, 27, 125; inadequacy of 语言的不足, 39, 218; inertia of language habits 语言习惯惰性, 211; inflective 屈折语言, 249; codes 语言符码, 43; representation 语言再现, 36, 37, 38–39, 40–41; symbols 语言象征, 110; system 语言系统, 86; limitations of 语言局限, 42; metalanguage 元语言, 67; metaphorical nature of 语言的隐喻本质, 34; nature of 语言本质, 25; origin of 语言之源, 123; paradox of language communication 语言交际悖论, 35; performative function of 语言述行功能, 38; relationship between language and thought 语言与思维的关系, 117–118, 121–122, 125–128; relationship between language and ideas 语言与观念的关系, 35, 127–128, 129–132, 134–136; relationship between language and the unconscious 语言与无意识的关系, 245–246; Saussure's view of 索绪尔的语言观, 103; slippery nature of 语言的不确定性, 33, 130, 146, 147;

strengths and limitations of language in communication 语言在交际中的优势与局限, 42; suggestiveness of 暗示性语言, 149; the container theory of 语言的容器理论, 35, 129; view of 语言观, 129

language philosophy 语言哲学, 32, 113, 114, 115, 129, 149

Lao Zi 老子, 50, 51–53, 54, 63, 68, 73, 119, 143, 177; the *Laozi*《老子》, 72, 74, 107, 143

Lau, D. C. 刘殿爵, 277n17, 278n25, 281n103, 282n115–117

le mot juste 恰当的措辞, 268

Legge, James 理雅格, 94, 193

Leibniz, G. W. G. W. 莱布尼茨, 81, 82, 84

Levi-Strauss, Claudé 克洛德·列维-斯特劳斯, 300

Lewis, Mark E. 马克 E. 刘易斯, 274n29; "empire of writing" 写作帝国, 9

Li Changzhi 李长之, 157

Li Chonghua 李重华, 64

Li Dingzuo 李鼎祚 (fl. eighth century), 93, 283n24

Li Jingchi 李镜池, 93, 94

Li Shan 李善 (c. 630—689), 278n27

Li Shangyin 李商隐 (813?—858), 215, 248

Liji (*Book of Rites and Rituals*)《礼记》, 153, 201, 202

Lin Tiejun 林铁钧, 301n9

Lin Yelian 林叶连, 293n2

linguistics 语言学, 8, 13, 17, 210, 245, 263, 246, 255, 263; linguistic aspects of openness 开放性的语言学问题, 61, 92; linguistic basis 语言学基础, 76; linguistic economy 语言学经济, 209; linguistic model of the unconscious 无意识的语言模型, 12; linguistic phenomenon 语言学现象, 23; linguistic sign 语言符号, 120; linguistic skepticism 语言怀疑论, 32, 38, 44; linguistic suture 语言缝合, 12; linguistic system 语言学系统, 120; linguisticality of understanding 理解的语言性, 235; linguistic model of the unconscious 无意识的语言模式, 12; model of linguistic sign 语言符号模型, 120–121; open poetics as a linguistic undertaking 作为一种语言任务的开放诗学, 210; poetic openness as a linguistic issue 作为语言问题的诗性开放, 210; system of linguistic signs 语言符号系统, 88

literary hermeneutics 文学阐释学, 1, 12, 112, 207

literary inquisition 文字狱, 12, 263, 266

Literary Mind and the Carving of Dragons《文心雕龙》, 41, 66, 73

literary openness 文学开放性, 1, 2, 5, 6, 7, 8, 9, 10, 54, 56, 72, 76, 78, 154; Chinese system of 中国体系, 78; in Chinese hermeneutic tradition 中国解释学传统, 7; modern idea of 现代观念, 54; systematic theory of 系统论, 78

Liu Dajun 刘大钧, 130, 148

Liu Shipei 刘师培 (1884—1919), 107

Liu Xie 刘勰 (465—522), 10, 41–42, 43, 47, 55, 56, **62**, 66, 74, 127

Liu Xizai 刘熙载 (1813—1881), 60

Liu Yuxi 刘禹锡 (772—842), 248

Liu Zhiji 刘知几 (661—721), 59

Liu, James J. Y. 刘若愚, 8, 12, 21, 64, 71, 210, 218, 238, 239, 241, 287n18; *Art of Chinese Poetry*《中国诗学》, 238

Longinus 朗吉努斯, 5; *On the Sublime*《论崇高》, 5

Lu Bi 卢弼, 276n50

Lu Deming 陆德明 (550—630), 104, 107

Lu Ji 陆机 (261—303), 10, 32, 40, 42, 49, 51–52, 53, 66, 201; five faults of literary creation 文学创作的五大误区, 51; *Wenfu (Rhyming Prose on Literature)*《文赋》, 39

Lu Ji 陆玑, 163

Lu Jiaji 陆家骥, 298n55

Lu Xiangshan 陆象山 (1139—1193), 74

Lu Xun 鲁迅, 54, 215; the *True Story of Ah Q*《阿Q正传》, 54

Lu Zongda 陆宗达, 284n44

Lü Zuqian 吕祖谦, 156, 175, 189

Luo Jingtang 罗锦堂, 300n48

Luo Mi 罗泌, 292n82

M

Ma Xulun 马叙伦 (1884—1970), 84

macrocosm 宏观世界, 61, 109

Mahakasyapa 摩柯迦叶, 112

Mallarmé, Stéphane 斯蒂芬·马拉美, 246

Mao Commentary 毛传, 159, 161–162, 163, 164, 168, 175, 183, 195

Mao Heng 毛亨, 157, 160, 169, 171, 188, 191, 192, 195

Mao Qiling 毛奇龄 (1623—1716), 97, 108, 283n24, 284n48

Maoshi Zhengjian《毛诗郑笺》, 183

Maoshi zhengyi《毛诗正义》, 183

meaning 意义, xii, 13, 17, 19, 34, 39, 58, 60, 63, 65, 69, 71, 73, 89, 100, 107, 131, 139, 140, 230, 233, 264; as intentional object 作为意图目标的意义, 41; author's 作者之意, 25; conscious 有意识的意义, 31; implied 隐含的意义, 49; inner and outer 内部和外部意义, 59–60; intended 有心之意, 214; and significance 意和义, 129, 134, 139, 140, 147; as "mental object" 作为"心理目标"的意义, 143; objectivist illusion of 意义的客观主义幻觉, 264; original 原意, 143, 185; production of 意义的生产, 70; relationship between meaning and significance 意和义的关系, 134, 139, 140; slippage of 和的滑动, 24; surplus 余意, 56, 60; textual 文本的意义, 19; thought and 思想和意义, 140; total 总体意义, 6; unlimited 无限之意, 72

Meaning-Principle school 义理派, 115–117

measure of poetic license 诗歌破格的尺度, 241–242

Mei Tsu-lin 梅祖麟, 212, 218, 241, 242–243

Mei Yaochen 梅尧臣 (1002—1060), 57, 58

Mencius 孟子 (372—289 BC), 8, 10, 18, 19, 20, 21, 22, 23, 26, 27, 28, 30, 32,

35, 36, 41, 43, 44, 48, 120, 123, 130; a premodern Husserlian 前现代胡塞尔派, 21, 44; intentionalist theory 意图论, 9, 113; communicative model of writing and reading 写作与阅读的交际模式, 23; complete model of reading 完整阅读模式, 27–28; Mencius' hermeneutic circle 孟子诠释学循环, 25–32, 42; notion of reading 孟子阅读观, 29–30; positive belief in language 孟子的语言积极信念, 20–21; positive thesis of reading 孟子阅读的积极命题, 18–21; practical method of reading 孟子的实用阅读方法, 19; theory of reading 孟子的阅读理论, 119, 123; view of reading as part of a communication process 作为交流过程一部分的阅读观, 19; the *Mencius*《孟子》, 102

Meng Haoran 孟浩然 (689—740), 229–230

metacriticism 元批评, 65

metalanguage 元语言, 67

metaphor 隐喻, 34, 43, 63, 103, 119, 125, 126, 135, 136–137, 147, 191, 200, 212, 241, 247, 252, 253, 254, 255–256; distinction between metonymy and 转喻和隐喻的区别, 137; gustatory 味觉隐喻, 63; Lacan's redefinition of 拉康给隐喻的重新定义, 255; metaphorical relations 隐喻关系, 253; Wang Bi's understanding of 王弼对隐喻的理解, 134–136

metaphysics 玄学, 2, 18, 46; metaphysical contemplation 形而上学沉思, 263; metaphysical emptiness 形而上学的虚空, 5, 75, 78, 223; metaphysical inquiry 形而上学探究, 2; metaphysical suggestiveness 形而上学暗示, 217; metaphysical-aesthetic tradition 形而上学美学传统, 9, 150; metaphysical-aesthetic undercurrent 形而上学美学潜流, 12

metatheory 元理论, of poetry making 诗歌制作的元理论, 67

metonymy 转喻, 43, 63, 68, 135, 136–137, 147, 166, 167, 244, 254, 255–256; distinction between metaphor and 隐喻与转喻的关系, 137; Lacan's redefinition of 拉康对转喻的重新定义, 255; metonymic chain 转喻链, 253; metonymic representation 转喻再现, 108, 237; metonymic substitution 转喻替换, 136; Wang Bi's understanding of 王弼对转喻的理解, 134–136

miaowu (subtle epiphany) 妙悟

microcosm 微观世界, 61, 109

Mies Van Der Rohe, Ludwig 路德维希·密斯·凡德罗, 209–210; "Less Is More" 少即多, 210

Miller, Jacques-Alain 雅克-阿兰·米勒, 301n62

mimesis 模仿, 90

Mingjia (School of Names) 名家, 103, 123

mingxiang (elucidation of images) 明象, 113, 115, 117

misreading 误读, 147

Mitchell, W. J. T. W. J. T. 米切尔, 89–90

Mo Zi 墨子, 103, 123
model of reading 阅读模式, 139
modernity 现代性, 61
Moists 湿润, 24
montage 蒙太奇, 110, 166, 168, 257, 260
morphology 形态学, 92, 174, 210, 241, 247; morphological restraints 形态约束, 248, 260
Mou Yingzhen 牟应振, 160, 169
Mu Jianpu 莫俭溥, 287n24
multiple meanings 多重意义, 56, 101, 159, 250
multiplicity 多重性, 6, 82, 155, 199, 212, 230
multivalence 多义, 4, 5, 54, 104, 110, 54–63, 233, 249
Muses 缪斯, 5
music 音乐, 50, 51, 52, 60, 202, 216, 241, 280n69

N

narrative 叙述, 271
negative metaphysics 否定形而上学, 51
New Criticism 新批评, 6, 254, 264; New Critical doctrine 新批评教条, 265; New Critical close reading 新批评细读, 264; New Critical riddance of the author 新批评摒弃作者 ; 264; New Critics 新批评者, 265
Nietzsche, Friedrich 弗里德里希·尼采, 246
Niu Yunzhen 牛运震 (1706—1758), 188
non-being 非存在, 42, 72

O

objective correlative 客观对应物, 167

onomatopoeia 拟声, 159–160, 178
ontology 本体论, 51; ontological basis of poetry 诗歌本体论基础, 75; ontological conception 本体论概念, 72; ontological importance 本体的重要性, 55; ontological openness 本体开放性, 75; ontological rationale 本体论理性, 115; ontological status of literature 文学的本体论地位, 76
ontological void 本体论空白, 72
opaque poem 朦胧诗, 188
open field 开放场, 170–176; definition of 开放场定义, 170–171; construction of 开放场建构, 173
open poetics 开放诗学, xi, 6, 8, 9, 12, 13, 14, 45, 76, 77, 153, 210, 265; Chinese 中国开放诗学, 13, 209; conscious 有意识开放诗学, 263; embryonic form of 开放诗学的雏形, 206; in Chinese poetry 中国诗歌的开放诗学, 209; of reading and writing 阅读和写作的开放诗学, 272; of making 创作的开放诗学, 227; transcultural 跨文化的开放诗学, xi, 10
openness 开放性, 1, 45, 47, 76, 109, 154, 210, 264; aesthetic 美学的开放性, 224; argument against radical reader-oriented 反对激进读者导向的开放性, 268; artistic 艺术的开放性, 2; basic questions concerning openness in Chinese poetry 中国诗歌开放性的基本问题, 11; central issues of 开放性的中心问题, 13; Chinese notion of 中国开放性观念,

3, 7, 10; conscious 有意识的开放, 77; consciously intended 有意而为的开放, 176, 179; contextual 语境的开放性, 95; deliberate 刻意的开放性, 56, 231; "eye" of 开放之眼, 211, 212, 213, 215, 216, 217, 219, 245; ideas of 开放性观念, 10; ideas of openness in *Zhouyi* intellectual thought《周易》思想的开放观, 101; intended and unintended 有意和无意的开放, 78; interactive 互动的开放, 267, 268; interpretive 阐释的开放, 13, 44; linguistic and formal aspects of 语言和形式方面的开放性, 61; linguistic 语言的开放性, 235; making of 开放的制造, 4, 219–220; mechanism of 开放机制, 14; metaphysical 玄学的开放, 4; notion of open field 开放场观念, 170–176; ontological 本体的开放, 75; open field 开放场, 170–174; open reading 开放阅读, 263, 265; open representation 开放再现, 81, 82; open representation in hexagram and line statements 卦名和爻辞的开放再现, 92; open space 开放空间, xi, 211, 264; open space for imagination 想象的开放空间, 250; open space of signification 意指的开放空间, 269; open system of representation 再现的开放系统, 96; open text 开放文本, 170; open work 开放作品, 2, 7, 45, 76, 77, 232; as a semiotically self-generating entity 作为符号自生实体的开放, 55; of a poem 诗歌的开放性, 12; of classical Chinese poetry 经典中国诗歌的开放性, 233, 242; of representation 再现的开放性, 82; oriented 引导的开放, 227; philological 哲学的开放, 92; origins of openness in China 中国开放之源, 2–4; origins of openness in the West 西方开放之源, 5; poetic openness as a linguistic issue 作为语言问题的诗性开放, 210; poetics of 开放诗学, 7, 209; potential for 开放的潜力, 48; radical 极端的开放, 268; reader-oriented 读者导向的开放, 267–268; "soul of openness" 开放之魂, 245; textual 文本的开放, 2, 4, 11, 77; unbridled 不受约束的, 267–268; unconscious 无意识的开放, 63

Oriental mysticism 东方神秘主义, 47
Orwell, George 乔治·奥威尔, 196
Ouyang Jian 欧阳建 (?—300), 38, 40
Ouyang Xiu 欧阳修 (1007—1072), 38, 57, 156; *Shi benyi*《诗本义》, 184–185, 187
overinterpretation 过度解读, 249, 267
overtones 含蓄, 55
Owen, Stephen 宇文所安, 21, 22, 46, 122, 136, 197, 218, 221

P

palindrome 回文, 227–228, 231, 240
parable 寓言, 22, 41, 102, 103, 130, 143, 144
paradigm 范式, 116, 186; accepted 被接受的范式, 193; open paradigm in reading 阅读的开放性范式, 158, 195; of writing 写作的范式, 197, 205;

open paradigm of representation 再现的开放性模式, 111; paradigm shift 范式变化, xi, 116, 187; of interpretation 阐释范式, 116; of reading 阅读范式, 130, 141 186, 197; political and moral paradigm of reading 阅读的政治和伦理范式, 183; reader-centered 读者中心范式, 149–150; two basic paradigms of reading in *Shijing* hermeneutics《诗经》诠释学中阅读的两种基本范式, 186–187

paradox 悖论, 6, 7, 35, 42, 50, 51, 125, 145, 176, 220, 257; paradoxical nature of language and communication 语言与交际的悖论性, 42

paratxis 并列, 230, 247

parody 戏仿, 199

Paronomasia 双关语, 176; paronomastic reading and writing 双关式阅读与写作, 176–179

pathetic fallacy 情感谬论, 244

pathos 伤感, 221, 222

Paz, Octavia 奥克塔维奥·帕斯, 225

Peirce, C. S. C. S. 皮尔士 41, 71, 89, 98, 104, 110, 132, 261; 71; theory of representation 表现理论, 89–90, 132; conception of interpretation 解读观, 261; three principles of representation 再现三原则, 98, 110; triadic model of sign representation 符号表现的三元模型, 41; "unlimited semiosis" 无限衍义, 71

personality 个性, 31, 32

personification 个性化, 244

philology 文字学, 198; Chinese 汉语, 198–199; philological approach to literature 文学的文字学方法, 198–199; similarities and differences between postmodern textual study and Chinese 后现代文本研究和汉语小学的异同, 198–200

philosophy 哲学, of poetry 诗歌哲学, 65

Plaks, Andrew 浦安迪, 193

Plato 柏拉图, 5; "Protagoras"《普罗泰戈拉篇》, 5; Platonic ontology 柏拉图本体论, 51

plurality 多元化, 6

poetic Chinese 诗性汉语, 12, 233, 237–238, 245, 247–248

poetic function 诗性功能, 254, 258

poetic language 诗性语言, 171, 211, 236

poetic mind at work 诗性思维运作, 212

poetic unconscious 诗性无意识, 12, 71, 211, 235, 242, 245–249, 252, 256, 258, 259

poetics 诗学, xii, 4, 7, 13, 193, 197

Poétique《诗学》, 6

politico-ethical tradition 政治伦理传统, 9

politico-moralistic mainstream 政治伦理主流, 12

polysemy 多义性, 4, 5, 6, 54–63, 178, 233, 249

Pound Ezra 埃兹拉·庞德, 229, 238, 248

postmodernism 后现代主义: postmodern 后现代, xii, 62; postmodern approach 后现代方法, 198; postmodern conceptions of semiosis and openness 符号化与开放性的后现代观念, 47; postmodern

interpretive practice 后现代解读实践, 10; postmodern serial form 后现代系列形式, 228–230; postmodern tenets 后现代信条, 22; postmodern textual study 后现代文本研究, 199; postmodern theories 后现代理论, xii, 7
poststructuralism 后结构主义: poststructuralist scholars 后结构主义学者, 116; poststructuralist theorists 后结构主义理论家, 254
post-symbolist poetry 后象征主义诗歌, 244
preconception 预设概念, xii, 44
prejudice 偏见, xii, 5, 44
premodern Husserlians 前现代胡塞尔派, 138, 139
presupposition 假定, 30
psychoanalysis 精神分析, 13, 17, 263, 246, 255, 263; psychoanalytic experience 精神分析经验, 245; psychoanalytic research 精神分析研究, 248
psychology 心理学, 31, 210, 218

Q

Qi Ji 齐己 (fl.881), 270
qi (pneuma) 气, 32
Qian Zhongshu 钱钟书, 277n3
Qiao Li 乔力, 280n83, 281n93
Qu Wanli 屈万里, 161, 188
Qu Yuan 屈原 (c.340–278 BC), 49, 222

R

Ransom, John Crowe 约翰·克罗·兰赛姆, 6, 246
reader 读者, xi, 1, 6, 12, 13, 17, 21–22, 27–29, 39, 41, 42, 44, 55, 63, 69, 131, 140, 146, 182, 216, 217, 235, 264, 268, 272; implied 隐含读者, 172; initiative and ingenuity of 读者的主动性与独创性, 149; intelligent 聪明的读者, 47; reader's imagination 读者想象, 53; reader's intention 读者意图, 142, 148; reader's interpretation 读者解读, 63, 261; reader's locatedness 读者的位置, 30; reader's re-creation 读者再创造, 138; reader's representation 读者再现, 130; reader's response 读者反映, 57, 68; reader-centered exegeses 读者中心的诠释, 139; reader-oriented interpretation 读者导向的解读, 150; reader-oriented openness 读者导向的开放性, 268; reader-oriented paradigm 读者导向范式, 116, 130, 142; reader-oriented theory of reading 读者导向阅读理论, 267; rise of 读者的兴起, 142; role of 读者的功能, 265; shift of emphasis from the author to 重点从作者转向读者, 130
reading 阅读, xi, 12, 13, 14, 17, 21, 26–27, 36, 40, 68, 99, 114, 252, 272; a new model of 阅读新模式, 147; ancient insights into modern ideas of 现代阅读观念的古代洞见, 113; as a process of communication 作为交流过程的阅读, 42; as an interactive process between the reader and the text 作为读者和文本的互动过程的阅读, 182; basic question in 阅读的基本问题, 17, 25; central issues on

阅读的核心问题, 19; Chinese model of 中国阅读模式, 43; Chinese system of reading and writing theories 中国阅读和写作理论, 9–10; Chinese theories of 中国阅读理论, 9; Chinese views of 中国阅读观, 36; conceptual inquiries into 阅读的概念探究, 17–18, 19; correct 正确的阅读, 147, 182, 195; essential factors in 阅读的核心因素, 182; foundational ideas of 阅读的基本观念, 10; hermeneutics in 阅读的阐释学, 100; human experience of 阅读的人的经验, xii; nature and function of 阅读的本质和功能, 263; open poetics of 阅读开放诗学, 11; overcoded 过度编码的阅读, 117; paradigm of 阅读范式, 200; poetics of 阅读诗学, xii; possible and impossible 可能和不可能的阅读, 189, 195–196; postmodern tenet in 后现代阅读信条, 22; practical method of 阅读的实践方法, 19; problematics of 阅读的问题性, 18; poetics of 阅读诗学, xii; and writing 阅读与写作, xi, 14, 17, 21, 39–40, 42, 114, 272; revolution in 阅读的革命, 264; scheme of 阅读方案, 190; segmentational 分节式阅读, 241; semiotic model of 阅读符号模式, 103–111; shift in paradigms of 阅读范式转变, 116; strong and weak 强弱阅读, 196; symbolic 象征阅读, 252, 253; theories of 阅读理论, xii, 9, 13, 17, 263, 264, 267; traditional model of 阅读的传统模式, 139; two models of 阅读两种模式, 142; undercoded 编码不足的阅读, 117

realism 现实主义, 166

representation 再现, 12, 13, 25, 36, 40, 43, 44, 48, 57, 66, 69, 76, 82, 87, 88, 102, 113, 117, 118, 122, 123, 129–132, 133, 147, 218, 263; cardinal principle of representation in languages 语言再现的基本原则, 90; differences between representation and re-presentation 再现和二次再现的区别, 136; distinction between representation and interpretation 再现和解读的区别, 132; iconic 图像再现, 110; indexical 索引再现, 110; internal mechanism of 再现的内部机制, 186; juxtapositional 并置再现, 98; material 物质再现, 121; mental representation of ideas 观念的心理再现, 53; metonymic 转喻式再现, 237; mismatch between representation and re-presentation 再现和重现的不匹配, 137; open 开放的再现, 82, 101; poetic language as a means of 作为一种手段的诗歌语言再现, 211; rationale of 再现的根据, 89–90; and interpretation as interconnected approximations 作为互连近似的再现与解读, 137; as an act of correlation through analogy 作为类比达成相关性行为的再现, 136; representational uncertainty 再现的不确定性, 174; shift from iconic to linguistic 从图形再现到语言再现的转变, 116; symbolic 象征再

现, 141; system of 再现系统, 48, 83, 86, 87, 90, 91, 109; verbal 语言再现, 73; ways of 再现方法, 120; Western model of 西方再现模式, 40

re-presentation 重现, 136

reserve 含蓄, 38, 47, 59, 60, 63, 64–72, 68–78, 210, 216

revelation 显现, 51, 261

rhetoric 修辞 6, 161

Richards, I. A. I. A. 理查兹, 6

Robey, David 戴维·罗比, 274n20

Rolland, Roman 罗曼·罗兰, 219

Rosemont, Henry 罗思文, 282n9

rushen (entering the divine) 入神, 64, 77

S

Said, Edward 爱德华·萨义德, 31; "beginning intention" 起始意图, 31

San Quan 珊泉, 282n5

Saussure, Ferdinand de. 费尔迪南·德·索绪尔, 69, 85, 103, 119–120, 122, 125, 126, 240, 255; "inner storehouse of language" "语言的内部仓库", 240; language as the tool for thinking 作为思考工具的语言, 125; theory of linguistic sign 语言符号理论, 120–121, 122–123; view of language 语言观, 103

Saussy, Haun 苏源熙, 193, 194

Schleiermacher, Friedrich 弗里德里希·施莱尔马赫, 28

search for origins 搜寻源头, 184–185

self-conscious making of poetic art 诗歌艺术的自觉建构, 269

self-object differentiation 自体–客体分化, 219

semiology 符号学, 119

semiosis 符号生成过程, xii, 63, 71, 72, 104; definition of 符号生成定义, 71; multidimensional 多维度的符号生成, 206; as the incessant production of interpretants 作为不断生产阐释元的符号生成, 71; unlimited 无限的符号生成, 4, 47, 71, 261, 265

semiotics 符号学, 13, 17, 263, 246, 255, 263; semiotic analysis 符号学分析, 84; semiotic chora 符号语言域, 63; semiotic interpretation 符号学解读, 72, 135; semiotic mechanism 符号学机制, 92; semiotic model of signification and representation 意指再现的符号学模型, 103; semiotic system 符号学体系, 82, 86, 87, 88, 120, 127, 210; eight trigrams as a semiotic system 作为符号体系的八卦, 85; semiotic undertaking 符号学事业, 210

series 系列, 228; serial form 系列形式, 227, 228, 230, 231; serial thought 系列思想, 229, 232

Shakespeare, William 威廉·莎士比亚, 246

Shakyamuni 释迦牟尼, 111

Shang Binghe 尚秉和, 118, 141

Shangshu《尚书》, 154, 201

Shao Yong 邵雍 (1011—1077), 74, 98

Shchutskii, Julian 朱利安·休茨基, 94

Shen Deqian 沈德潜 (1673—1769), 2, 47, 60

Shen Nong 神农, 83

Shen Pei 申培, 290n15

shen you xiangwai (the spirit roves outside the image) 神游象外, 77

shen yu yanwai (the spirit lingers beyond words) 神余言外, 77

shenyun (divine rhythm) 神韵, 8, 62, 77

Shih, Vincent 施友忠, 277n59, 278n34

Shijing (*Book of Songs*)《诗经》, 2, 3, 4, 6, 8, 11, 18, 19, 27, 53, 58, 76, 153, 165, 167, 169, 171, 176, 179, 186, 188, 194, 195, 196, 198, 203, 204, 205, 215, 220; *Feng* (Airs)《风》, 154–155, 169, 202–205; *Song* (Hymns)《颂》154, 169, 204; *Ya* (Odes) 154, 169, 202–204

Shijing hermeneutics《诗经》阐释学, 3, 11, 13, 45, 153, 181–182, 185, 186, 193, 198, 219

shiyan (the eye of the poem) 诗眼, 211

shu bu jinyan, yan bu jinyi (writing cannot exhaust words, words cannot exhaust meaning) 书不尽言, 言不尽意, 77

Shun 舜, 19; "Shundian" "舜典", 201

Shuowen jiezi《说文解字》, 106, 107, 191

Sidney, Philip 菲利普·西德尼, 5

sign 符号, 1, 41, 71, 72, 85, 88, 92, 111, 112, 120, 121, 126, 127, 128, 147, 211, 233, 261; acoustic 声学符号, 52–53; imagistic 意象符号, 248; human system of 符号的人类体系, 119; materiality of 符号物质性, 199; nature of 符号本质, 127; pure sign system 纯粹符号体系, 88, 125; semiotic 符号学符号, 4; sign system 符号体系, 85, 147; structural model of 符号的结构模型, 127; theory of linguistic 语言符号理论, 120; three imaginations of 符号的三种想象, 211, 252; two systems of 符号的两个体系, 99

signification 意指, xii, 35, 59, 66, 71, 72, 76, 87, 88, 105, 109, 110, 113, 117, 118, 127, 128, 135, 140, 147, 173, 233; free play of 意指的自由发挥, 69; general system of 意指的一般体系, 110; open field of 意指开放领域, 171; mechanism of 意指机制, 12; modern theory of 意指的现代理论, 121; open space for 意指的开放空间, 269; signifying relations 意指关系, 11; signification of signs 符号的意指, 211; pattern of 意指模式, 127; signifying flux 意指流, 4, 54, 199; signifying laws 意指准则, 170; signifying mechanism 意指机制, 71, 84, 110, 159, 206, 209, 249, 267; signifying practices 意指实践, 63, 199; system of 意指系统, 119, 173

signified 所指, 72, 120–121, 127, 140, 147, 173, 199; relationship between signifier and 能指与所指关系, 127

signifier 能指, 72, 120–121, 127, 147, 260; interweaving of 能指交织, 205; relationship between concept and 概念与能指关系, 140, 147; relationship between signified and 所指与能指的关系, 127; "textile of signifiers" 能指编织, 199

Sikong Tu 司空图, 60, 63–72, 216; "Yu Jifu shu"《与极甫书》, 64; "Yu Li sheng lun shishu"《与李生论诗书》, 63; themes beyond the image 象外之意, meanings beyond the rhythm 韵外之致, images beyond the image 象外之象, scene beyond the scene 景外之景, 65

Siku quanshu zongmu《四库全书总目》, 81

Siku tiyao (Abstract of Writings in the Siqu Quanshu)《四库提要》, 143

silence 静默, 50, 51, 210; thunderous 雷鸣般的静默, 210

Sima Guang 司马光 (1019—1086), 57

Sima Qian 司马迁 (c.145—c.85BC), 49, 156

Sima Xiangru 司马相如 (179—117 BC), 163, 168

Smith, Barbara H. 芭芭拉·H. 史密斯, 216

Socrates 苏格拉底, 5

Song of Songs《雅歌》, 5–6

space 空间, 18; hermeneutic 诠释空间, 179, 196 224 236, 239, 240, 241, 245, 246, 249, 257, 260; inner 内部空间, 31; intellectual 智力空间, 39; open 开放空间, 149, 170; outer 外部空间, 32; space without closure 无封闭空间, 72; spatial form 空间形式, 209; spatial arrangement in poetry 诗歌的空间安排, 210

Spaeth, David 大卫·斯贝丝, 296n1

speaking subject 言说主体, 211

spiritual resonance 精神共鸣, 77

Spring and Autumn Annals《春秋》, 4, 101, 141

Stockhausen, Karlheinz 卡尔海茵茨·施托克豪森, 228

streams of consciousness 意识流, 247

structuralism 结构主义: structuralist scholars 结构主义者, 116; structuralist study 结构主义研究, 254

Su Hui 苏惠 (fl.334—394), 227–229, 232–233

Su Shi 苏轼, 57, 60, 66, 227

Su Zhe 苏辙, 169, 176

subject position 主体位置, 24, 182–183, 188, 213, 214, 257, 258, 260

sublime 崇高, 5, 221, 222, 223

suggestiveness 暗示性, 9, 46–48, 58, 76, 77, 78; aesthetic 审美暗示, 9, 46, 76, 78, 150; Chinese concern with 暗示的中国问题, 269; ideas of 暗示的思想, 11; literary 文学暗示, 49; metaphysical 形而上学的暗示, 54, 67, 72, 78, 217; philosophical rationale of literary 文学暗示的哲学根据, 49; self-generative 自我生成的暗示, 72; as an aesthetic category 作为文学范畴的暗示, 46–49; in literature and art 文学艺术中的暗示, 263; in reading 阅读中的暗示, 78; in writing 写作的暗示, 78; of language 语言暗示, 35, 149; systematic view of 暗示系统观, 60–61; techniques of 暗示技巧, 48; theory of 暗示理论, 9

Sun Liankui 孙联奎 (fl. 1821), 70–71

Sun Xingyan 孙星衍 (1753—1818), 107

symbol 象征, 23, 43, 51, 84, 85, 88, 118, 135, 144, 146, 166, 176, 209, 254; system of 象征系统, 88

symbolism 象征主义, 86, 89, 90, 91, 92, 98, 111, 117, 252; symbolic associations 象征联想, 87, 89; peculiar symbolism 特殊象征主义, 90; symbolic consciousness 象征意识, 211; symbolic meanings 象征意义, 89; symbolic register 象征层面, 260; symbolic representation 象征再现, 90, 110, 111, 149

symbolist poetry 象征主义诗歌, 244

synecdoche 提喻, 61, 135, 200; synecdochic representation 提喻再现, 108

syntax 句法, 92, 174, 241–243, 244, 246, 247, 250, 251; hypotactical 从属句法, 254; minimal 最简句法, 244–245, 259; paratactical 并列句法, 254; syntactic ambiguity 句法歧义, 241–245; syntactic freedom 句法自由, 260; syntactical relation 句法关系, 259

T

Taiji (the Great Ultimate) 太极, 72, 73, 74, 75

Tan Xian 谭献 (1830—1901), 62–63

Tang Mingbang 唐明邦, 282n3

Tang Yuming 汤钰明, 84

Tao Qian 陶潜 (365—427), 217–219; "Wine Poems"《饮酒》, 218; "Return to Lead a Farmer's Life"《归园田居》, 219; "Ziji wen"《自祭文》, 219

Teng Xianhui 滕咸慧, 279n67

Text 文本, xi, 1, 6, 9, 11, 12, 13, 17, 19, 21, 26, 27–30, 31, 32, 43–44, 59, 71, 78, 111, 139, 141, 142, 193, 235, 264; archetypal 原型文本, 172; as a medium that inscribes the author's totality 文本作为镌刻作者整体身份的媒介, 31; as a picnic 作为野餐的文本, 6, 264; as a series of "cues" 作为一系列"线索"的文本, 264; as "empty basket" and "empty shelf" 作为"空篮子"和"空架子"的文本, 72; as an empty structure 作为一个空结构的文本, 73; as tissue, "hyphology" or a spider's weaving 作为组织, "组织学"或蜘蛛编织的文本, 199; closed 封闭的文本, 171; conditions of 文本情况, xi, 9, 53; extratextual response 文本外回应, 53; how a text is made 如何制造文本, 267; introtextual relations 文本内关系, 53; nature of a literary 文学文本的性质, 264; ontological conception of a literary 文学文本的本体观, 72; open 开放文本, 171; openness of a 文本开放性, 72

textuality 文本性, 158, 199, 205; textual abuse 文本滥用, xii; 264; textual authority 文本权威, 148; textual constraint 文本约束, 176, 182; textual criticism 文本批评, xi; textual effects 文本效果, 183; textual indeterminacy 文本不确定性, 168; textual openness 文本开放性, 2, 4, 11; textual orientation 语篇指向性, 183

theoretical turn 理论转向, 17

Todorov, Tzvetan 茨维坦·托多罗夫, 6

tone 语调, 52, 62, 72, 165, 223

transmission 传输, 32, 182, 185; wordless

无言的交流, 32–35, 42, 111–112, 119
trigram 三划卦, 55, 75, 82, 83, 84–87, 91–92, 108, 113, 125, 129, 134, 137
Trilling, Lionel 莱昂内尔·特里林, 246
tuiqiao (deliberation) 推敲, 78, 269–270

U

unconscious 无意识, the, 66, 69, 226, 245–246; author's 作者无意识, 63
understanding 无意识理解, 18, 21, 24, 26–31; 39, 42, 44, 51, 61, 66, 70, 71, 106, 112, 118, 130, 142, 144, 146, 147, 148, 149, 197, 235, 248

V

Valéry, Paul 保罗·瓦莱里, 246
Van Zoeren, Stephen 范佐伦, 184, 197
Vimalakirti 维摩诘, 112
void 空白, 226
Von Hallberg, Robert 罗伯特·冯·霍尔伯格, 229

W

Wagner, Richard 理查德·瓦格纳, 246
Waley, Arthur 亚瑟·韦利, 193, 275n2
Wang Anshi 王安石 (1021—1086), 212, 270
Wang Bi 王弼 (226—249), 38, 50, 53, 102, 103, 113–115, 118–126, 127–150, 287n18; original ideas of signification and representation 意指再现的原创性思想, 124–129; relationship between image and word 意象与词语的关系, 121–124; relationship between language and thought 语言和思想的关系, 121–124; theory of representation and interpretation 再现和解读理论, 132–138; an innovative synthesizer 王弼作为一个创造性集大成者, 119–124, 125–132, 133–138; Wang Bi's theory of hermeneutics 王弼的诠释理论, 140; understanding of metaphor and metonymy 王弼对隐喻与转喻的理解, 134–136; understanding of condensation and displacement 凝缩和移置的理解, 137; view on the origin of language 王弼的语源观, 123
Wang Guowei 王国维 (1877—1927), 27, 62, 63; *Renjian cihua*《人间词话》, 62
Wang Ning 王宁, 284n44
Wang Shizhen 王世祯 (1634—1711), 60
Wang Su 王肃, 169
Wang Wei 王维 (701—761), 223–227, 236–237, 241; Deer Enclosure 鹿苑, 224
Wang Yan 王炎 (1138—1218), 124, 126; view of composition and interpretation 王炎的书写与解释观, 148–149
Wang Yinglin 王应麟 (1223—1296), 128
Wang Zhihuan 王之涣 (688—742), 231
Wang, C. H. 王靖献, 193
wangxiang shuo (forgetting images) 忘象说, 113, 115, 124, 130–132, 138, 141, 143, 149
Waston, Burton 华兹生, 238–240, 247, 249
Wei Boyang 魏伯阳, 285n85
Wei Tai 魏泰 (c. 1050—1110), 57
Wei Yuan 魏源 (1794—1857), 156, 162
Wei Ziyun 魏子云, 157

Weinberger, Eliot 艾略特·温伯格, 297n39
weiwai zhi zhi (flavor beyond the flavor) 味外之旨, 47, 56
Wen (pattern, literature, culture) 文, 32, 40, 73, 85, 86201, 202
Wen Yiduo (Wen I-to) 闻一多, 157, 160, 174, 179, 188, 191, 196
Weng Fanggang 翁方纲 (1733—1818), 67
wenqi (literary pneuma) 文气, 62
wenwai quzhi (subtle connotations beyond the text) 文外曲致, 4
wenwai zhi zhi (themes beyond the text) 文外之旨, 77
Wenxin diaolong (*Literary Mind and the Carving of Dragons*)《文心雕龙》, 127
wenyue yiguang (words are concise but meanings are broad) 文约意广, 77
West 西方, xi, 1, 2, 5, 6, 8, 9, 17, 18, 46, 61, 82, 185, 193; Western epics 西方史诗, 154; Western hermeneutic openness 西方诠释开放性, 263; Western hermeneutic theories 西方诠释理论, 263; Western tradition 西方传统, 7, 13; Western hermeneutic theories 西方诠释理论, xii; Western literary thought 西方文学思想, 6; Western model of language representation 西方语言再现模式, 40; Western poetry 西方诗歌, 228; Western scholars 西方学者, 193, 241; Western thinkers 西方思考家, 81; Western translations 西方翻译; 94
Wilde, Oscar 奥斯卡·王尔德, 246

Wilhelm, Hellmut 卫德明, 81
Wilhelm, Richard 卫礼贤, 81, 94
William, W. C. W. C. 威廉, 238
Wimsatt, W. K. W. K. 维姆萨特, 6, 145
Wordsworth, William 威廉·华兹华斯, 247
Writing 书写, xi, xii, 9, 14, 17, 21, 39–40, 42, 114, 143, 272; ancient insights into 书写的古代洞见, 113; as a process of communication 作为交流过程的书写, 42; Chinese model of 书写的中国模式, 43; Chinese system of reading and writing theories 中国阅读和写作理论, 9–10; Chinese views of 中国书写观, 36; form of 书写形式, 145; foundational ideas of 书写的基础观念, 10; human experience of 人的书写经验, xii; open poetics of 书写的开放诗学, 11; paradigm of writing in the Great Preface《大序》中的写作范式, 200; poetics of 书写诗学, xii; postmodern tenet in 书写的后现代信条, 22; system of writing symbols 书写符号系统, 85; theories of 书写理论, 13, 17, 263; writing model 写作模式, 196–206; writing system 书写系统, 83–86; relationship between speech and 言语与书写的关系, 117–118, 121–122
wu (nothingness or non-being) 无, 72
wu (objects) 物, 40, 75
Wu (Ontological Non-being) 本体之无, 72
Wu Cheng 吴澄 (1249—1333), 94, 283n24

索 引 **397**

Wu Zetian 武则天 (624—705), 227, 232
Wuji (the Non-Ultimate) 无极, 72, 74
Wujing zhengyi (*Correct Meanings of the Five Classics*)《五经正义》, 7
Wumen Huikai 无门慧开 (1183—1260), 112
wusheng (no sound) 无声, 53
wuxing (five agents theory) 五行, 137

X

Xia Chuancai 夏传才, 293n2
Xia Yu 夏禹, 83
xiang (image) 象, 37, 85, 88, 100, 120, 121, 122, 124, 125, 126, 127, 128, 129, 137, 148, 149, 150; *guanxiang* (hexagram image) 卦象, 87, 88, 90, 91, 92, 98, 99, 114, 115, 124, 125, 128, 133, 134, 137, 138, 141; *yaoxiang* (line image) 爻象, 88, 114, 125, *shixiang* (social phenomena) 事象 88, 125; *wuxiang* (natural phenomena) 物象, 88, 125; *yixiang* (mental representation) 意象, 88, 125, 127
Xiangshu (Image-Number) school 象数派, 11, 98, 101, 115, 138, 139, 140, 143–147, 183
xiangzheng (symbol or symbolism) 象征, 137
Xianqiu Meng 咸丘蒙, 19, 20
xianwai zhi yin (sound off the string) 弦外之音, 47
Xiao Tong 萧统, 276n55
Xicizhuan (Appended verbalizations to the *Book of Changes*)《系辞传》, 23, 32, 38, 39, 40, 48, 49, 74, 83, 90, 105, 106, 107, 109, 114, 117, 118, 120, 123, 127
Xin Qiji 辛弃疾 (1140—1207), 212–213, 239
xing 兴, 57, 58, 59, 62, 102, 136, 164, 167, 175–176, 202; correlative function of 兴的关联功能, 176; theoretical basis of 兴的理论基础, 136
xing zai xiangwai (inspired interests are located beyond images) 兴在象外, 77
xingqu (inspired or aroused interests) 兴趣, 8, 59, 77
Xu Kai 徐锴 (920—974), 60
Xu Ling 徐陵, 297n15
Xu Qian 许谦 (12701337), 156
Xu Shen 许慎 (30—121), 84, 85, 106, 191
Xue Xue 薛雪 (1681—1763), 76
Xun Can 荀粲, 37
Xun Zi 荀子 (c. 300—230 BC), 103, 123, 202

Y

yan (words) 言, 18, 32, 34, 37, 42, 88, 100, 120–122, 124–125, 127–128, 129, 147
Yan Can 严粲 (f. 1248), 156, 169, 187
Yan Yu 严羽 (fl. 1180—1235), 47, 59, 62, 64, 149
yanbu jinyi (language cannot fully express ideas) 言不尽意, 35
Yang Fengcheng 杨风城, 301n10
Yang Hsien-yi (Yang Xianyi) 杨宪益, 64
Yang Tingzhi 杨廷之 (fl. 1821), 64, 71
Yang Wanli 杨万里 (1127—1206), 39,

57, 58
Yang Xiong 扬雄 (53—18 BC), 10, 36–37, 81
Yang Zai 杨载 (1271—1323), 57, 59
Yang, Gladys 戴乃迭, 64
yanwai zhi yi (meanings beyond the expressed words) 言外之意, 47, 77, 78
Yao Jiheng 姚际恒 (1647—1715), 154, 157, 160, 162, 163, 169, 170, 171, 172, 176, 181–182, 184, 187, 188, 189; *Shijing tonglun*《诗经通论》, 181
Yao Peizhong 姚配中 (1792—1844), 107
yaowei (line positions) 爻位, 91
Ye Xie 叶燮 (1627—1703), 60, 61–62
Yi (*Book of Changes*)《易经》, 48, 81–82, 102, 103, 105, 106, 107, 109; *bianyi* (change through *yin-yang* mutations) 变易, 107; *duiyi* (change through trigram exchange) 对易, 107; *fanyi* (change through trigram inversion) 反易, 107; *jiaoyi* (change through trigram connections) 交易, 107; *yiyi* (change through line exchange) 移易, 107
yi (idea, thought, intention) 意, 29, 31, 34, 37, 40, 42, 100, 120–122, 127–128, 133–134, 140, 146–147, 288n34
yi (understanding, meaning, significance) 义, 27, 29, 133, 134, 140, 146–147, 288n34
Yi Boyin 裔伯荫, 298n45
yi zai yanwai (meaning lies outside the text) 意在言外, 57, 77, 78
Yijing (*Book of Changes*)《易经》, 2, 13, 107
yijing (idea-scene) 意境, 62, 77
Yili (Meaning-Principle) school 义理派, 11, 100, 115, 138, 139, 140, 143–147, 183
yin and *yang* 阴阳, 76, 84, 86, 89, 105, 106, 107, 108, 109
yinxiu (concealed and conspicuous beauty) 隐秀, 54
Yip, Wai-lim 叶维廉, 64
yiwei (lingering flavor) 遗味, 4, 49–51, 63, 78
Yiwei 意味, 105, 108
yixiang (symbolic images) 意象 91
yiyi nizhi (to use one's understanding to trace it back to what was on the mind of the author) 以意逆志, 18, 27, 28, 31
yiying (lingering sound) 遗音, 4, 49–51, 78
yizi shi (a master who teaches one apt word) 一字师, 270
Yu Fan 虞翻, 107, 285n86
Yu Guanying 余冠英, 157, 174
Yu, Pauline 余宝琳, 64, 193, 194, 244
Yuan Cheng 元稹, 58
Yuan Mei 袁枚 (1716—1798), 60, 63, 270; *Suiyuan shihua*《随园诗话》, 270, 271
"Yueji (Records of Music)"《乐记》, 49, 51, 52
yuwei (surplus flavor) 余味, 77

Z

Zhai Xiangjun 翟相君, 157

索 引 **399**

Zhan Youxin 詹幼馨, 281n91

Zhang Binglin 章炳麟 (1868—1936), 84

Zhang Hua 张华 (232—300), 56

Zhang Huiyan 张慧言 (1761—1802), 107

Zhang Ji 张继, 58

Zhang Jie 张戒, 58

Zhang Xuecheng 章学诚 (1738—1801), 107

Zhang Zhenglang 张政烺, 98

Zhang Zhupo 张竹坡 (1670—1698), 271–272

Zhang Longxi 张隆溪, 5, 193, 196

Zhao Rumei 赵汝楳 (fl.1226), 96; *Yiya*,《易雅》, 96

Zheng Gu 郑谷 (989—1061), 270

Zheng Muyong 郑慕雍, 288n55

Zheng Qiao 郑樵 (1104—1162), 176, 196

Zheng Xuan 郑玄 (127—200), 94, 95, 104, 156, 162, 165, 169, 171, 183, 188, 192, 195

Zheng Zhengduo 郑振铎, 172, 184, 185

zhi (intent, intention or intentionality) 志, 18, 27, 29, 31

zhiren lunshi (to know the writer and his world) 知人论世, 26, 31

Zhong Rong 钟嵘 (465—518), 47, 53, 56, 57, 58, 60, 63, 77, 149

zhongxiang shuo (emphasizing images) 重象说, 113

Zhou Dunyi 周敦颐 (1017—1073), 74; "Taiji tushuo"《太极图说》, 74

Zhou Fu 周孚 (1135—1177), 196

Zhouyi (*Book of Changes*)《周易》, 2, 11, 37, 55, 81, 82, 83, 84, 87, 91, 92, 95, 96, 97, 99, 100, 101, 102, 104, 105, 108, 112, 113, 114, 118, 130, 137–138, 140, 143, 145, 148, 153, 182; *Zhouyi* scholarship 周易学, 82, 103, 141, 143, 182; as an "empty object" 易作为"空无客体" 101–102; as a grand semiotic system 作为宏大符号体系的周易, 99; as an open book 作为一本开放之书的周易, 82; as an open system of representation 作为开放表现体系的周易, 97, 111; as a system of representation 作为表现体系的周易, 83; genesis of 周易的诞生, 97–98; open nature of 周易的开放本质, 111; *Zhouyi*'s model of signification and representation《周易》的意指和再现模式, 110; *Zhouyi* prognostication《周易》占卜, 82, 96; sources of the *Zhouyi*'s seductive power《周易》迷人的力量来源, 111; "Daxiang zhuan" 大象传, 99; "Shuogua"《说卦》, 86, 89, 97, 102; "Wenyan"《文言》, 93, 94, 95, 283n24

Zhouyi hermeneutics《周易诠释学》, 11, 45, 79, 82, 100, 112, 113, 118, 122, 132, 181, 197, 200

Zhouyi zhengyi (*Correct Meanings of the Zhouyi*)《周易正义》, 104, 105

Zhu Bokun 朱伯崑, 74, 141

Zhu Chengjue 朱承爵 (fl. early sixteenth century), 62

Zhu Dongrun 朱东润, 65

Zhu Qingyu 朱庆馀 (b.791), 214

Zhu Shuzhen 朱淑真 (fl.thirteenth century), 228, 232

Zhu Xi 朱熹 (1130—1200), 74, 93, 101–102, 103, 124, 142, 145, 147, 160, 165, 169, 171, 188, 190–191, 197, 205, 283n24; conception of the *Zhouyi* 朱熹的周易观, 101–102; understanding of reading 朱熹对阅读的理解, 148; *Zhouyi benyi*《周易本义》, 146

Zhu Zhen 朱震, 283n24

Zhu Ziqing 朱自清, 218, 235

Zhuangzi 庄子, 10, 18, 22, 23, 24, 25, 32, 33, 34, 35, 36, 43, 44, 51, 52, 63, 119, 120, 123, 125, 128, 143, 218; a premodern Heideggerian 前现代海德尔派, 25; counterstatement on reading 阅读的反论, 22–25; linguistic skepticism 语言怀疑论, 38, 42, 119, 123, 125; mistrust of language transmission 对语言传播的不信任, 22, 113; negative view of reading 阅读否定观, 22–25; notion of wordless communication 无言交流观, 32–35, 42, 119; parable of Wheelwright Bian 轮扁斫轮寓言, 22, 41, 130, 144; rejection of books and language 摈弃书籍和语言, 22, 138; "the author is dead" "作者已死", 26; the *Zhuangzi*《庄子》, 107, 128

Zi Xia 子夏, 75, 155

Zigong 子贡, 37

Zixia yizhuan (*Zixia's Commentary on the Zhouyi*)《子夏易传》, 93, 283n24

Zunxu pai (Pro-Preface school) 尊序派, 181, 183, 196

Zuo Si 左思 (c. 253—c. 307), 56

Zuozhuan (*Zuo Commentary*)《左传》, 21, 93, 154, 168

后　记

本书译自我的英文著作 *Chinese Theories of Reading and Writing: A Route to Hermeneutics and Open Poetics*（纽约州立大学出版社，2005），读者也许会注意到，中文版的书名与英文版稍有出入，英文书名如果直译成中文应该是：《中国阅读与书写理论——通向诠释学与开放诗学之路》。现在译出的书名《诠释学与开放诗学——中国阅读与书写理论》，刚好把英文原书的主标题和副标题换了个位置。现在的书名其实是我在撰写英文版时想要的，但当时，由于种种原因，其中最主要的一个就是，本书旨在建立中国传统的文本诠释体系和开放诗学，对这一目的是否达到，当时本人心中无底，故而没有采用。多年后回过头来看，当时的顾虑虽不无道理，但并没有准确反映本人试图探讨跨文化视野中的文本诠释学与开放诗学之间的关系，而且在翻译的过程中我等于重读了一遍，个人窃以为本来计划的目标是基本实现了。本人曾想过，如有机会一定会修订英文书名。现在，拙作有机会出中文版，就采用了本来想用的书名，这也算是了却了一个心愿。

在某种意义上，本人当时的心态也折射了众多非西方学者的心理状态和学界一个值得深思的现象。我们知道，由于西方学界一直是学术体系和理论的创立者和引领者，因此，在学术界一直存在着这样一种心照不宣的看法：西方学者探讨的学术领域是一般的和共性的，具有普世意义；而非西方学者探讨的则往往是具体的和个性的，只有区域意义。因此，西方学者创立的学科和理论无需冠以某某国别的字眼，而非西方学者探讨同样的领域一般都要冠以某某国别和非西方传统的字眼，如"印度哲学"、"阿拉伯文论"、"日本诗学"、"中国小说理论"等等，导致的结果往往是，非西方学者的研究成了西方理论的实证性注脚。拙作本意是以中国传统的材料探讨文本诠释和开放诗学，但英文版的书名恰恰给人以本书是西方诠释学和开放诗学的回声之印象，尽管本书探讨的过程和结果表明，中国传统有关文本阐释和诗歌的开放性思想要远远早于西方，而且更为丰富多彩。

本书有一点要说明的是，诠释学虽然是本书探讨的一个概念性维度，但本书涉及诠释学的重点是探讨一个文本的意义如何产生、流通和被理解，并没有像诠释学、尤其是现代诠释学那样将理解问题的焦点放在人的存在和世界意义之间关系的理解之上，因此，本书研究关注的对象不是一般阐释理论的诠释学，也不是生活哲学的诠释学，更不是批判工具的诠释学，而是文本阅读和解释的诠释学和方法论，严格说来，本书的诠释学应称为"文学诠释学"或"文本诠释学"，本书几个部分的标题反映了这一状况。本书中文版由本人与挚友——清华大学外文系的陈永国教授合作译出，我翻译了前言，导论，第一、二、四章，陈教授翻译了第三、五、六、七、八章和结论。我们译出初稿后,由我从头至尾修订了一遍,因此译文存在的不足均为本人学术所限。本书中文版的问世多亏了陈永国教授的鼎力相助,作为国内学术著作英译汉的著名翻译家,陈教授手头等待翻译的约稿不断,但他顾及友情,无私地放下手头的翻译约稿,翻译了一半多的译文,真是让我感动不已!扬州大学外国语学院的薛武老师翻译了索引,我也借此机会表示诚挚的谢意。

2019 年 10 月

图书在版编目(CIP)数据

诠释学与开放诗学:中国阅读与书写理论/(美)顾明栋著;陈永国,(美)顾明栋译.—北京:商务印书馆,2021
(语言学与诗学译丛)
ISBN 978-7-100-18391-8

Ⅰ.①诠… Ⅱ.①陈… ②顾… Ⅲ.①中国文学—文学研究 Ⅳ.①I206

中国版本图书馆 CIP 数据核字(2021)第 035524 号

权利保留,侵权必究。

语言学与诗学译丛
诠释学与开放诗学
中国阅读与书写理论
〔美〕顾明栋 著
陈永国 顾明栋 译

商 务 印 书 馆 出 版
(北京王府井大街36号 邮政编码100710)
商 务 印 书 馆 发 行
北京艺辉伊航图文有限公司印刷
ISBN 978-7-100-18391-8

2021年3月第1版　　开本 880×1230 1/32
2021年3月北京第1次印刷　　印张 13

定价:65.00元